IAN HALPERIN

ANGELINA & BRAD

A incrível história que não foi contada
sobre **Brad Pitt** e **Angelina Jolie**,
o casal "**Brangelina**".

TRADUÇÃO
Mariana de Carvalho
Mesquita Santana

ANGELINA & BRAD
A incrível história que não foi contada
sobre Brad Pitt e Angelina Jolie, o casal "Brangelina"

Copyright © 2009 by Transit Publishing Inc. and Ian Halperin
Copyright da tradução © 2012 by Jardim dos Livros

1ª edição — Janeiro de 2012

Grafia atualizada segundo o Acordo Ortográfico da Língua Portuguesa
de 1990, que entrou em vigor no Brasil em 2009.

Editor e Publisher
Luiz Fernando Emediato

Diretora Editorial
Fernanda Emediato

Produtora Editorial
Renata da Silva

Assistente Editorial
Diego Perandré

Capa e Projeto Gráfico
Alan Maia

Diagramação
Kauan Sales

Tradução
Mariana de Carvalho Mesquita Santana

Preparação
Marcia Benjamim

Revisão
Jaime Pereira da Silva

DADOS INTERNACIONAIS DE CATALOGAÇÃO NA PUBLICAÇÃO (CIP)
(Câmara Brasileira do Livro, SP, Brasil)

Halperin, Ian
Angelina & Brad : A incrível história que não foi contada sobre Brad Pitt
e Angelina Jolie, o casal "Brangelina" / Ian Halperin ; Tradução Mariana
de Carvalho Mesquita Santana -- São Paulo : Jardim dos Livros, 2012.

Título original: Brangelina.

ISBN 978-85-63420-16-9

1. Atores e atrizes cinematográficos - Estados Unidos - Biografia
2. Jolie, Angelina, 1975- 3. Pitt, Brad, 1963- I. Título.

11-12563   CDD: 791.4372092

Índices para catálogo sistemático

1. Cinema : Atores : Estados Unidos : Biografia e obra   791.4372092
2. Estados Unidos : Atores cinematográficos : Biografia e obra   791.4372092

JARDIM DOS LIVROS

Rua Gomes Freire, 225/229 — Lapa
CEP: 05075-010 — São Paulo — SP
Telefax.: +55 11 3256-4444
Email: geracaoeditorial@geracaoeditorial.com.br
www.geracaoeditorial.com.br

2012
Impresso no Brasil
Printed in Brazil

Dedicatória

Para a minha família, por estar sempre presente.

Para a minha filha Clover-Sky,
por me trazer a cada dia toda a alegria
e felicidade existentes no mundo.

Angelina Jolie e Brad Pitt participam da première europeia de *A Lenda de Beowulf* na Vue Leicester Square, Londres.

AGRADECIMENTOS

Este livro não teria sido possível se não fosse pela ajuda e encorajamento de muitas outras pessoas. Meus sinceros agradecimentos a:

Pierre Turgeon, o incrível líder da Transit Publishing, por seu apoio contínuo e por estruturar o formato deste livro. Obrigado por estar presente em cada etapa do caminho.

Jarred Weisfeld, certamente o melhor agente do mundo e também o amigo mais devotado. Minha filha me aconselhou a manter Jarred por perto a vida inteira — com certeza! Você está comigo em todos os momentos.

Francois Turgeon, o gênio excêntrico cuja criatividade e visão me inspiraram a continuar.

Timothy Niederman, minha eterna gratidão por ser um editor de primeira classe. Um brinde a você!

Max Wallace, por sua percepção, visão e incansáveis horas destinadas à checagem dos fatos. Um brinde à amizade eterna, saúde e sucesso.

Sean O'Brien, meu sócio na ianundercover.com Você sempre foi uma rocha. Um brinde ao sucesso contínuo do seu negócio de design.

Às pessoas corajosas que deram os nomes nos depoimentos e àquelas que deram declarações anônimas por ainda terem ligação com Brangelina.

A todo o time da Transit Publishing pelo seu incrível apoio e amizade.

Obrigado a (em ordem completamente randômica):

Ruth Fishman, Alan Kaufman, Anthony Ziccardi, Ian Kleinert, Howard Stern, Judith Regan, Shloime Perel, Ron Deckelbaum, Alison Moyet, Randolph Freedman, Dylan Ratigan, Geraldo Rivera, Charles Small, *Paris Match*, a Cidade de Oslo, Skavlan, Samantha Lockwood, Denise DuBarry, Michele Frenière, Robert Brouillette, Fran Weinstein, D. J. Petroro, Mancow Muller, Isab*Elle* Dubé, Stuart Nulman, Larry e Belinda Seidlin, Dax, Renee Bosh, Andrew Rollings, Dr. Tony Stanton, Michael Cohen, Jeffrey Feldman, Jesse Jackson, Elliot MacDonald, Jon Reisler, Fleeze Fleming, Mitch Melnick, Christopher Heard, George Thwaites, Paula Froelich, Page Six, Noah Levy (*In Touch*), Lloyd Fishler, Karin Thomsen (1969–2009), Vanesa Curutchet, Peter Daley, Nate Colbert, Miles Wilkerson, Jimmy Davidson, JetBlue, Sofitel L.A., A Livraria Pública de L.A., Norah Lawlor, Samantha Harris, Kia Zalewski, Annette Witheridge, Kevin Stinson, Jack Stinson, Amy Stinson, Meredith and Matt, Liz Jote, a turma em Austin (Christine, Angie e Nuno), Morgan Nicholls, Jillian Harris, Esmond Chouke, Jim Nelson, Paul Santana, OTR, Dany Bouchard, Varda, Noir Chocolat, David Gavrilchuk, Elisa Gross, Irwin Gross, Bill Reed, Julius Grey, Nathalie McLennan, Al Barry, Pumpkin Jones, Kate e Keane, Kris Kostov, Michael Peshev, Denny Jacobsen, Nancy Grace, Terrance Hutton, Laura e Amanda, Petro

Karloski, Sean Gottlieb, Rudy Bing, Alain Sommet, Brigit Laferrière, Daschl Wallace, Steven Sherman, Aldon James, The National Arts Club, Dawn Olsen, Mike Hess, Tommy Mays, Jacob Cohen, Al Reed, Stanley Hart, Laurent Medelgi, Gerry Gorman, Jennifer Robinson, Bob Shuman, Bryan White, Cynthia Jackson, Robert Lee, Ella Donaldson, Justin St. Marie, Peggy Allison, Clarissa Young, Bonnie Fuller, Michael Thomas, Terrance Dean, Ceasar DiSantos, Allison Lewis, Sr. Keating, Jerome Sabu, Yitzhak Klein, Bob White, Ted Ridder, Paul Carvalho, J. P. Pawliw Fry, Joe Franklin, Carl Horowitz, Leonard Wexler, Harvey Levin, Britt Taylor, Wendy Peterson, Jean Anne Rose, Lynn Grady, Matthew Benjamin, e Etienne Champagne. Se eu me esqueci de alguém, meu muito obrigado!

Angelina Jolie na chegada ao The Ziegfeld Theatre, Nova York, NY, para a première de *O Turista*.

ÍNDICE

- 13 Introdução
- 17 A garotinha do papai
- 27 De volta a 90210
- 37 Tirando sangue
- 49 Brad Pitt
- 59 Num lugar sombrio
- 73 Jonny e Jenny
- 87 Assim como Gia?
- 97 Jonny vai embora, Jenny fica
- 113 Escuridão antes do amanhecer
- 129 Estrelato
- 151 Amor fraterno
- 165 Entre irmão e irmã
- 183 Billy Bob
- 209 Sexo, sangue e Lara Croft
- 221 Brad e Jennifer
- 237 O desentendimento
- 259 Brad e Angelina
- 275 Uma nova imagem
- 297 Brangelina
- 313 Conclusão

Chegada para a première de *Salt*.

INTRODUÇÃO

Talvez seja porque eu assisti muitas vezes a *Um Estranho no Ninho*, mas quando planejei me infiltrar no hospital psiquiátrico onde Angelina foi admitida certa vez, não pude evitar ficar um pouco nervoso.

Em minha carreira como autor e produtor de documentários, me especializei em fazer investigações utilizando disfarces. Me fingi de modelo, para expor a indústria da moda; de ator gay, para descobrir as verdades sobre Hollywood e a cientologia; de cabeleireiro, para conhecer Michael Jackson; de paparazzo, para expor as verdades por trás das câmeras da indústria do cinema, e utilizei outros incontáveis disfarces. Porém, eles requeriam apenas audácia; não havia nenhum risco real envolvido.

Desta vez, tive pesadelos recorrentes, nos quais eu era descoberto e acabava ficando como o personagem de Jack Nicholson, Randle P. McMurphy — um vegetal lobotomizado. Ainda assim, parecia ser a única maneira de poder lançar alguma luz sobre a principal pergunta que permanecia sem resposta enquanto eu tentava entender a notável vida e a carreira de Angelina Jolie: será ela realmente maluca, como um dia nos levou a acreditar, ou foi tudo uma encenação?

Tendo acompanhado Angelina e Brad Pitt por diversos anos, conversado com incontáveis amigos e colegas e observado sua impressionante transformação acontecer bem diante dos meus olhos, ainda não conseguia me decidir pela resposta. Uma pessoa que a conhece há mais de quinze anos insistia que ela ainda era "maluca de pedra". Seu pai, Jon Voight, fez aquela declaração pública na televisão, se referindo aos "problemas mentais" de Angelina. Ainda assim, muitas outras pessoas que a conhecem insistem que ela deixou tudo isso para trás e que sua metamorfose em figura humanitária, que, por acaso, é um ídolo de Hollywood — quase uma Santa Angelina —, é tanto sincera quanto inspiradora.

Eu sei muito bem que em Hollywood nada é o que parece ser. Por quase um século, a cidade se especializou na arte da ilusão, tanto nas telas dos cinemas quanto fora delas. Nossas percepções sobre as celebridades são frequentemente controladas com rigor por uma máquina de publicidade que nos faz acreditar apenas naquilo que é de seu interesse. Conseguir transpor essa ilusão, para descobrir a verdade sobre qualquer estrela é uma tarefa difícil, mesmo para um jornalista investigativo. No caso de Jolie, se provou ser uma tarefa próxima do impossível. Visando saber o que a faz pirar, decidi visitar o lugar onde ela chegou ao fundo do poço há meros oito anos, quando quase se autodestruiu por motivos ainda desconhecidos.

Fingindo ser um paciente psiquiátrico que tentara o suicídio, entrei silenciosamente na ala onde Jolie havia passado as últimas 72 horas, local que um amigo chamou propriamente de "casulo" de sua vida anterior, antes de emergir para se tornar a estrela sedutora que o mundo conhece hoje, metade do supercasal icônico de Hollywood, conhecido como "Brangelina".

Entretanto, para conseguir entender aqueles três dias e a incrível trajetória de carreira que se seguiu — assim como seu famoso relacionamento com Brad Pitt —, é essencial, inicialmente, entender a história e os eventos que levaram Angelina Jolie a ser internada no Hospital Neuropsiquiátrico Resnick da UCLA[1], na primavera de 2000.

---
[1] N. da T. – Universidade da Califórnia, Los Angeles

Jon Voight e a filha, Angelina Jolie.

A GAROTINHA DO PAPAI

Como qualquer psicólogo ou biógrafo que se preze costuma dizer, a forma mais lógica de se iniciar uma pesquisa visando entender um assunto é começar do começo. Mas como ambos os especialistas sabem, isso é mais fácil de falar do que de fazer. O sujeito é frequentemente adepto de deixar pedras estrategicamente posicionadas para assegurar que a verdade permaneça inacessível.

Assim como o mundo conhece duas versões diferentes de Angelina Jolie — a garota perturbada e inconsequente e a humanitária e mãe zelosa —, existem duas versões completamente contraditórias de sua infância e juventude. Nenhuma delas é completamente verdadeira ou falsa, e cada uma é igualmente importante para se distinguir o mito da realidade. Em ambas as versões, entretanto, o pai de Jolie, Jon Voight, tem um papel importante. E, sendo assim, para entendê-la, é preciso entender o seu pai.

Quando Jon Voight impressionou a plateia de cinema com seu papel icônico como o garoto de programa gay Joe Buck, no clássico *Perdidos na noite*, de 1969, a mídia o proclamou como estrela da noite para o dia. Na verdade, ele já estava trilhando um longo caminho rumo ao sucesso, fazendo papéis pequenos há quase uma década, quando colocou o chapéu de caubói e atuou como o companheiro do tuberculoso Ratso Rizzo, encenado por Dustin Hoffman.

Voight cresceu em Yonker, Nova York, neto de um imigrante esloveno católico, George Voytka. Para ajudar a sustentar a família, o pai de Voight, Elmer, trabalhou como assistente num clube de golfe para judeus quando tinha apenas oito anos de idade. Os membros do clube colocaram Elmer sob suas asas e o ensinaram não apenas sobre golfe, mas também a falar inglês corretamente, como utilizar os talheres e outras habilidades importantes que o ajudariam a ser assimilado pela sociedade americana. Quando tinha dezoito anos, as habilidades de golfe de Elmer já eram boas o suficiente para torná-lo um jogador profissional, e, após isso, ele teve uma vida confortável como golfista do country club, se tornando uma celebridade local. Para coroar sua americanização bem-sucedida, mudou o nome para Voight.

Anos mais tarde, Jon Voight relembrou o pai: "Ele era um homem encantador, maravilhoso, muito divertido. E tinha princípios muito fortes. Não tolerava desonestidade, não gostava de mentirosos e não ficava muito feliz de ser enganado... as pessoas o amavam".

Cada um dos filhos de Elmer teve sucesso na carreira que escolheu. James se tornou compositor e escreveu diversas músicas sob o pseudônimo de Chip Taylor, inclusive a clássica *Wild Thing*. O irmão mais velho de Jon, Barry, se tornou um dos principais vulcanologistas do mundo.

Jon Voight cursou a Universidade Católica em Washington, D.C., onde se interessou pela carreira de ator e atuou em diversas produções estudantis. Em 1959, um ano antes de se formar, conseguiu o primeiro trabalho como ator profissional numa produção off-Broadway, o *Oysters Revue*. Após um crítico avaliar mal a sua atuação, dizendo que ele não sabia "andar nem falar", Voight considerou seriamente desistir de atuar. Mas perseverou e conseguiu o papel do cantor nazista, Rolf, na montagem da Broadway de *A noviça rebelde* em 1961, substituindo outro ator. Foi nesta produção que ele conheceu Lauri Peters, uma jovem atriz de sucesso que fazia o papel de Liesl e quem, ao lado de seus irmãos na produção, recebeu uma indicação para o prêmio Tony como melhor atriz coadjuvante. A cada noite no palco, Voight e Peters cantavam juntos a música *I am Sixteen*, na qual Rolf promete tomar conta de Liesl. Embora a devoção de Rolf ao partido nazista tenha atrapalhado seu romance com Liesl nos palcos, fora deles um romance de verdade começava entre os dois, e, em 1962, eles se casaram.

A carreira de Voight evoluiu devagar em meados da década de 60. Encenou diversos pequenos papéis em programas de televisão, como *Gunsmoke* e *Coronet Blue*, e papéis secundários em filmes de faroeste de Hollywood e filmes classe B. Em 1966, começou a ter mais notoriedade por suas habilidades como ator, quando passou uma temporada com o Festival Nacional de Shakespeare da Califórnia, e, em 1967, ganhou o prêmio Theater World por seu papel na produção *That Summer, That Fall*, atuando lado a lado com a jovem Tyne Daly. Porém, o sucesso teve seu preço; o casamento com Peters terminou no mesmo ano, aparentemente por incompatibilidade entre suas agendas, que quase não permitiam que estivessem na mesma parte do país ao mesmo tempo.

Em 1969, o personagem fascinante de Voight em *Perdidos na noite* o alçou à posição de elite de Hollywood. Pouco tempo depois, conheceu uma jovem atriz estonteante, Marcheline Bertrand, durante uma festa em Hollywood Hills. E se casaram em 1971.

Bertrand nasceu em um subúrbio de Chicago, filha de um franco-canadense de classe trabalhadora, Rolland Bertrand e Lois June Gouwens.

Embora Bertrand seja frequentemente descrita como uma atriz francesa, Jolie, sua filha, tentou corrigir o erro durante uma entrevista à revista *Allure*, em 2001: "Minha mãe está tão distante dos franceses parisienses quanto se pode estar. Ela tem ascendência dos índios iroqueses, de Chicago. Cresceu numa pista de boliche da qual meus avós eram proprietários". Não se sabe ao certo se Bertrand tinha de fato sangue iroquês; a história parece ter surgido de algo que Voight disse à Angelina, quando ela era pequena, sobre seus ancestrais franco-canadenses, para fazer parecer que sua ascendência era mais exótica (é bem conhecido que havia muitos casamentos inter-raciais entre os franceses que foram para o Canadá e os nativos).

Quando Bertrand tinha 15 anos, sua família se mudou para Los Angeles. Lá, Bertrand se interessou pela carreira de atriz e imediatamente se matriculou no Estúdio de Atores Lee Strasberg. Frequentemente se diz que Bertrand abriu mão de uma carreira promissora quando, aos 21 anos de idade, se casou com Voight, mas isso é um exagero. Antes de conhecer seu futuro marido, ela não teve nenhuma experiência profissional significativa, mas isso não quer dizer que não causasse uma forte impressão nas pessoas. "Ela era uma pessoa fora do comum, uma pessoa boa, na melhor acepção da palavra", relembra a viúva de Strasberg, Anna, com quem Bertrand tomou aulas. "É raro conhecer alguém como ela". Em 1971, Voight utilizou suas conexões para conseguir um pequeno papel para sua noiva no programa *Ironside*, mas este papel e uma série de outras pequenas participações em filmes não causaram nenhuma impressão, e sua carreira estagnou.

Em maio de 1973, menos de dois anos depois do casamento, Bertrand deu à luz ao primeiro filho, James Haven Voight. Uma menina nasceria dois anos depois, em junho de 1975. Eles a batizaram Angelina Jolie Voight. Mais tarde se explicou que os nomes do meio das crianças foram escolhidos especificamente para dar a eles nomes artísticos, caso decidissem seguir a carreira de atores.

Ao entrevistar a filha para a edição de junho de 1997 da revista *Interview*, Voight descreveu para ela o que recordava sobre o dia de seu nascimento:

> Você não se lembra, mas quando saiu do ventre de sua mãe eu a peguei, segurei-a em minhas mãos e olhei para o seu rosto. Você estava com o dedo ao lado da bochecha e parecia muito, muito sábia, como meu melhor amigo. Comecei a contar para você como eu e sua mãe estávamos felizes por você estar ali, e que iríamos tomar conta de você e prestar atenção a todos os sinais que nos mostrassem quem você era e como poderíamos ajudá-la a conseguir desenvolver todo aquele potencial maravilhoso que Deus lhe deu. Eu fiz esse juramento e todos na sala começaram a chorar.

Infelizmente, menos de um ano após o nascimento de Angelina, Voight e Bertrand se separaram entre boatos sobre a fama de mulherengo dele. Um amigo comum, Larry Groen, forneceu algumas pistas sobre o relacionamento do casal.

> Jon era completamente apaixonado por Marcheline. Ela era lindíssima e as pessoas viravam a cabeça sempre que ela entrava num lugar, mesmo em uma cidade onde havia belas mulheres por todo canto. Eu não chamaria o relacionamento deles de tumultuado; eles não brigavam. Mas ela estava em casa criando duas crianças pequenas e Jon era um artista de cinema, do qual todo mundo queria tirar uma lasquinha. E eu realmente quero dizer todo mundo. Naquela época o swing começou a ficar na moda e havia orgias

literalmente todas as noites, especialmente em Malibu, onde as pessoas faziam festanças em suas casas de praia. A tentação estava por toda parte e a maioria das pessoas sucumbia, não apenas Jon. Tenha em mente que após *Perdidos na Noite* ele era o galã do momento. As mulheres se atiravam sobre ele onde quer que ele fosse. E não apenas mulheres, homens também. Ele havia encenado o papel de um gay e as pessoas achavam que ele era homossexual. A maioria dos atores era, ou pelo menos era bissexual. Mas não Jon, pelo menos não que eu tenha percebido... Ele gostava muito de mulheres. Acho que alguém contou a Mar sobre uma festa onde viram Jon dando em cima de uma mulher e foi isso que a alertou. Pelo que me lembro, não foi um caso com outra mulher que terminou o casamento deles. Claro, todo mundo estava traindo; todos em Hollywood estavam se casando e se separando. Pouquíssimos casamentos sobreviveram àqueles anos loucos. Havia muito sexo; muito mais do que hoje, com certeza.

Outros relatos dizem que Voight estava tendo um caso com outra atriz. Ele mesmo não fornece muitos detalhes, explicando simplesmente: "Eu estava tendo dificuldades no casamento. Tive um caso e então houve o divórcio". Voight saiu de casa e pagou pensão para Bertrand e as crianças viverem confortavelmente, porém sem extravagâncias. De acordo com inúmeros relatos, Voight praticamente abandonou sua jovem família, fazendo com que seus filhos enfrentassem anos de ressentimento. "Meu pai e eu nunca fomos próximos", disse Angelina à Revista *People* em agosto de 2003. Voight "raramente via a filha enquanto ela estava crescendo", escreveu *Vanity Fair* em novembro de 2004, após entrevistar Jolie. "Minha mãe me criou", diz Angelina atualmente, durante entrevistas. Da mesma maneira, o irmão James falou recentemente sobre sua mágoa com relação ao pai, por tê-los deixados desamparados. Mas os fatos parecem mostrar o contrário. Bertrand e Voight partilharam a guarda das crianças num acordo bastante amigável e dividiam igualmente o tempo que passavam com elas.

De acordo com o amigo Groen, "Jon era louco pelos filhos. Não me lembro de muita animosidade entre Jon e Mar. Eles permaneceram amigos e tinham os filhos em comum. Acho que administraram a separação de forma bastante saudável. Angie e James eram muito ligados à mãe, sem dúvida, mas sempre se divertiam com Jon e ele se interessava verdadeiramente pelas suas vidas. As crianças passavam bastante tempo com ele".

Realmente, uma das professoras de primário de Jolie relatou à biógrafa Rhona Mercer que Voight era muito presente. "O pai estava sempre buscando ela e o irmão na escola", relembra a professora. "Ele estava sempre presente. Não sei dizer se eles tinham um bom relacionamento; tudo o que sei é que ele cumpria o papel de pai. Comparecia ao dia de esportes. Vinha à escola. Eles viviam em Palisades, onde todas as estrelas de peso, como Al Pacino, viviam".

E mesmo a própria Jolie, antes do desentendimento com o pai em 2003, parecia solidária com a posição dele após a separação, explicando: "Meu pai é o perfeito exemplo de um artista que não poderia ser casado. Ele tinha a família perfeita, mas algo nisso é assustador para ele".

Durante uma entrevista que Voight concedeu à revista *People*, quando Angelina tinha sete anos de idade, ele falou sobre o seu papel de pai separado. "O foco", explicou ele, "é sempre as crianças. Não importa o que eu e Marche enfrentemos, nós sempre consideramos como isso irá afetá-los. Cada um de nós cometeu erros. As crianças sabem sobre o grande rompimento que aconteceu cedo em suas vidas. A culpa, raiva e confusão abriram caminho em seus subconscientes e não sei qual o preço que pagaremos mais tarde. Mas eles terão aprendido como lidar com as adversidades".

Pouco depois que o casal finalmente se divorciou, em 1978, Marcheline começou a se relacionar com o estudante de produção da UCLA e, mais tarde, produtor de documentários Bill Day, que gostava bastante de James e Angelina. Isso causou ciúmes em Voight em algumas ocasiões. "As crianças são loucas por esse cara", admitiu ele numa entrevista na época. "Há egos masculinos envolvidos, e há atrito, toda essa coisa de marcar território. Nós não necessariamente nos damos bem, mas cada um de nós respeita o espaço do outro. Ele é louco por Marche e realmente ama as crianças". Por sua vez, Marcheline sempre defendeu o papel de Voight como pai. "Nada significa mais para Voight do que as crianças", disse ela à revista *People* em 1993.

Quando Angelina tinha apenas seis anos de idade, Voight escreveu e estrelou um filme chamado *Looking to get out* (*Aventuras em Las Vegas*), em parceria com o brilhante diretor de *Amargo Regresso*, Hal Ashby. Entretanto, eles não conseguiram recriar a mágica de sua primeira parceria; a maioria dos críticos concorda que o filme é terrível. Mas Voight conseguiu um pequeno papel para Angelina, sua primeira aparição no cinema, como uma garotinha chamada Tosh, que aparece numa cena longa ao lado do pai. Sua atuação não foi memorável, mas ficou claro, mesmo com aquela idade, que a câmera a amava.

No mesmo ano, Bertrand se mudou na tentativa de escapar do *fog* de Los Angeles, que estava piorando suas alergias. Ela se estabeleceu com as crianças em uma pequena comunidade no Rio Hudson, ao norte de Nova York, chamada Sneden's Landing. A separação foi difícil para Voight, que estava acostumado a ver James e Angie várias vezes por semana. Ele contou a um repórter na época que sentia muitas saudades dos filhos. Não demorou muito, ele passou a ir para o Leste todos os meses, para ficar algum tempo com as crianças, na casa de sua mãe em Scarsdale, mais ou menos meia hora de distância.

Desde o seu desentendimento em 2003, Jolie forneceu inúmeras entrevistas menosprezando o envolvimento do pai na vida dos filhos, frequentemente dizendo que "ele nunca estava presente". Mas em 2001 ela soava bem diferente: "Não me lembro de nenhum momento em que eu tenha precisado de meu pai e ele não estivesse disponível. Mas ele é um ator e era a década de 70, uma época estranha para todo mundo. Até hoje, acredito que meus pais realmente se amavam. É uma história linda. Eu os via no Natal; ele vinha na nossa casa". Jolie até se dirigiu a uma matéria que informava que Voight havia se distanciado de sua família: "A imprensa gosta de ver as coisas sob o ângulo da família porque, dessa forma, conseguem incluir esse outro aspecto da minha vida, mas sempre ficam desapontados ao ouvir que não estou tentando esconder nada sobre alguma grande e sórdida desavença entre nós. A verdade é que ele faz parte da minha vida, mas eu também sempre fui muito independente dele".

De acordo com muitos relatos, inclusive os dela mesma, a infância de Jolie em L.A. foi bastante feliz antes de ela se mudar para o Leste. Ela adorava assistir aos filmes da Disney com o irmão e brincar com o lagarto de estimação Vladimir, e a cobra Harry Dean Stanton, batizada em homenagem ao ator. "Acho que muitas pessoas pensam que eu tive uma infância bem diferente da que tive de fato", disse ela, anos depois. "Eu tive uma infância mais normal do que a maioria das pessoas poderia pensar".

Para a alegria de Voight, quando Angelina tinha 12 anos, Bertrand se mudou de volta para L.A. com as crianças. Os detalhes da vida de Angelina em Nova York são obscuros, mas está claro que alguma coisa havia mudado quando ela retornou para a Costa Oeste. Angelina Jolie havia descoberto seu lado obscuro.

Garota, Interrompida.

DE VOLTA
A 90210*

Quando se mudou de volta para Los Angeles com a mãe e o irmão, em 1986, Angelina já não era mais a garotinha meiga e engraçadinha de quem todos se lembravam. Isso pode ter sido por causa das frequentes incursões por Manhattan, acompanhando a mãe a audições. Na cidade, Angelina havia sido exposta a um mundo mais sórdido e duro, um mundo que ela nunca havia experienciado na Califórnia ou no tranquilo interior de Nova York. E ela gostou desse mundo. Começou a mudar a si mesma para se adequar a ele e para parecer com o tipo de pessoas que a atraía cada vez mais. Quando se mudaram de volta para L.A., estava completamente rebelde.

"Quando chegamos de Nova York eu havia virado fã de roupas de couro", relembrou mais tarde. "Acho que estava apaixonada por Michael Jackson ou algo do tipo. Costumava usar jaquetas de couro com zíperes ou cheias de tachas na gola e perguntava se poderia

---

* Este capítulo fala sobre quando Angelina Jolie estudou em Beverly Hills, cidade que inspirou o seriado *Barrados no baile*, mas que nos Estados Unidos se chamou Beverly Hills 90210, numa alusão ao código postal local.

usá-las para ir à escola". Para complementar o visual, a menina de 11 anos começou a tingir os cabelos de preto.

A família se mudou para um prédio de apartamentos num bairro de classe média de Beverly Hills. Uma vez instalados, Bertrand imediatamente matriculou Angelina no Programa de Jovens Atores do Instituto de Artes Dramáticas Lee Strasberg. O legendário Strasberg havia morrido quatro anos antes, mas seu método influente de ensinar técnicas de atuação continuava vivo. O Método, um refinamento da antiga técnica Stanislavski, ensina os atores a relembrar emoções e reações de suas próprias vidas para criar performances convincentes.

Entre os atores que estudaram com Strasberg e que creditam seu sucesso ao Método estão James Dean, Dustin Hoffman, Al Pacino, Paul Newman e, mais notoriamente, Marilyn Monroe, que considerava Strasberg e sua esposa como pais de criação e para quem ela deixou a maior parte dos seus bens. A própria Bertrand havia estudado ali muitos anos antes, e durante dois anos Angelina frequentou o instituto regularmente nos finais de semana, mas não estava completamente convencida de que aquilo era para ela: "Eles me pediam para voltar cinco anos na minha vida e reviver alguma coisa, e com seis anos de idade não há muito com o que se trabalhar".

Mais uma vez, Voight e Bertrand dividiam a guarda dos filhos, com Angie e Jamie vivendo na casa do pai duas noites por semana e dois finais de semana por mês. Assim como antes, não há qualquer indício de que o acordo de custódia estivesse provocando quaisquer problemas emocionais. A maioria dos relatos é de que Voight e Bertrand se davam bem, com Angelina descrevendo-os mais tarde como "melhores amigos". Angelina estava estudando na Escola Fundamental El Rodeo, uma escola pública que tem reputação de ser uma das melhores do país, e se adaptou bem a ela. James creditou o sucesso escolar de ambos à rotina doméstica da mãe. "Quando voltávamos da escola, havia um clima gostoso em casa", relembra ele. "Angie e eu entrávamos em casa e sentíamos o cheiro de comida vindo da cozinha. Minha mãe era metódica em assegurar que fizéssemos nosso dever de casa com perfeição e fazia resumos para nos ajudar. Quando éramos pequenos, usava *flashcards* ou pegava uma cenoura enquanto estava cozinhando e nos ensinava tudo sobre o vegetal ou fruta, para que a lição fosse também visual".

Por sua vez, Voight estava emocionado pela filha ter interesse em atuar e fez o melhor que podia para encorajá-la. "Ela vinha até a minha casa e líamos uma peça juntos, encenando várias das cenas", disse ele ao jornal *Independent* de Londres em 2001. "Vi que ela tinha um talento nato. Ela amava atuar. Por isso fiz o melhor que pude para encorajá-la, treiná-la e dividir minhas experiências com ela. Durante algum tempo, encenávamos uma peça nova a cada domingo".

Diferentemente de muitos dos atores do seu calibre, Voight era bastante cauteloso na escolha dos filmes que fazia e raramente atuava apenas por dinheiro. "Eu não queria fazer os papéis de galã que me ofereciam", explicou. Como consequência, ao contrário de muitos de seus colegas menos aclamados, ele não era rico. Não tinha casa de praia em Malibu. Nem piscina. Na verdade, Voight nem tinha uma casa. Ele também morava num apartamento.

Apesar das declarações do filho James Haven, que passou os últimos anos tentando depreciar o pai, Voight era bastante generoso com Bertrand e sempre pagou pensão. Sabemos disso porque a própria Angelina sempre enfatizou publicamente a integridade do pai até o desentendimento deles em 2003. "Ele sempre cuidou bem da gente e de nossa mãe", declarou Jolie a um repórter em 2001. "Sempre cumpriu com suas obrigações. Ele simplesmente não tinha muito dinheiro".

Esse período da vida de Jolie permaneceu sem muitos acontecimentos durante quase dois anos. Mas então, aos 13 anos, subitamente parou de frequentar o Instituto Strasberg e entrou no que ela descreveria mais tarde como "uma fase muito ruim".

Isso provavelmente já estava se formando há bastante tempo. Ela descreve fazer 10 anos de idade como uma fase em que sua vida "começou a não ser mais divertida" e quando desenvolveu um fascínio pela morte. "O pai da minha mãe morreu quando eu tinha nove anos de idade", explica ela. "Ele era um homem maravilhoso, alegre, mas seu funeral foi horrível. Todos estavam histéricos. Eu pensava que os funerais deveriam ser uma celebração da vida, ao invés de um lugar repleto de pessoas tristes. Não tenho medo da morte, o que faz com que as pessoas pensem que sou sombria; na verdade, sou positiva".

Ela nunca apontou um trauma específico como sendo o ponto de mudança de sua personalidade, embora descreva um dia em que estava brincando com um amigo. Ela queria entrar no mundo da fantasia, como as brincadeiras exigem, mas simplesmente não conseguia. Talvez seja por isso que, inicialmente, decidiu atuar para reconquistar o conforto de lugares imaginários da infância.

Entretanto, após decidir parar de atuar, passou a dizer que queria ser diretora funerária. Começou até a fazer um curso de correspondência sobre embalsamamento no Instituto de Serviços Funerários. Logo, a preocupação de Angelina com a morte a levou a querer finalizar a própria vida, um pensamento sobre o qual falou muitas vezes. Durante uma entrevista, entretanto, ela negou a ideia de que os seus pensamentos sobre suicídio estivessem ligados a depressão ou tristeza: "Sempre me considerei sã, mas não sabia se me sentiria confortável vivendo nesse mundo. Durante a minha infância eu pensava muito em suicídio — não porque fosse infeliz, mas porque não me sentia útil. Tinha insônia e ficava a noite inteira acordada, com uma mente que não ficava quieta". E durante outra entrevista, ela falava sobre sua infância, "Tive muitas tristezas e desconfianças. Cheguei bem perto de terminar minha própria vida algumas vezes".

Em um artigo de 2001 da revista *Rolling Stone*, o repórter Chris Heath descreveu Jolie mostrando a ele um caderno que havia guardado quando tinha 14 anos:

> Na capa há um tipo de espada. Na segunda página há um desenho de três punhais e as palavras MORTE: EXTINÇÃO DA VIDA. Mais desenhos de armas e uma citação: APENAS OS MAIS FORTES IRÃO SOBREVIVER. Algumas definições: DOR: SOFRIMENTO MENTAL OU FÍSICO. AUTÓPSIA: EXAME DE UM CADÁVER. Ela pega o caderno de volta, parecendo um pouco envergonhada, mas, então, cede. Há a palavra INFERNO e uma figura do diabo, e uma página rasgada pela metade. A única palavra que restou é SUICÍDIO. "Agora posso rir disso tudo", diz ela.

A essa altura, provavelmente o período mais sombrio de sua vida, Jolie entrou para o colegial. Muitos autores tentaram ligar seu bem documentado abismo psicológico à sua escola, em particular, e sua cultura. Isso é duvidoso, mas certamente foi na Beverly Hills High School que Angie Voight deu os primeiros passos em direção a criar o que se tornou o mito Angelina Jolie.

Em 1989, assim como hoje, Beverly Hills High era frequentada por muitos dos filhos da elite de Hollywood. A escola ostenta alguns alunos ignóbeis e outros notáveis, como Nicholas Cage, Richard Dreyfuss, Nora Ephron e Monica Lewinsky. Mas sua reputação — solidificada na cultura popular como suposto local de filmagem para o seriado *Barrados no Baile* — é enganosa. O corpo estudantil é bastante diversificado. Atualmente, 42% da população de estudantes nasceu fora dos Estados Unidos, e muitos dos estudantes são provenientes de famílias humildes. Muito embora a mescla tenha mudado bastante desde o final da década de 80, quando Angelina começou a cursar o colegial, ela, com certeza, não era a única estudante de classe média da escola.

Inúmeros perfis foram traçados ao longo dos anos, afirmando que Angelina sofria assédio moral por parte dos colegas de classe, porque, numa escola cheia de jovens ricos, não usava roupas de grife nem tinha um carro de luxo. "Esses riquinhos eram impiedosos com Angelina Jolie, escarnecendo-a por sua magreza excessiva, suas roupas de segunda mão, óculos e aparelhos ortodônticos", dizia o perfil feito por uma revista.

Mas, de acordo com aqueles que a conheceram durante esse período, nada poderia estar mais distante da verdade. Um antigo colega de classe, que agora trabalha na indústria da televisão, diz: "Angelina nunca sofreu escárnio por não ser rica. Veja bem, o pai dela era um ator que havia ganhado o Oscar. Todos respeitavam esse tipo de coisa em Beverly, acredite em mim. Acontece que nossa escola era uma típica High School americana naquele tempo. Havia todos os grupinhos que alguém poderia encontrar em qualquer lugar, algo como o seriado *O Clube dos Cinco*. Havia os atletas, os nerds, os populares, os drogados, os desajustados e os estranhos, que, deliberadamente, faziam de tudo para não se entrosar. Angie era um deles. Ela não usava roupas de segunda mão por não poder fazer compras em Rodeo Drive; ela se vestia daquele jeito porque era estilosa. Era o começo da era grunge e eu diria que Angie era uma combinação de gótico com grunge. Havia outros como ela também; eles tinham seu próprio grupinho, assim como todos os outros".

Enquanto as garotas ricas faziam compras no Beverly Center, Angie perambulava pela malcuidada Sunset Strip e fazia compras nas lojas de punk-rock em Melrose Boulevard. "Sempre fui punk na escola", disse Jolie à *Vanity Fair* em 2003. "Não me sentia limpa, tipo bonita... Sempre me senti interessante, estranha, sombria, ou talvez, uh, sabe... eu poderia me sentir sexy... eu usava minhas botas pretas, jeans rasgados e jaqueta velha e me sentia mais confortável daquele jeito. Eu não queria fingir ser uma garota inteligente, limpa e centrada. Eu entendia as coisas sombrias, as coisas mais melancólicas, mais sentimentais".

Ainda que a maioria dos fãs tenha visto fotos de uma Angelina com cara de *nerd* usando aparelhos e óculos de lentes espessas, essas fotos foram tiradas quando ela ainda cursava o ensino fundamental. Quando estudava em Beverly Hills High, as feições familiares que o mundo conhece hoje já estavam evidentes e ela quase sempre usava lentes de contato. Na foto do seu livro anual do colégio, Jolie é claramente uma adolescente que chama a atenção. De acordo com um de seus colegas de classe, Michael Klesic, que também seguiu a carreira de ator, "todos os rapazes sabiam que ela era uma gata. Quero dizer, quando ela andava pelo corredor, as cabeças se viravam em sua direção".

Klesic se lembra que Angelina diferia das outras "gatas" do colégio. "Ela era daquelas com a qual você não quer se meter", relembra. "Ela era a garota bonita durona. Era bastante direta quando conversava com você. Sempre sabia se alguém estava falando com ela com algum motivo ulterior ou coisa parecida. Angelina realmente se destacava das outras garotas de Beverly Hills. Ela não era uma delas. Não se vestia da mesma forma. Não se interessava pelas mesmas coisas. Era um ser humano próprio, uma pessoa própria, e tinha os olhos nas estrelas. Ela queria sair daquela escola".

Angelina, mais tarde, descreveu esse período como uma adolescência "complicada, enlouquecedora". "Eu usava meias arrastão pretas porque queria me esconder", relembra. "Queria sentir tudo. Mas ao mesmo tempo, eu estava encenando peças e tomando aulas de dança de salão na Arthur Murray. Lavava toda a tinta que havia usado para desenhar nos meus braços, tirava minhas botas Doc Martens de cano longo, colocava sapatos de salto alto e vencia competições de tango. Meus amigos achavam que eu era louca. Eu achava divertido".

Outra colega de classe, Jean Robinson, relata para a escritora Rhona Mercer a legendária obsessão da atriz por facas. "Ela era deliberadamente diferente e não queria saber dos colegas ricos. Tinha uma fixação por facas. Todos os tipos de facas — facas de cozinha, canivetes. Simplesmente puxava uma e ficava brincando com ela". Robinson relembra outro lado de Angelina que contribuía para sua falta de popularidade: "Quando tinha 14 anos, roubava dos garotos de 17. Uma vez que eles ficavam ofegantes por persegui-la, ela simplesmente ia embora. O lance para ela era a perseguição". Mas não era apenas com os garotos que ela fazia das suas. "O mesmo acontecia com as garotas. Angie as seduzia e as levava a pensar que era sua melhor amiga; então, um belo dia, parava de falar com elas", disse Robinson. "Esse tipo de crueldade é comum, mas Angelina era extremamente boa nisso".

Um garoto de quem ela não correu foi um punk-rocker de 16 anos, com o qual ela começou a namorar quando tinha apenas 14. Em um mês, o garoto foi morar com ela, com o consentimento da mãe. Evidentemente, Bertrand pensou que a melhor forma de saber o que acontecia com a filha rebelde era manter seu namorado e ela sob o mesmo teto.

Jolie diz que desde tenra idade foi extremamente sexual, relembrando: "Eu era bastante sexual no jardim de infância. Pertencia a um grupo chamado "As Meninas Beijoqueiras". Criei um jogo no qual eu beijava os meninos e dava insetos de brinquedo para eles. Então a gente se acariciava e se despia. Entrei em várias enrascadas!". Apesar do começo precoce, ela afirma que o namorado punk-rocker foi sua primeira conquista sexual.

"Perdi minha virgindade quando tinha 14 anos", disse ela ao *Daily Mirror*. "Ele foi o meu primeiro namorado na época. Queria ser promíscua e estava começando a ser sexual... tive sorte. Estávamos no meu quarto, meu espaço, onde eu me sentia mais confortável, e não estava correndo perigo".

Ela, frequentemente, racionaliza o arranjo incomum: "Ele vivia na nossa casa com minha mãe e meu irmão; então, não era como se estivéssemos sozinhos", disse ela ao *Heald Sun* de Melbourne, Austrália, em 2005. "E eu sempre podia falar com a minha mãe se tivesse algum problema. Ela estava mais presente e mais ciente do que estava acontecendo do que a maioria das mães. Ela sabia que eu estava naquela idade em que queria experimentar. Poderia ser em situações estranhas ou na minha casa, no meu quarto".

Em sua descrição simples do relacionamento, parece que Angelina possuía uma maturidade impressionante para alguém tão jovem. De fato, a lógica pode levar alguém a perguntar por que as mães não convidam os namorados das filhas para viver sob o mesmo teto. Mas aqueles que a conheceram durante esse período sabem que sua vida amorosa não era tão simples ou idílica quanto ela diz. Eles puderam ver a verdade por si mesmos, nas cicatrizes em sua pele.

Hollywood – Angelina Jolie na chegada ao Chinese Theater de Los Angeles, Califórnia, para a festa de lançamento do DVD de *Kung Fu Panda: Secrets of the Furious Five*, filme de animação produzido pela Dreamworks.

TIRANDO SANGUE

"Algumas pessoas vão às compras. Eu me corto."

No final da década de 90, quando a recém-famosa Angelina Jolie começou a discutir sua tendência adolescente à automutilação, fez parecer que era uma manifestação inofensiva de ansiedade adolescente. Mas aqueles que eram próximos dela durante esse período ficaram profundamente preocupados.

As pessoas começaram a notar as cicatrizes na mesma época em que Jolie começou a se relacionar com o namorado que foi morar com ela. Parece que não foi mera coincidência. "Comecei a fazer sexo e o sexo não parecia ser o suficiente; minhas emoções não pareciam ser suficientes", relembra ela. "Minhas emoções continuavam querendo vir à tona. Em um momento em que eu quis sentir algo genuíno, peguei uma faca e cortei o meu namorado. E ele me cortou. Era uma pessoa muito boa, um garoto doce — não ameaçador, não do tipo que causa medo. Tivemos essa troca de alguma coisa e ficamos cobertos de sangue. Meu coração batia acelerado; era algo perigoso. De repente, senti a vida de forma mais genuína do que esse 'sexo' jamais seria. Tudo aquilo foi tão primitivo e tão legítimo, mas então eu tive que cuidar para que minha mãe não descobrisse, esconder as coisas, usar bandagens de gaze para ir à escola."

Em outra entrevista, ela pondera sobre sua automutilação, comparando-a com desvios sexuais, os quais, insiste, não fazia parte do seu show. "Houve momentos em que eu simplesmente queria ter alguma coisa fisicamente, fosse uma faca ou um chicote. Você quer ser drenado de tudo; você quer de alguma forma que tudo fique quieto. Outras pessoas fazem jogos sexuais ou tentam ser perfeitas — isso é outro tipo de doença".

Em seu estudo de 1991, "Self-Injurious Behavior"[2], publicado no *American Journal of Psychiatry*, Dr. Ronald M. Winchel e o falecido Dr. Michael E. Stanley, da Escola de Médicos e Cirurgiões da Universidade de Columbia, define *machucar a si mesmo* como "o ato de causar dano deliberado ao próprio corpo. O ferimento é feito pelo próprio indivíduo, sem ajuda de terceiros, e deve ser severo o bastante para resultar em danos ao tecido (como cicatrizes). Atos cometidos com intenção conscientemente suicida ou que sejam associados ao prazer sexual estão excluídos".

Este alarmante comportamento entre garotas adolescentes ganhou a atenção da área de saúde mental no início da década de 60, muito embora seja praticado há pelo menos um século antes disso. O termo *automutilação* apareceu inicialmente num estudo de 1913, de L. Eugene Emerson, ph.D., onde ele descreve o ato de cortar a si mesmo como um substituto simbólico para a masturbação. O termo aparece novamente em 1938, quando o Dr. Karl Menninger, em seu livro *Man Against Himself*, concluiu pela primeira vez que a automutilação não era necessariamente um tipo de comportamento suicida, mas, antes, um

---

[2] N. da T. – Numa tradução livre Comportamento de Automutilação.

"desejo atenuado de morrer". Em seu livro, ele cunhou o termo *suicídio parcial* para descrever o fenômeno.

De acordo com o Programa de Pesquisa sobre o Comportamento de Automutilação em Adolescentes e Jovens Adultos da Universidade Cornell, "Existem distinções importantes entre aqueles que tentam o suicídio e aqueles que se automutilam para conseguir lidar com fortes sentimentos negativos. A maioria dos estudos conclui que a automutilação é frequentemente empreendida como forma de se evitar o suicídio". O instituto nota que a automutilação pode ser praticada em qualquer parte do corpo, mas, na maioria das vezes, é feita nas mãos, pulsos, barriga e coxas. A severidade do ato, conclui, pode variar de ferimentos superficiais a aqueles resultantes em desfiguramento perpétuo.

A maioria dos estudos conclui que as mulheres somam dois terços dos adolescentes que praticam o ato, embora seja possível que elas simplesmente sejam mais propensas a admitir a automutilação do que os homens. A literatura do Programa de Automutilação da Cornell cita, num estudo recente, que entre 13 e 17% dos estudantes do ensino médio dos Estados Unidos praticam o ato ao menos uma vez. A pesquisa da Cornell também afirma que "o início da automutilação é comum por volta dos sete anos de idade, embora possa ser iniciado antes disso. O mais frequente, entretanto, é que os comportamentos de automutilação se iniciem na metade da adolescência, por volta dos 12 ou 15 anos, e podem durar semanas, meses ou anos. Para muitos, a automutilação é um ato cíclico e não linear, o que significa que é praticado durante um período de tempo, suspenso e depois reiniciado. Seria errôneo, entretanto, concluir que automutilação seja um fenômeno adolescente passageiro". Se Angelina começou a se automutilar com 13 anos, isso a coloca na idade média dos adolescentes que praticam o ato.

Em seu livro, *Psychological Self-Help*, Dr. Clayton Tucker-Ladd, ex-diretor do Centro de Aconselhamento e Teste da Universidade do

Sul de Illinois, sumarizou algumas das miríades de explicações com as quais se deparou enquanto tratava adolescentes automutiladores:

> Algumas vezes os jovens sofrem abusos psicológicos e ouvem que são maus, pecadores, egoístas, perniciosos, detestáveis, insensíveis, loucos ou estranhos. Podem ser culpados por problemas de relacionamento entre os pais ou o divórcio destes etc. Não é de surpreender que acabem se sentindo culpados, envergonhados, que tenham ódio de si mesmos e queiram se machucar ou se punir.
> Alguns são criados em lares onde ocorrem abusos físicos e sexuais (espancamentos, ameaças e torturas) e são chamados de inúteis, idiotas, feios, vadias e derrotados; muitos sofreram assédio moral de colegas; alguns foram estuprados. Alguns respondem com ressentimento, ódio intenso e raiva reprimida; outros adotam as avaliações negativas e se sentem inúteis, sentem que ninguém nunca irá se importar com eles, que são lixo. Alguns respondem com uma atitude desafiadora; por exemplo, "Você não pode me mudar", ou "Eu mereço ser abusado, mas posso me machucar mais do que você pode". Outros tentam descontar em quem os está abusando, machucando a si mesmos via automutilação, mostrando sinais visuais de seus sentimentos. Alguns respondem fisicamente à dor, punição e autopunição, se sentindo melhores, algo como ter uma injeção de adrenalina ou usar drogas; outros percebem que queimar-se ou cortar-se os deixa insensíveis à dor.
> Alguns estavam deprimidos, impotentes e desanimados ou não tinham sentimentos, quase como se estivessem mortos. Alguns respondem à automutilação enquanto se sentiam mortos, como: "A automutilação me mostrou que eu podia sentir, que eu estava vivo". Outros jovens se sentiam sozinhos, desamparados, assustados, tristes, não apenas negligenciados, mas desprezados, rejeitados pela família e pelos amigos, colocados para adoção,

abandonados pelo(a) namorado(a) etc., assim, se sentiam melhor se machucando e, dessa forma, escapavam da dor causada pelos outros. Muitos estavam completamente cientes de que tinham problemas psicológicos sérios e se sentiam estranhos, incapazes de lidar com eles, amedrontados, desamparados e inferiores. Outros ainda se sentiam fora de controle, não conseguiam fazer nada direito, mas se sentiam confortados pela coragem de se cortar, surpresos com os machucados que podiam se forçar a fazer em si mesmos.

Embora recentemente Angelina Jolie tenha se tornado a imagem da automutilação, não é, de forma alguma, a primeira celebridade a admitir a prática. Outras praticantes famosas são as atrizes Christina Ricci, Courtney Love e a cantora e compositora Fiona Apple, que admitiu à revista *Rolling Stone* que se cortava há anos. Apple, como bem sabem os seus fãs, foi estuprada quando tinha 12 anos, na saída do prédio de apartamentos onde morava sua mãe, uma violência que a assombra desde então.

Assim como Angelina, Apple tendeu a menosprezar a significância de seu ato. "Tenho certo probleminha com relação a isso (automutilação)", disse numa entrevista. "É algo comum." Perguntada pelo entrevistador se isso a fazia se sentir melhor, respondeu, "Apenas faz você *sentir*". Entretanto, ela é rápida em afirmar que o fato de se automutilar não significa que é louca. "O que mais me incomoda é ouvir as pessoas falando que estou tentando fazer com que sintam pena de mim", disse à *Rolling Stone*. "Tudo pelo que passei foi dramatizado pelas pessoas que escrevem sobre o assunto, não por mim. Eu estou apenas dizendo 'Isso aconteceu comigo, isso aconteceu com um monte de gente'. Por que eu deveria esconder as coisas? Por que isso faz com que as pessoas tenham uma má opinião a meu respeito? É uma realidade. Um monte de gente faz a mesma coisa".

Provavelmente, a pessoa mais famosa a admitir a automutilação tenha sido a Princesa Diana, que falou sobre esse e outros distúrbios numa entrevista à BBC, em 1995. Ela revelou que frequentemente cortava seus braços e pernas. "Você tem tanta dor dentro de si mesmo que se machuca por fora porque quer ajuda", explicou na época. De acordo com a biografia definitiva de Andrew Morton, *Diana: Sua Verdadeira História*, a princesa perturbada — que também admitiu lutar contra a bulimia — frequentemente se jogava contra um móvel de vidro no Palácio de Kensington, e se cortou com a parte serrada de um descascador de limão. Certa vez, durante uma discussão acalorada com o Príncipe Charles, pegou um canivete e cortou peito e coxas. Numa outra vez, durante um voo com Charles, se trancou no banheiro, cortou os braços e espalhou o sangue sobre as paredes e assentos da cabine.

A atriz Christina Ricci também discutiu publicamente sua história de automutilação. Numa entrevista à revista *US Weekly*, em 1998, Ricci mostrou ao entrevistador uma cicatriz pequena com o formato de uma carinha feliz na mão. "Eu estava tentando impressionar Gaby (Hoffman, sua melhor amiga). Então, acendi um isqueiro e o pressionei contra a minha mão". Revelando diversas outras cicatrizes de queimaduras nas mãos e braços, explicou: "Eu queria ver se conseguia suportar a dor. Era um tipo de experimento". Em outra entrevista, ela revelou que às vezes apagava cigarros nos braços. Ao ser questionada se aquilo doía, respondeu: "Não. Você recebe uma injeção de endorfina. Na verdade, você pode desmaiar de dor. Leva apenas um segundo, uma picadinha, e então você não sente nada. É bem calmante, para falar a verdade". Na revista *Rolling Stone*, foi ainda mais longe: "Sabe como o seu cérebro apaga de dor? A dor era tão grande que forçava o meu corpo a se acalmar e eu não ficava tão ansiosa. Me acalmava".

Talvez a celebridade mais surpreendente a praticar a automutilação seja o ator Johnny Depp, que tem cicatrizes por todo o braço à época em que costumava se cortar. "Eu fazia em momentos bons, momentos ruins, não importava", disse à revista *Talk* sobre seu antigo hábito. "Não havia cerimônia. Não era tipo 'Muito bem, isso acabou de acontecer, tenho que cortar um pedaço de mim mesmo'". Durante outra entrevista, em 1993, explicou as cicatrizes ainda visíveis: "Meu corpo é, de certa forma, um diário. É como os marinheiros costumavam fazer, quando cada tatuagem tinha um significado, uma época específica na sua vida, em que você faz uma marca em si mesmo, seja você mesmo fazendo com uma faca ou um tatuador profissional".

Ao longo dos anos, a área que estuda a saúde mental tem tido dificuldades para conseguir classificar e tratar a automutilação, especialmente entre os adolescentes. O diagnóstico mais frequente parece ser Transtorno de Personalidade Borderline, embora os críticos insistam que tal rótulo seja prematuro. Uma das principais pesquisadoras do transtorno é Marsha Linehan, diretora da Clínica de Terapias e Pesquisa Comportamental da Universidade de Washington. Ela acredita que, enquanto a automutilação frequentemente se enquadra nessa categoria, diagnosticar um distúrbio de personalidade requer um entendimento do padrão de funcionamento da pessoa a longo prazo, o que é normalmente ignorado. "Que isso não acontece", escreve ela, "fica evidente pelo número crescente de adolescentes sendo diagnosticados como Borderline... É de se perguntar qual a justificativa para dar a um jovem de 14 anos um rótulo psiquiátrico negativo que irá segui-lo pelo resto de sua vida".

No caso de Angelina Jolie, o diagnóstico oficial foi consideravelmente mais sério. No seu arquivo da Beverly Hills High School consta até hoje uma descrição perturbadora, feita por uma psicoterapeuta que a estava tratando há algum tempo: "Angelina Voight é descontrolada, inclinada à psicopatia antissocial". Em outras palavras, quando estava ainda na adolescência, Angelina foi rotulada de psicopata.

Jolie tentou minimizar seus problemas de saúde mental, assim como suas sessões mandatórias três vezes por semana com o terapeuta da escola. "Eles faziam com que todos que tinham pais separados frequentassem as sessões", relembra ela. "Nossa psicoterapeuta costumava dizer que nossos pais eram os culpados por tudo. Ela parecia achar que nós, pobres crianças, nunca conseguiríamos nos adaptar à vida".

Mas, de acordo com um dos antigos colegas de classe de Angelina, que hoje trabalha para a indústria da televisão, sua explicação não parece ser verdadeira. "Você tem que estar brincando", diz ele. "Estávamos em Beverly Hills High. A maior parte das crianças daquela escola fazia parte dos chamados lares destruídos. Os pais de todo mundo eram divorciados, inclusive os meus. Se eles obrigassem todos nós a frequentar o terapeuta, teria sido como uma linha de montagem com mais de um quilômetro de distância. Não tenho a mínima ideia do que Angie fez para ser colocada em terapia. Acho que na época eu nem sabia que ela via a psicoterapeuta da escola, embora fosse sabido que muitos dos alunos faziam terapia em segredo. Eu, pessoalmente, nunca fiz, exceto por um terapeuta familiar, quando era mais novo, mas isso estava em voga na época".

Durante uma entrevista em 2000, Angelina parece contradizer a explicação que havia dado anteriormente sobre ter sido forçada a frequentar a terapia. Ela também negou enfaticamente que seus problemas tivessem qualquer ligação com o divórcio dos pais. "Eu estava estudando, e era possível conseguir créditos extras quando se frequentava a terapia", disse Jolie à revista *Marie Claire*. "Era parte do estudo de humanas, psicologia. Então eu fui. E percebi como essas pessoas podem ser perigosas. Essa pessoa ficava falando sobre os meus sentimentos pelo meu pai. E eu dizia 'Não, eu não estou com raiva. Eu entendo. Acho que tanto meu pai quanto minha mãe são indivíduos maravilhosos'. E ela simplesmente não acreditava que aquilo não fosse um problema para mim. Lembro que uma vez eu disse que havia tido um sonho. Eu menti. Eu disse que tinha sonhado que apunhalava meu pai com um garfo, e ela disse, 'Aha, entendo'. E eu pensei, 'Sua idiota'. Minha terapia são os meus filmes; meu terapeuta são todas as pessoas que vão assistir aos meus filmes e me dizem se fui bem ou não".

Não tendo conseguido localizar a terapeuta que deu o diagnóstico original, é difícil determinar em que ele se baseou.

De acordo com especialistas, é extremamente fora do comum para uma jovem de 14 anos ser diagnosticada com transtorno da conduta e comportamento antissocial, já que a maior parte da literatura sugere reservar tal diagnóstico até a idade mínima de 18 anos. Em seu livro *The Psychopathy of Everyday Life*, de 2006, Dr. Martin Kantor faz uma distinção clara entre o tipo de transtorno com o qual Angelina foi diagnosticada e outros tipos extremos de comportamento psicopata, como os assassinos em série e outros exemplos extremos. "Um dos maiores problemas no tocante a entender a psicopatia", escreve ele, "é a tendência da literatura em tratar da mesma maneira psicopatas raros, porém sérios, como John Wayne Gacy e Ted Bundy, e psicopatas menos perigosos e mais comuns, os muitos dentre nós que sofrem de uma forma mais branda e menos intrusiva... [a psicóloga clínica e autora] Martha Stout chama a esses psicopatas menos sérios e mais comuns de 'os sociopatas que moram ao lado'".

A maioria dos especialistas concorda que uma das características que definem a psicopatia é a falta de empatia. Dado o status atual de Angelina Jolie como filantropista e humanitária, é difícil acreditar que ela tenha recebido tal diagnóstico. Não teria sido uma leitura excessivamente dura de uma terapeuta preguiçosa? Ou a rebelde adolescente Angelina agia de forma louca deliberadamente para incomodar a terapeuta?

"Na infância e juventude, eu realmente desejava ser insana", disse Angelina. "Lembro-me de ficar extremamente irritada por não ser. Acredito que perder a cabeça tem certo romance. Eu queria que a minha mente me levasse embora, mas ela não me dizia para onde ir". É possível que tudo tenha sido uma encenação, mas na época havia razões claras o bastante para aqueles próximos a ela acreditarem que algo estava desesperadamente errado.

Embora ela tenha descrito o período em que viveu com o namorado de "muito doce, quase como um casamento", sua inclinação para facas e automutilação se intensificava a cada dia. Logo se tornou parte integrante do relacionamento sexual entre eles. "[Sexo normal] não parecia ser primitivo o bastante, não era satisfatório para mim", explicou ela mais tarde. O sadomasoquismo se tornou sua escolha, mas nem isso era ainda o suficiente para ela. "O sexo sadomasoquista (S&M) pode ser erroneamente interpretado como violência", explicou ela para a revista *Vanity Fair*, em 2004. "Na verdade, tem tudo a ver com confiança. Eu gosto de desafiar os limites, tanto emocionais quanto sexuais, com outra pessoa. É quando me sinto mais sexy. Eu encenei tanto papéis dominadores quanto submissos, porque quero sempre mais. Eu ficava sempre em cima, quando li que, na verdade, quem está embaixo controla quem está em cima. Por isso, pensei: 'espere aí, é verdade. Estou fazendo todo o trabalho!' Entretanto, nunca fui amarrada. Tenho o pressentimento de que a pessoa que fizer isso será 'O Escolhido'. Acho que é disso que eu gostaria".

Numa certa ocasião, as coisas foram um pouco longe demais e Angelina, então com 16 anos, acabou cortando o pescoço, fazendo um X em seu braço, e cortando a barriga. Quando o sangue fluiu por mais tempo do que o normal, ela foi levada de ambulância às pressas para um hospital, e recebeu uma transfusão que salvou a sua vida. "Quase cortei minha jugular", relembrou anos mais tarde.

Cansada do drama constante e temendo pela filha, Bertrand decidiu acabar com aquele experimento e ordenou que o namorado fosse embora. Furiosa pela súbita imposição de autoridade e regras da mãe, Angelina decidiu que não poderia mais viver sob o mesmo teto que ela e se mudou para um apartamento próximo ao da mãe, financiada pelo pai. E também acabou terminando com o namorado. "Ele chorou bastante", relembrou mais tarde sobre o final do relacionamento. "E era simplesmente um drama que eu decidi que não queria mais".

Entretanto, pode ter havido outro motivo para Jolie ter saído da casa da mãe e terminado com o namorado. Em maio de 2009, uma reportagem de fonte não divulgada afirmou que, como uma garota de 16 anos precoce, Jolie tinha sido flagrada dormindo com o namorado da mãe. Quando Bertrand descobriu, segundo a reportagem, terminou o relacionamento com o companheiro, mas acabou perdoando a filha.

O incidente em questão teria acontecido em 1991, que é realmente o ano em que Bertrand terminou um relacionamento de 11 anos com seu namorado, um produtor de filmes. Também coincide com a época em que Angelina, ainda menor de idade, subitamente saiu da casa da mãe e terminou com seu próprio namorado, que estava vivendo com ela, sob o teto da mãe, desde que tinha 14 anos.

Será que suas sessões de psicoterapia, e o subsequente diagnóstico como psicopata antissocial, têm alguma relação com este incidente? Na Califórnia, na época, as leis consideravam sexo com um menor de 16 anos um crime ou delito leve. Assim, se na época do suposto *affair* ela tivesse 16 anos ou mais, não teria caído nessa categoria, e a relação sexual não teria sido considerada crime. Ainda assim, tal atitude poderia ter sido considerada pela terapeuta como comportamento antissocial, para dizer o mínimo.

Está claro que Angelina Jolie era extremamente próxima da mãe, até a morte de Bertrand em 2007. É difícil imaginar que Bertrand tenha se esquecido tão facilmente de um ato tão inescrupuloso.

O final do relacionamento, de acordo com Angelina, também coincidiu com o fim do seu comportamento de automutilação. "Quando eu tinha 16 anos, consegui tirar esse comportamento de mim", diz ela, explicando que seu comportamento instável de adolescente foi apenas uma fase. De fato, o pior ainda estava por vir.

Veneza: Brad Pitt participa da première de *O Assassinato de Jesse James pelo covarde Robert Ford* no 64º Festival Internacional de Cinema de Veneza.

BRAD PITT

Quando Angelina tinha 16 anos, ela e a mãe estiveram passeando no Beverly Center e assistiram ao filme *Thelma e Louise*. Marcheline Bertrand gostou do filme por seu tema liberal, a independência feminina, e das duas personagens principais, que se libertam numa viagem de carro tentando escapar de suas vidas rotineiras. Angelina, por outro lado, ficou impressionada com o jovem caubói, J.D., um carismático ator coadjuvante que proporciona a Thelma uma noite que ela jamais esquecerá. Mal sabia Angelina que 15 anos mais tarde seu nome e o nome do caubói seriam fundidos para formar uma das marcas mais poderosas da história de Hollywood.

É difícil acreditar, comparando a juventude de ambos, que Brad Pitt e Angelina Jolie estavam destinados a ficar juntos. Seus passados não poderiam ser mais diferentes. Pitt nasceu em Shawnee, Oklahoma, em dezembro de 1963. Pouco após seu nascimento, seus pais se mudaram para Springfield, Missouri, uma cidade agradável no sul do estado, conhecida como "o refúgio de quem nasce em Ozark[3]". Viver em Springfield, na época, era como se esconder numa pintura de Norman Rockwell. Era um oásis dos valores tradicionais americanos em meio à turbulência que balançou o país na década de 60. "Venho de uma comunidade cristã bastante tradicional", declarou ele.

Seus pais eram sulistas batistas conservadores; a mãe, conselheira de uma escola, e o pai administrava uma pequena empresa de caminhões. Mas isso não significa, de forma alguma, que eles eram caipiras ou sulistas estereotipados. Frank Carver, que viveu em Springfield até se aposentar, conhecia bem a família Pitt. "Havia muito racismo, muitos pensamentos retrógrados naquela época", relembra. "Estamos falando do Sul dos Estados Unidos, embora algumas pessoas lhe digam que é o meio-oeste, logo antes do movimento pelos direitos civis tomar força e haver um monte de atitudes ignorantes. Mas é possível afirmar que os pais de Brad eram um pouquinho mais sofisticados do que a maioria. Eles eram batistas, mas para eles isso significava se vestir de forma tradicional, não uma forma retrógrada de ver o mundo. Provavelmente eram democratas de Harry Truman.

Truman era do Missouri e deixou sua marca ali. Então eles teriam apoiado o movimento pelos direitos civis, mas, provavelmente, desaprovavam os radicalismos. Eram tementes a Deus e frequentavam a Igreja, mas não eram propriamente fundamentalistas no sentido atual do termo. Eram uma família americana sólida de classe média".

"Brad se parece com o pai e tem a personalidade da mãe", relembra Chris Schudy, um dos antigos amigos de Pitt. "Sua mãe é extremamente pé no chão, uma supermulher. Seu pai é um bom sujeito, porém mais reservado. *Nada é Para Sempre* (o filme estre-

---
[3] Uma cidade no Sudoeste do Alabama.

lado por Pitt e que ganhou o Oscar em 1992) é quase um espelho da família Brad".

A família tinha ainda dois filhos mais novos, Doug e Julie, e os irmãos eram bastante unidos. "Eu sempre tive meus dois irmãos como modelo", relembrou mais tarde Julie. "Eu achava que eles eram a melhor coisa que me aconteceu. Doug e Brad se complementam. Éramos uma família muito unida e isso nos enchia de confiança. Acho que foi isso que possibilitou que Brad tentasse a carreira de ator. Às vezes não acredito que um rapaz de Springfield tenha conseguido, mas Brad sempre teve sucesso em tudo o que fez e sempre soube lidar com pessoas". "A primeira vez que minha mãe o conheceu, chamou Brad de pequeno deus romano", complementa Schudy.

O irmão de Pitt, Doug, que ainda mora próximo ao lugar onde cresceram, em Springfiled, é rápido ao evitar colocar Brad em um pedestal. "Ele é um cara comum", disse ele, afirmando que o irmão sempre foi independente. "Se a moda fosse todo mundo ter uma Harley Davidson, Brad não comprava uma."

Pitt ainda se refere aos pais como "os maiores guias na minha vida". Assim como sua futura companheira, sempre creditou à mãe — a primeira pessoa a achar que ele era talentoso — o seu sucesso. "Ela acreditou em mim desde o primeiro dia", disse. A mãe arrastava as crianças para a Igreja Batista South Haven todos os domingos, onde Brad normalmente se sentia sufocado pela religiosidade. Numa retrospectiva, ele fica grato pela rotina semanal. "Mantinha minha mente nas coisas importantes", explicou ele mais tarde, lembrando que frequentemente sentia vontade de soltar um grito ou um peido na igreja e, então, "me levantar e gritar: 'Fui eu! Aqui!'. O pastor escolhia alguém para ler a prece final e eu começava a suar, com medo de que ele me escolhesse. Eu sentava no banco e dizia: 'Por favor, Deus, eu não'. Essa era a minha prece final".

Durante algum tempo, ele chegou a cantar no coral, cantando hinos toda semana. "Era impossível não olhar para Brad, porque seu rosto era tão expressivo", disse Connie Bilyeu, que tocava piano na igreja e que, mais tarde, foi professora de teatro de Brad na escola. "Ele abria tanto a boquinha falando todas as palavras que atraía a atenção de todo mundo".

Mas sua primeira incursão pelo *show business* pode não ter sido inteiramente do gosto de sua mãe. De acordo com uma amiga de Springfield, Pam Senter, que conhece Pitt desde que ele tinha cinco anos de idade, sua primeira trupe era um pouco incomum. "Brad e eu íamos juntos a viagens da igreja e ele era muito divertido — estava sempre entretendo", disse ela ao biógrafo de Pitt, Brian Robb. "Ele e seus amigos cantavam nas reuniões. Eles chamavam a si mesmos de os Brief[4] Boys. Era ridículo. Eles vestiam cuecas e cantavam músicas dos Beach Boys com letras inventadas por eles mesmos. Acho que tinha sido ideia de Brad — ele mostrava o corpo sempre que podia. Nunca falou sobre querer ser ator, mas agora, quando me lembro dessas coisas, penso que ele sempre foi um artista".

Pitt frequentou a escola Kickapoo High School, em Springfield, em meados da década de 70. Na época, apenas quatro dos 1.800 alunos eram negros. Desde aquele tempo, a escola — cujo *slogan* do time é "Tema o Poo[5]"— se tornou muito mais diversa e agora também inclui um número considerável de estudantes asiáticos.

Diferentemente de Jolie, cujos anos de colégio ficaram marcados como um período sombrio e infeliz, Pitt parece ter tido boas experiências. "Brad era um supergaroto", disse a diretora-assistente, Sandra Grey Wagner, à revista *People* em 1995. "Ele tinha interesse por tudo", disse Kate Chell, que frequentou a

---

[4] Brief, cueca. Um trocadilho com a banda The Beach Boys.
[5] Poo se referindo ao nome da escola, Kickapoo.

Kickapoo durante o mesmo período que Pitt. "Ele organizava os bailes, encenava peças, dançava, praticava esportes. Todos o amavam. Ele não era convencido; simplesmente tinha uma aura de liderança que atraía as pessoas para ele. Era possível prever que ele teria um futuro promissor, mas acho que ninguém pensava que ele se tornaria um grande astro de Hollywood. Todas as garotas tinham uma queda por ele. Eu tinha. Ele teve uma namorada firme por algum tempo, mas acho que saiu com muitas garotas. Ele gostava das loiras".

Ao contrário de Jolie, desde tenra idade estava claro para Pitt que ele era heterossexual. De fato, Pitt certa vez relembrou sua reputação enquanto adolescente durante uma entrevista. "Eu amava garotas, sempre fui completamente intrigado, fazia qualquer coisa por elas", disse. Chell, que se lembra das garotas brigando por Pitt, o chamava de "mandachuva". Pitt admitiu que se meteu em algumas rixas: "Eu tive o tipo comum de brigas por causa de garotas. Ganhei uma — provavelmente por causa de algum golpe baixo, como agarrar o saco do cara ou coisa assim — e perdi uma. O único dano grave foi ao meu ego".

Pitt sempre teve a tendência de ser discreto com relação à sua vida sexual e nunca revelou quantos anos tinha quando perdeu a virgindade, embora tenha dado detalhes à revista *Premiere* sobre o dia em que viu uma mulher nua pela primeira vez. "Em algum momento durante os anos do ensino fundamental", disse ele, "achamos uma casa que estava sendo construída e encontramos uma pilha de revistas *Playboy* velhas no local. Bem, eu fiquei muito impressionado. Fiquei completamente dominado por elas".

Não muito tempo depois, ele perguntou aos pais como nascem os bebês. "Dois meninos da rua ficavam usando a palavra 'foder'", relembra ele, "e perguntei à minha mãe o que queria dizer, e foi assim que começamos a grande conversa sobre sexo. Ela me disse: 'Não usamos essa palavra, essa palavra é uma gíria. Mas usamos 'relação sexual' e aqui está". Me mostrou diagramas. Lembro-me vividamente de ter ficado aterrorizado na época".

Quando estava na sétima série, Pitt disse que promovia festas no porão de sua casa, bem no estilo dos anos 70, com pufes confortáveis no chão. "As meninas normalmente exageravam no brilho labial com sabor", disse ele. "Mas não sabíamos disso na época. Achávamos que era normal. Minha mãe sempre fazia muito barulho antes de abrir a porta do porão. Ela chamava 'Brad? Posso descer e pegar algo no freezer?' É claro que eu ficava me perguntando por que minha mãe precisava de um bife congelado às dez horas da noite".

Pam Senter também se lembra das garotas dando em cima do jovem Pitt. "Havia muitas delas, ele tinha um verdadeiro charme, um jeito com as mulheres. Me forcei a não me apaixonar por Brad — eu sabia que ele iria partir meu coração. É o jeito dele; ele não consegue evitar".

Seus amigos lembram que ele amava assistir filmes, especialmente os clássicos. Mas foi *Os Embalos de Sábado à Noite* que teve impacto mais duradouro. "Não pelas danças ou pelas roupas", explicou mais tarde, "mas por ver outras culturas e esses caras com seus sotaques e a forma como se comportavam e falavam. Me impressionou muito e me fez ter vontade de viajar e conhecer outras culturas".

Apesar de estar se divertindo no colegial, Pitt estava ansioso para ir embora e ver o mundo. Após se formar no ensino médio, entrou para a Universidade do Missouri em Columbia, a uma distância de três horas de carro de Springfield. "Para mim era incrível simplesmente ficar longe de casa", relembrou, "vivendo com um bando de rapazes. Aquela vida de universidade que gira em torno de um barril. A gente tinha essa ideia tirada do filme *Clube dos Cafajestes*, e havia esse aspecto. Sem dúvida, era o ponto alto. Então, assim como acontece com tudo o mais, você ultrapassa essa fase".

Na Universidade do Missouri ele não era menos popular com as garotas. "No nosso primeiro ano de faculdade, organizamos um show de *striptease* para angariar fundos para caridade", contou a Brian Robb o amigo de Pitt, Greg Pontius. "Centenas de garotas pagaram para ver Brad — ele era o cara mais bonito do Condado. Não ficou completamente nu, mas fez o dinheiro delas valer a pena".

Estudando jornalismo, Pitt passou a adquirir uma visão mais ampla do mundo e começou a questionar tudo, especialmente as crenças religiosas dos pais. "Lembro-me de que um dos momentos mais essenciais que eu tive foi quando finalmente não conseguia mais engolir a religião sob a qual fui criado. Isso foi um grande acontecimento. De certa forma foi um alívio, eu não tinha mais que acreditar naquilo, mas, então, me senti sozinho. Eu era dependente daquelas crenças", relembrou Pitt, que hoje em dia se descreve como "20% ateu e 80% agnóstico".

Apesar de estudar jornalismo, Pitt estava determinado a trabalhar na área de propaganda ou marketing, até que, no último ano, subitamente, percebeu que não iria se adaptar a um emprego de escritório para o resto da vida. Durante a primavera de 1986, faltando apenas dois créditos para se formar, decidiu abandonar tudo e ir para a Califórnia. Mentindo para a família que iria se matricular numa escola de arte, havia decidido tentar a sorte como ator. Com 325 dólares no bolso, dirigiu seu velho Datsun, que ele chamava de "Runaround Sue", para L.A, sem ter um plano ou mesmo um currículo.

"Eu sempre soube que sairia do Missouri", disse mais tarde. "Mas é como aquela música de Tom Waist: 'Eu nunca tinha visto o amanhecer até ficar acordado a noite inteira/ eu nunca tinha visto minha cidade natal até ficar longe por muito tempo'. Eu *amo* minha cidade natal, mas simplesmente queria ver mais. Você lê em livros ou na televisão e se depara com todos esses outros mundos. Me impressionava".

"Ele nunca tinha atuado muito", relembrou seu velho amigo, Chell. "Não acho que ele jamais teve o papel principal em alguma peça de escola, mas se você visse a forma como as pessoas reagiam a ele, saberia por que ele pensava que conseguiria. Ele era um rapaz bonito e sabia disso. Se não se desse bem como ator, teria ganhado muito dinheiro como modelo, pois era belo o suficiente. Isso abre muitas portas nesse mundo".

Seu primeiro trabalho profissional após chegar em L.A. foi promover uma rede de comida mexicana chamada *El Pollo Loco*, que lhe pagou impressionantes nove dólares a hora para dançar vestido de frango gigante em frente ao restaurante na Sunset e Labrea. "Isso é muito dinheiro quando se está acostumado a ganhar 3,50 dólares por trabalhos como ajudante de garçom", disse. Ele ignorava os insultos dos fregueses mal-educados: "Eu não ligava. Não estavam gritando comigo, mas com a maldita galinha".

Se vestir de galinha foi apenas um pouco menos humilhante do que o próximo trabalho, levar *strippers* para seus encontros. "Era um bom trabalho. Houve alguns retornos para casa bem interessantes", relembrou, descrevendo a rotina noturna. "Eu dirigia até o local dos encontros no meu próprio carro. Arranjávamos um quarto onde teríamos privacidade. Elas saíam do carro e eu as apresentava e colocava a música para tocar. A maioria delas queria Prince, ou outras músicas insinuantes, tiravam as roupas e as jogavam em minha direção, para que eu as guardasse; assim os outros caras não iriam roubá-las".

Depois de participar de centenas de audições, começou a fazer alguns trabalhos como figurante, incluindo ficar de pé ao lado de uma porta, em *Abaixo de Zero*, e ser um policial de aeroporto no *thriller* de Kevin Costner *Sem Saída*. E, então, aos 24 anos, finalmente conseguiu os primeiros papéis onde tinha falas, incluindo um episódio da novela *Another World*, e quatro episódios na série *Dallas*. Ficou no ar "provavelmente por um total de quatro minutos", relembrou sobre o seu papel em *Dallas*. "Eu era um namorado rejeitado. Um idiota".

A atriz que fazia o papel de sua namorada nesses episódios, Shalane McCall, logo se tornou seu primeiro romance de Hollywood, embora o relacionamento dos dois tenha durado apenas seis semanas. Seu empresário, Phil Lobel, mais tarde afirmou que esse era o início de um padrão duradouro. "Ele se apaixonava muito facilmente", disse Lobel à revista *People*, lembrando que frequentemente emprestava dinheiro a Pitt para ajudar a financiar alguns dos generosos presentes que ele gostava de dar a suas inúmeras namoradas. "Nunca vi Brad tentar levar alguma garota para casa. Elas se insinuavam para ele", disse um amigo à revista. "Na verdade, ele é um pouco tímido".

Seguindo seu papel em *Dallas,* Pitt passou quatro anos perambulando por Hollywood, fazendo aparições em vários programas de televisão e pequenas participações em filmes. Mais tarde ele descreveu esse trabalho como "terrível". Ainda assim, estava começando a chamar a atenção. "Ver Brad entrando num lugar era mais excitante do que ver a maioria dos atores encenando", disse o produtor Patrick Hasburgh, que o escalou para um episódio de *Anjos da Lei*, em 1998. Dois anos mais tarde, Pitt conseguiu um papel importante numa série para a Fox, *Glory Days*, um drama no estilo de *Barrados no Baile,* que foi cancelado após apenas seis episódios. "Foi terrível", disse ele sobre a breve série. "Cara, eu preferia não ter feito nada".

O papel que finalmente o colocou no mapa era para ser do irmão mais novo de Alec Baldwin, William, que tinha sido a primeira opção de Ridley Scott para encenar o carismático J.D. em seu novo filme, *Thelma e Louise*. Mas quando Baldwin optou por fazer parte do filme *Cortina de Fogo,* de Ron Howard, Pitt ganhou o papel. Era um papel pequeno, mas os críticos disseram mais tarde que Pitt quase roubou o filme. O personagem era um caroneiro que rouba os poucos milhares de dólares que Louise havia economizado durante toda a vida, após seduzir Thelma, levá-la para a cama e proporcionar-lhe a primeira satisfação sexual de sua vida. Pitt mais tarde descreveria a cena como "o orgasmo de seis mil dólares". Um membro da equipe de filmagem revelou à revista People a "timidez" de Pitt na cena de sexo com Geena Davis, que fazia o papel de Thelma: "Ele era completamente encantador, bastante tímido e nervoso. Sua maior preocupação era que sua mãe não iria aprovar".

Atualmente, Pitt fala de forma eloquente diante de comitês congressionais e delegações internacionais sem, aparentemente, nenhum esforço, mas naqueles dias parecia que as duas únicas palavras em seu vocabulário eram "legal" e "chato". Perguntado por uma publicação sobre o que achava de trabalhar com Ridley Scott, que também dirigiu *Alien*, Pitt respondeu: "O que você acha? É muito legal. Ridley foi muito legal. Eu fiquei muito impressionado... Sabe, falamos sobre as cenas em detalhes, o que é bem legal. O que é muito legal é fazer parte de algo onde todos os elementos se unem".

Pitt foi comparado a James Dean repetidas vezes, depois de seu papel em *Thelma e Louise*, assim como Jolie também seria, nove anos mais tarde, por seu papel em *Garota, Interrompida*. "Essa coisa de James Dean é muito chata", disse ele. "Ele me chateia, o que ele se tornou me chateia, e jovens atores tentando ser como ele me chateiam. Vai muito além desse filme. Acho que é uma coisa pessoal". Entretanto, goste ou não, a comparação com James Dean assinalou que ele havia sido consagrado o próximo fenômeno.

NUM LUGAR SOMBRIO

Ouvindo a versão atual de Angelina, suas primeiras tentativas de ser modelo quando adolescente falharam por ela ser muito baixa, muito magra, muito gorda e com muitas cicatrizes. Mas novamente, os fatos contam uma história diferente.

Em 1991, Sean McCall era um fotógrafo de moda de carreira promissora quando recebeu a oferta de um trabalho para fotografar uma linha sofisticada de roupas de banho para a La Perla. Ele precisava de uma nova modelo para a nova campanha nacional. Normalmente teriam escolhido uma supermodelo ou um rosto conhecido, mas dessa vez queriam algo diferente. "La Perla não queria que o estrelato da garota ofuscasse a própria coleção", lembra McCall. "Por isso, estavam à procura de um novo rosto".

A maquiadora que trabalhava com McCall havia acabado de trabalhar com uma adolescente, cuja agência a havia enviado para fazer um ensaio fotográfico para suas primeiras fotos teatrais, algo compulsório para uma aspirante a atriz ter sucesso no *show business*. "Ela me disse que havia conhecido uma garota que seria perfeita para o que eu estava procurando", explica. "Ela sabia que eu estava à procura de uma garota sedutora e diferente. Me disse que a garota era filha do ator Jon Voight, o que não me impressionou muito, mas decidi conhecê-la. Entrei em contato com ela através de sua mãe e agendei um teste".

No dia seguinte, Angelina Voight, então com 16 anos, foi ao condomínio de McCall em Santa Monica, e ele instantaneamente soube que havia encontrado o rosto que procurava. "Eu imediatamente achei que ela tinha uma aparência ímpar, diferente de tudo que já havia visto", lembra. "Eu nem tive que testá-la. Queria fazer um ensaio editorial completo".

Muitos acham que a aparência singular de Angelina é resultante de procedimentos cirúrgicos. Inúmeros artigos já foram escritos especulando se ela fez injeções de colágeno para ter os lábios volumosos e sensuais, sua marca registrada, por exemplo. Entretanto, ao examinar as fotos que McCall tirou naquele dia, é óbvio que a aparência de Jolie mudou muito pouco desde que ela tinha 16 anos. Se hoje ela é conhecida como a mulher mais sexy do mundo, não adquiriu o título através de métodos artificiais. "Sou um profissional; sei quando as pessoas recorreram a procedimentos cirúrgicos, quando mudaram sua aparência", diz McCall. "Acredite em mim, a Angelina que eu vi naquele dia é a mesma Angelina que o mundo conhece hoje. Ouvi dizer que ela deu uma afinada no nariz desde então, mas, além disso, muito pouco mudou".

O que mais o impressionou naquele dia, lembra, foi o quanto tinham em comum. "Ela era muito simpática e obviamente bastante inteligente", diz ele. "Acho que começamos a conversar sobre esgrima. Eu havia acabado de voltar de uma aula de esgrima e quando ela ouviu isso começou a falar sobre espadas. Me disse que colecionava facas e espadas. Eu também tinha todo tipo de ambas, algumas da época da Guerra Civil. Ela me perguntou onde poderia comprar um móvel para guardar as espadas. E então descobrimos que conhecíamos alguém em comum, Jean-Pierre Hallet".

Hallet era uma figura famosa que havia devotado a vida a salvar a tribo de pigmeus da região de Iture, no Zaire, da extinção física e cultural. Como antropólogo, havia vivido entre os pigmeus e até mesmo introduzido uma nova planta para que cultivassem, ajudando a salvá-los da inanição após o desmatamento da floresta ter acabado com suas fontes tradicionais de alimento. Ele acreditava fortemente que os pigmeus eram o povo mais antigo da terra, provavelmente os ancestrais de toda a humanidade, e que eles tinham originado muitos dos conceitos éticos e religiosos que mais tarde foram adotados pelo resto do mundo. Em 1991, Hallet possuía uma das maiores lojas especializada em artefatos da África Central, localizada na Third Street Promenade, em Santa Monica. Angelina comprou uma espada Masai na loja dele e engataram uma amizade. Ela era fascinada pelas histórias que ele contava sobre o povo africano. "Tenho certeza de que sua afinidade com a África, que é bem conhecida atualmente, data de sua associação com Jean-Pierre Hallet. Eu também o conhecia por comprar espadas dele", diz McCall.

No final das contas, o fotógrafo jamais utilizou as fotos de Angelina para a campanha da La Perla, porque seu agente ligou e disse que Angelina queria focar em sua carreira cinematográfica. "Fiquei muito desapontado", relembra. "Acho que ela teria sido famosa. Mas a garota que escolhi no lugar dela, Caprice Bourret, seguiu uma carreira importante como modelo e até se tornou a primeira modelo Wonderbra. Talvez os agentes de Angelina tenham sido espertos em tirá-la do mundo da moda. O mundo teria conhecido seu rosto, mas teria sido privado de seu talento como atriz".

Isso parece ter sido o ponto de mudança. Embora a campanha da La Perla pudesse ter sido sua primeira campanha nacional, Angelina já trabalhava como modelo desde os 13 anos de idade e tinha viajado para Londres e França em inúmeros trabalhos quando era mais jovem, sendo representada pela melhor amiga da mãe, a agente Jade Dixon (hoje conhecida como Jade Clark-Dixon). "Angie era um anjo, assim como sua mãe", diz Dixon. "Ela foi minha primeira cliente e era muito equilibrada, muito bonita mesmo naquela época. Eu acabei conduzindo-a para a carreira de atriz quando vi seu enorme potencial. Seu talento era óbvio desde cedo".

Tendo sido encorajada dessa forma e deixado para trás sua obsessão pela morte, a necessidade de se cortar e suas primeiras experiências sexuais, Angelina agora focou seus esforços em busca da carreira de atriz. Embora, atualmente, atribua sua decisão mais à influência da mãe do que do pai, Jon Voight, de fato, teve grande participação em encorajar o seu interesse.

"Olhando para trás, desde que era pequena, havia evidências de que ela seria uma atriz", relembra Jon Voight. "Ela pegava qualquer coisa e a transformava num grande acontecimento. E estava sempre muito ocupada, era muito criativa e dramática". Quando Angelime marcava brincadeiras com os seus colegas de dez anos de idade, seu pai se dedicava a construir cenários para que brincassem. "Eu queria mostrar às crianças coisas relacionadas à atuação", explica ele. "Eu dizia: 'Vou dar as falas para vocês; como irão interpretá-las?'".

Por sua vez, Angelina explica que suas primeiras ambições artísticas datam de quando ela era apenas uma criança. "Lembro-me de Jamie apontando a filmadora da família para mim e dizendo: 'Vamos, Angie, faça um show!'. Nem meu pai nem minha mãe jamais disseram: 'Fiquem quietos! Parem de falar.' Lembro-me de meu pai olhando nos meus olhos e perguntando: 'O que você está pensando? Quais são os seus sentimentos?' Não sei exatamente o que eu queria naquela época, mas sabia que eu poderia descobrir. Eu amava me expressar. Queria tanto tentar explicar alguma coisa para alguém. Sou muito boa em tentar explorar emoções diferentes, ouvir as pessoas e sentir coisas. Acho que isso é ser um ator. Então era isso que eu tinha que fazer".

Após Angelina emergir de sua obsessão pela morte, seu pai a ajudou a utilizar as ferramentas que havia conhecido no Instituto Strasberg anos antes. Ele dava aulas semanais de atuação na casa alugada onde morava, em San Fernando Valley, onde liam ou encenavam uma peça diferente a cada domingo.

Voight mais tarde descreveu "se debulhar em lágrimas" quando ela leu uma peça de Arthur Miller, que havia dado a ele seu primeiro papel importante, 30 anos antes. "Era em estágios, diferentes estágios. Havia uma parte em que lemos *A View from the Bridge*, que eu fiz melhor do que qualquer coisa que já fiz na minha vida. Há uma cena em que um rapaz italiano entra e conhece a jovem Catherine e se apaixonam. Já encenei com inúmeras Catherines. Num certo domingo, Angie leu a cena pela primeira vez e foi uma senhora performance. Ela tinha 16 anos e estudava teatro. Foi, posso afirmar, tão boa quanto qualquer outra pessoa que já havia encenado o papel. O sotaque, a emoção, estava tudo ali, absolutamente perfeito. Foi esta a primeira vez em que eu soube do seu talento".

"Na semana seguinte, pedi que um amigo meu, Tom Bower, um excelente ator, viesse à minha casa e lemos a peça novamente. E aconteceu de novo, a mesma performance maravilhosa. Tom ficou animado: 'Isso é ótimo!'. Ele administrava o Teatro Met em Los Angeles. Então, ela foi com Tom e fez uma audição para os workshops de sábado, que eram monitorados por Ed Harris, Holly Hunter e Amy Madigan, que são hoje como padrinho e madrinhas para ela. E um dia, Tom voltou da aula e disse: 'Jon, ela é muito especial'".

Bertrand encorajou a filha a se rematricular no Instituto Strasberg para afinar seu talento. Em sua primeira produção no Instituto, a comédia *Room Service*, ela fez uma escolha incomum para o seu papel. "Pensei, para qual personagem quero fazer audição?", explica Angelina. "O grande, gordo alemão de 40 anos, esse é o papel para mim". Ela deu seu toque pessoal ao personagem, transformando um arrogante gerente de hotel em "Frau Wagner", uma alemã dominadora.

Voight, mais tarde, revelou a surpresa de ver a filha na produção. "Fiquei um pouco chocado de vê-la andando de um lado para o outro como Frau Wagner. Mas o choque veio da percepção de que 'Oh meu Deus, ela é igualzinha a mim'. Ela escolhe uns papéis malucos e se sente realizada por poder fazer as pessoas rirem".

Enquanto isso, seu irmão Jamie havia se matriculado na Escola de Cinema e Televisão da Universidade do Sul da Califórnia (que foi renomeada de Escola de Artes Cinematográficas em 2006) e morava com o pai no Valley. Durante esse período, fez cinco curta-metragens, todos estrelando sua irmã e financiados por seu pai, que na época ainda era bem próximo do filho. Um deles chegou a ganhar um Prêmio George Lucas, cujos vencedores eram escolhidos pessoalmente pelo diretor de *Guerra nas Estrelas*, um dos mais proeminentes alunos da escola e generoso benfeitor.

Por essa época, Angelina decidiu abandonar o nome Voight e começou a assinar os trabalhos com o nome do meio, Jolie. Como explicou mais tarde, "Amo meu pai, mas não sou ele". Apesar disso, e apesar da afirmação de Bertrand de que nas audições as pessoas não sabiam dos laços sanguíneos da filha, muitos dos diretores que trabalharam com ela inicialmente admitiram que ela foi apresentada a eles como filha de Jon Voight, um fato que não poderia deixar de abrir portas em Hollywood.

Ainda assim, no início as coisas aconteceram devagar. O primeiro grande papel dela, se é que pode ser chamado assim, veio quando o diretor Michael Schroeder ofereceu um teste para a garota Angelina, então com 17 anos. Era um papel principal no seu filme de ficção científica *Cyborg 2: Glass Shadow*. Esse filme era a sequência do hit de Albert Pyun de 1989, *Cyborg*, que lançou Jean-Claude Van Damme à fama. Entretanto, nem Pyun nem Van Damme quiseram fazer parte da sequência, o que, talvez, o tenha destinado a ser um fracasso desde o começo.

O script de *Cyborg 2* trazia o mundo dividido entre duas gigantes companhias de computadores, Pinwheel Robotics, nos Estados Unidos, e Kobayashi, no Japão, ambas realizando violenta espionagem corporativa. Angelina faz o papel de Casella "Cash" Reese, uma androide que teve um líquido explosivo injetado nela e que pode ser detonado por controle remoto. Seus mestres na Pinwheel Corporation planejam usá-la para destruir os rivais na Kobayashi e dominar o mundo. Cash descobre o que está acontecendo quando recebe uma dica de seu professor de artes marciais e estrangeiro misterioso, interpretado por Jack Palance, que invadiu a rede de computadores da Pinwheel. Cash salva a todos no final, o que deu à Jolie o gosto de ser uma heroína de um filme de ação pela primeira vez, o que anos mais tarde foi ofuscado pelo seu sucesso como Lara Croft.

Logo antes do filme ser lançado, Jon Voight estava atuando numa produção teatral de Tchekhov, *The Seagull*, em Nova York. Ele concedeu entrevista à televisão na qual aparece como um papai orgulhoso, discutindo a carreira de ambos os filhos no *show business*. "Meu filho Jamie tem 19 anos, e minha filha Angelina tem 17 anos", disse ele à CNN, "e Marche e eu fizemos o melhor que podíamos para ser o tipo de pais que apoiam seus filhos. E agora esses dois jovens estarão no meu mundo, no mundo do filme e do teatro. Angie, minha filha Angelina, acabou de atuar num pequeno filme. Ela está tão orgulhosa por eu estar nos palcos. Jamie tem escrito peças. Ele não me mostra tudo. Me mostrou apenas três trabalhos pequenos. Um é uma peça de uns cinco minutos, o outro de 30 minutos, e o terceiro, o roteiro de um filme com duas horas de duração. Mas ele diz para mim calmamente: 'Sabe, pai, já escrevi 80 trabalhos.'"

Quando *Cyborg 2* foi finalmente lançado em 1993, as críticas foram duras, com um jornal avaliando-o mal por "atuações exageradas e um enredo sem sentido, que provoca o riso não intencional". O filme foi direto para a obscuridade, emergindo apenas após o sucesso de Jolie, provavelmente porque no filme ela mostra os seios durante uma cena.

Hollywood sempre lucrou por sua habilidade em antecipar tendências, especialmente porque a média dos filmes leva anos para ficar prontos, da concepção ao lançamento. Quando a ideia de *Hackers — Piratas do Computador* surgiu, muitas pessoas ainda não tinham um computador e a maioria delas nunca tinha ouvido falar de internet. Mas quando o roteiro foi finalmente aprovado, a banda Nirvana havia levado a punk music para o consumo de massa, e os computadores subitamente se tornaram objeto de desejo. De que forma melhor combinar essas duas tendências do que produzir um "*thriller cyberpunk*"? O conceito deve ter ficado bom no papel, porque seus produtores tinham certeza de que o filme iria faturar alto, sendo bem aceito pela crítica e pelo público como o primeiro filme de sucesso da era da internet. Contrataram o diretor inglês Iain Softley; ele havia sido aclamado pelo sucesso do seu filme *Blackbeat — Os Cinco Rapazes de Liverpool,* que capturava os primeiros anos dos Beatles, evitando os clichês que tantas vezes acompanham tais empreitadas. Os produtores acharam que a originalidade, marca registrada desse diretor, era justamente o que *Hackers* precisava.

O roteiro, localizado em Nova York, retratava uma subcultura de *hackers* estudantes do ensino médio e seu envolvimento não intencional em uma conspiração de extorsão de uma grande companhia. A trama segue um jovem de Seattle, Dade Murphy, que, aos 11 anos de idade, havia sido condenado por destruir mais de uma centena de sistemas de computador num único dia e causado uma queda drástica no Índice Dow Jones. Seguindo-se à sua condenação, ele foi proibido de ter ou operar computadores até completar 18 anos. Quando completa essa idade, Dade retoma suas atividades como *hacker*, inicialmente fazendo apenas travessuras, como entrar na estação de TV local e mudar o programa que estava sendo transmitido para um episódio de *A Quinta Dimensão*. Depois que se matricula num colégio, conhece uma linda garota chamada Kate Libby, cujas habilidades como *hacker* se equiparam às dele. A maior parte do filme é centralizada num duelo entre Dade e Kate, que, mais tarde, se transforma numa complicada trama sobre espionagem corporativa internacional e um provável desastre ambiental mundial. O papel de Kate era importantíssimo e Softley estava ciente de que o sucesso do filme requeria a atriz certa, especialmente porque era um filme que provavelmente teria mais apelo ao público jovem do sexo masculino. O diretor pensou alto, fazendo testes com atrizes como Hilary Swank, Liv Tyler e Heather Graham. Nenhuma delas parecia se encaixar com o personagem. Então, ele soube que a filha de Jon Voight havia chegado para fazer o teste.

Quando ela entrou, relembrou mais tarde, Angelina tinha cabelos longos e usava óculos, talvez acreditando que um *hacker* de computador devesse parecer com um nerd. O que ela não sabia era que o apelido de Kate Libby era "Queimadura Ácida" e que a personagem era uma *cyber* rebelde punk-rock, o estereótipo da adolescente rebelde. "Eu expliquei que ela teria tatuagens e piercings, e que teríamos que cortar seus cabelos", lembra ele. "Angelina disse logo de cara que concordaria em raspar a cabeça, se preciso. Ela era assim — se dedicou completamente à personagem".

E ganhou o papel. Foi sua "poderosa qualidade" que o diretor reconheceu imediatamente. "Aquela característica que faz você se interessar pelo ator pelo que ele é, independente de sua atuação", disse ele. "Johnny Depp tem isso e Angelina, também. Quando você se depara com uma presença sem igual como a dela, será sempre um ingrediente potente. Pessoas como Angelina tendem a ser exigentes consigo mesmas. Ela tinha essa autoconfiança dentro dela de forma suave. Era focada, ousada, forte e corajosa".

Da mesma forma, Softley escolheu para o papel de Dade um desconhecido chamado Jonny Lee Miller, cujas experiências anteriores estavam reduzidas a pequenos papéis em programas ingleses de investigação e novelas, incluindo um personagem na novela *Eastenders*. Miller, entretanto, vinha de uma longa família tradicional de atores ingleses. Seu avô, Bernard Lee, ficou mais conhecido por interpretar o papel de "M" nos primeiros filmes de James Bond.

Embora Angelina tenha eventualmente se envolvido com Miller, não foi amor à primeira vista. Ela revelou a uma maquiadora, chamada Kelly, que achava que Miller, que falava de forma suave, era gay, quando descobriu que ele tinha feito parte de uma companhia de teatro musical em Londres. Ela achava que todos os homens que faziam teatro musical estavam "interessados em outros homens".

Ainda assim, Angelina insinuou para a imprensa que o romance entre os dois floresceu nos sets de filmagem. "Nos conhecemos enquanto filmávamos *Hackers*, e sempre me apaixono quando estou trabalhando num filme", disse ela ao jornal inglês *Daily Express*. "É algo tão intenso ser absorvida para dentro do mundo de um filme. É como descobrir que se tem uma doença fatal, restando-lhe apenas pouco tempo de vida. Então você vive e ama com o dobro de intensidade. E de repente você sai daquele mundo como uma cobra trocando de pele, e você se vê sozinha e com frio".

"Para dizer a verdade", diz hoje a maquiadora Kelly, "eles não estavam juntos enquanto filmavam *Hackers*, e Angelina parecia achar que ele era realmente gay. Eles passavam muito tempo juntos, então, quem vai saber o que acontecia dentro do *trailer* deles, mas tenho quase certeza de que eles viraram um casal muito tempo depois". Na verdade, Miller revelou que ele "perseguiu Angelina por todo o país, até que ela sucumbiu. Levou um tempo — alguns milhares de milhas".

Depois que as filmagens de *Hackers* terminaram, Angelina participou de um filme independente, um drama de crime de baixo custo, chamado *Justiça Sob Suspeita*. O enredo era baseado na história verdadeira do assassinato do cabeça do sistema penitenciário do Oregon, Michael Francke, ocorrido em 1989, e que, supostamente, havia sido vítima de uma conspiração policial. Angelina fez o papel de uma viciada em drogas com uma boa performance, que ofereceu um lampejo de seu verdadeiro talento. Embora o filme não tenha sido um sucesso, aqueles que o viram ficaram perplexos com a sua atuação. A revista de cinema *Variety* descreveu a sua atuação como "extremamente tocante".

Fazer o papel de uma jovem viciada em drogas, entretanto, pode não ter sido muito difícil para Angelina durante aquele período. De acordo com aqueles que a conheciam, com 19 anos ela ficava chapada a maior parte do tempo.

"Ace", um traficante em Venice Beach, Califórnia, afirma ter sido o fornecedor regular de Angelina sempre que ela estava na cidade. "Ela me ligava, nos encontrávamos no píer de Santa Monica, e eu fornecia o que ela precisasse", diz ele. "Não me lembro exatamente o que ela comprava, mas ela estava envolvida com todo tipo de merda naquela época. Às vezes ela me ligava e era incoerente. Eu não vendia heroína — era muito arriscado —, então, não sei se ela alguma vez usou".

Angelina afirmou mais tarde que heroína era de fato uma das drogas de que mais gostava, embora nunca tenha revelado publicamente muitos detalhes sobre seu vício. Ano passado, o jornal britânico *The Sun* publicou imagens de Angelina num vídeo feito numa boca de fumo em algum momento durante a década de 90, no qual uma mulher ao lado dela aparece usando heroína. Jolie, com aparência desgrenhada e fumando um cigarro, diz para a câmera: "Usei cocaína, heroína, ecstasy, LSD, tudo. Odeio heroína porque fiquei fascinada por ela. Não sou imune, mas não vou mais usar, de forma alguma". Tabloides também divulgaram que um homem estava colocando à venda outro vídeo, ao preço de 70 mil dólares, que supostamente mostra Angelina cheirando carreiras de heroína num prato e sugando fumaça através de um tubo enquanto a droga cozinha no papel laminado.

Quando *Hackers* foi finalmente lançado em 1995, a reação foi decididamente mista. Embora classificado como o principal filme de estreia de Angelina, é, em geral, considerado um fracasso de bilheterias. O filme retratou muitos aspectos sobre a cultura do computador de forma errada, o que causou ataques on-line de *hackers* e viciados em tecnologia. O *Miami Herald* descreveu o filme como "brilhante, mas insatisfatório", e "no final, *Hackers* falha enquanto um *thriller*. É difícil ficar empolgado vendo pessoas datilografando em teclados e, apesar do esforço criativo de Softley para representar atividades que, por natureza, são invisíveis, o filme não consegue prender o espectador de verdade". O *San Francisco Chronicle* o chamou de "um filme vergonhoso", enquanto o *New York Daily News* afirmou que o filme "se perde no espaço virtual".

Ao mesmo tempo, entretanto, alguns dos críticos mais influentes dos Estados Unidos ficaram impressionados, especialmente pela performance de Miller e Jolie. "O filme é bem dirigido e escrito, as atuações são igualmente boas, e enquanto não há dúvida de que na vida real nenhum *hacker* pode fazer o que esses *hackers* fazem no filme, também não há dúvida de que o que os *hachers* podem fazer na vida real não renderia um filme muito interessante... Jolie, filha de Jon Voight, e Miller, um ator britânico novato, trazem uma qualidade particular a suas performances, que são convincentes e cativantes", escreveu Roger Ebert, do *Chicago Sun Times*.

Janet Maslin, crítica de filmes do *New York Times*, foi atraída pela performance de Angelina enquanto Kate. "Kate (Angelina Jolie) se sobressai. Isso porque ela faz uma carranca ainda mais zangada do que Dade e é raro ver um *hacker* do sexo feminino sentado atentamente em frente ao seu teclado vestindo uma blusa transparente. Apesar de sua atitude taciturna, que é tudo o que o papel requer, a senhorita Jolie possui as feições doces e querúbicas de seu pai, Jon Voight".

O próprio Voight certamente ficou impressionado pela atuação da filha, dizendo a um entrevistador: "Espero que ela se torne uma grande estrela de cinema, para que possa cuidar de mim na minha velhice. De todas as minhas conquistas, a que me deixa mais orgulhoso é ser pai de Angelina".

Hollywood estava começando a notar um talento novo, fresco.

Cannes, França – Angelina Jolie participa da première de *A Árvore da Vida* no 64º Festival Internacional de Cinema de Cannes.

JONNY E JENNY

Os primeiros sinais de que o relacionamento ficava cada vez mais sério apareceram enquanto Jolie e Miller estavam juntos no Reino Unido, promovendo *Hackers,* no início de 1996. Miller ofereceu a um repórter britânico a pista misteriosa de que estaria "envolvido com uma garota americana que mora em L.A.". Então, Jolie apareceu usando um pequeno anel de ouro no dedo anelar da mão esquerda. Finalmente, durante uma entrevista para a revista *Empire* naquela primavera, Jolie falou casualmente a respeito. "Nos casamos há duas semanas", anunciou, e "Não, não tivemos um grande casamento branco. Tivemos um pequeno casamento vestidos de preto". O repórter da *Empire* revelou que o anúncio foi feito "de forma tão casual quanto alguém pedindo mais açúcar no café".

Os dois haviam cedido ao impulso de um momento, em 28 de março, com a presença apenas da mãe de Jolie, Marcheline Bertrand, e o melhor amigo de Miller, o ainda desconhecido Jude Law, presente como testemunha na pequena cerimônia civil.

Quando Jolie revelou os detalhes do casamento à imprensa, era a primeira vez que a maioria das pessoas ouvia falar dela. Certamente, conseguiu deixar uma forte primeira impressão: Miller usou uma roupa de couro preta, revelou, enquanto ela vestiu calças pretas de látex e uma camiseta branca com o nome do noivo escrito nas costas com o próprio sangue. Perguntada sobre esse floreio dramático, respondeu: "É o seu marido. Você está prestes a se casar com ele. Deve se sacrificar um pouco para tornar o momento verdadeiramente especial. Considero uma atitude poética. Algumas pessoas escrevem poesias, outras se cortam um pouquinho". Ela mesma tirou o sangue "com muito cuidado", explicou ao *New York Times*, "com uma agulha cirúrgica limpa".

Miller rapidamente se encarregou de dizer aos fãs que não havia enlouquecido. "Não foi tão repulsivo quanto parece", explicou. "Acho que as pessoas imaginam algum tipo de ritual satânico. Não foi assim". Angelina foi igualmente indiferente. "Não foi mais chocante do que prometer sua vida a alguém", explicou depois.

Como o casamento foi impulsivo, Miller ainda não conhecia o pai de Jolie e estava nervoso acerca do primeiro encontro com ele. "Foi uma experiência bem estranha dizer 'oi, sou seu genro' para Jon Voight. Mas Jon é um cara legal, e todos respiramos o mesmo ar".

Embora *Hackers* tenha sido rapidamente esquecido, Miller estava começando a atrair a atenção do público e foi aclamado pelo filme que finalizaria pouco tempo depois, *Trainspotting*, lançado na Europa antes de *Hackers*. *Trainspotting* segue um grupo de jovens da classe trabalhadora de Edimburgo viciados em heroína durante toda a adolescência. Miller foi aclamado como uma estrela em ascensão pelo seu papel como "Sick Boy", um punk obcecado por Sean Connery.

Jolie teria que aguardar um pouco mais por esse tipo de elogio com relação ao seu próprio trabalho. Durante a festa de lançamento de *Hackers* na Europa, quase um ano após o lançamento do filme nos Estados Unidos, ela se queixou de que as pessoas estavam mais interessadas sobre seu pai e seu marido do que nela. "Foi estranho estar casada e, imediatamente, perder a identidade", lamentou. "De repente, você é a esposa de alguém. E você pensa: 'Oh, sou parte de um casal agora. Perdi a mim mesma'. Fomos a alguns programas de televisão e as pessoas jogaram arroz na gente e fizeram brindes. Eu fiquei pensando: 'preciso ter a mim mesma de volta'".

De fato, para quem prestasse atenção, ela já estava dando sinais de ter se arrependido do casamento quando voltaram da Europa e Miller se mudou para o seu pequeno apartamento em L.A. Ela começou a evitar falar sobre o casamento durante entrevistas, quase prenunciando um possível rompimento: "A forma como ambos nos sentimos a respeito da vida é viver o momento e não pensar no futuro. Mesmo se nos divorciarmos, terei sido casada com alguém que amei muito e terei sabido por alguns anos o que significa ser uma esposa. Casamento não é nada além de assinar um pedaço de papel que compromete você com a outra pessoa para sempre".

Miller, por sua vez, parecia estar um pouco mais aberto a um comprometimento de longo termo. "Quando você ama uma mulher, quer estar com ela", disse. "Somos um casal que vive nos extremos, e o extremo é se casar. Ter esse relacionamento honesto realmente abre os seus olhos, abre portas dentro de você mesmo".

Logo ficou aparente que além de atuar, o que o jovem casal tinha em comum era uma inclinação por sexo selvagem. Durante uma entrevista para a revista *Allure*, Jolie insinuou que o quarto do casal foi palco de bastante ação. "Os ingleses podem ser reprimidos, mas são bons na cama", disse ela com uma piscadela. "Sempre fui mais impulsiva quando havia ingleses por perto. Eles chamam a minha atenção. Quando tinha 14 anos, visitei Londres pela primeira vez, e foi aí que descobri o meu problema. Os ingleses parecem ser tão reservados, mas por baixo dessa máscara são expressivos, perversos e selvagens". Houve também insinuações de que Miller estava sempre disposto a participar dos fetiches de Jolie, que haviam surgido de suas explorações bizarras com seu namorado punk de 16 anos de idade.

Ela continuou a adicionar mais itens à sua já extensa coleção de espadas, machados de luta e facas, e estava claro que não eram apenas coleções. "Você é jovem, louco, está na cama e tem facas. Então faz algumas bobagens", disse a um entrevistador que perguntou qual o papel desempenhado pela sua coleção na vida sexual.

Ela não teve vergonha de discutir publicamente sua inclinação sadomasoquista com mais de um entrevistador. "Sempre me senti muito malvada", disse ela ao jornal *Scotland on Sunday*. "Me envolvi com o estilo de vida sadomasoquista e conheci pessoas bem mais engajadas nele do que eu. Eu tinha que tomar cuidado, pois sou uma atriz. Se eu dominasse por algumas semanas, alguém poderia me reconhecer. S&M me fascina. Sempre senti que se alguém se aproximasse de mim e tentasse alguma coisa, então eu seria a última pessoa a recusar. Eu teria que fazer".

Ela também revelou que, diferentemente do sadomasoquista típico, não possui preferência entre ser mestre ou escrava. "Eu costumava pensar que o melhor para mim seria dominar", explicou, "mas então percebi que a pessoa que domina é, na verdade, a escrava, porque faz todo o trabalho. Fica exausta, enquanto a outra pessoa fica quieta, aproveitando. Aí pensei: 'Não estou tendo nada para mim'. Por isso, mudei e faço tanto o papel de mestre quanto de escrava".

É difícil saber ao certo como era o sexo entre eles, mas Miller deu uma dica. Ele disse que frequentemente chupava o sangue de Jolie, dizendo: "Ela gosta desse tipo de coisa".

Jolie, muitas vezes, creditou a Miller o fato de ter controlado seu uso excessivo de drogas. Durante seu casamento com ele, falou publicamente pela primeira vez sobre os aspectos negativos do seu hábito. "Eu usei todos os tipos de drogas possíveis. Cocaína, heroína, LSD, ecstasy", disse a um jornal escocês. "O pior efeito, por mais estranho que possa parecer, foi o da maconha, que me fez sentir fora de mim, eu ficava boba e risonha. Gostei de LSD durante um tempo, até que um dia fui à Disneylândia (chapada) e comecei a pensar sobre o Mickey Mouse ser um homenzinho de meia-idade que odiava sua vida vestindo uma fantasia. Meu cérebro deu uma volta e comecei a pensar: 'Olha só estas flores falsas, as crianças estão de coleira, esses pais odeiam estar aqui'. Essas drogas podem ser perigosas. Tenho amigos que não são mais felizes nem interessantes, vivem para se drogar e usam as pessoas".

Pouco após o término das filmagens de *Hackers*, Jolie conseguiu um papel na comédia de baixo custo *Sob o Luar do Deserto*. É um filme no qual Jolie faz o papel de Ellie, uma garota à procura de uma carona para ir até o deserto do Mojave, onde mora sua mãe. Um homem mais velho, interpretado por Danny Aiello, dá carona para ela e, a partir daí, uma série de eventos estranhos se desdobra. O filme foi lançado no início de 1996, mas estava fadado ao fracasso desde o começo; ao que parece, Jolie teria outro fracasso. Apesar disso, os críticos, mais uma vez, ressaltaram sua performance, apesar da mediocridade do filme. "Jolie, uma atriz a quem a câmera realmente adora, revela um talento para o cômico e o tipo de sexualidade ostensiva que torna completamente crível que o personagem de Aiello largaria tudo apenas pela chance de estar com ela", escreveu o *Hollywood Reporter*.

Jolie estava no auge do estrelato, e sua mãe, que há tempos havia desistido da própria carreira, estava determinada a fazer qualquer coisa para ajudá-la a chegar lá, com uma ajudinha do ex-marido. Claire Keynes era uma amiga próxima de Marcheline Bertrand e lembra essa época quando a cidade estava começando a notar Angelina Jolie:

> Acho que Angie já tinha seu próprio agente, mas Marche estava fazendo às vezes de administradora de sua carreira. Lia roteiros, ia

a reuniões e tentava traçar o caminho da filha ao topo. Ela ainda era próxima do ex e o incluía em todas as decisões, constantemente pedindo conselhos ou ligando para pedir algum favor. É necessário ter em mente que Jonny era como um Deus nos círculos de Hollywood. Ele não era o que pode se chamar de uma superestrela, pois fez poucos filmes e não podia mais atrair sucesso para um filme apenas pelo seu nome, mas era reverenciado, literalmente adorado pela cidade inteira. É difícil descrever. Não se pode dizer que ele estava no mesmo patamar de Brando, que era outra estratosfera completamente diferente, mas todos o respeitavam pelo seu brilhantismo como ator e, acho, pelo fato de que ele nunca se vendeu. As pessoas o respeitavam — atores, produtores, escritores, jornalistas... Ele era também muito querido.

Ninguém mais do que Marche sabia que Jon tinha em suas mãos a chave para a ambição da filha. Angie mudou o nome e tentava sair da sombra do pai, mas sua mãe fez o pai fazer as ligações que abriram para ela as portas de Hollywood. Jonny ficava mais do que feliz em ajudar. Ele era louco por ambos os filhos; teria feito qualquer coisa para fazê-los felizes. Se Angie queria ser uma estrela de cinema, ele faria tudo para que aquilo acontecesse, embora ele tenha dito várias vezes que ela teria tido sucesso com ou sem a sua ajuda. Ele achava que ela era uma ótima atriz, precisava apenas aparar algumas arestas.

Por volta deste período, Angelina explicou a um repórter porque estava adotando o nome Jolie no lugar de Voight, uma mudança que ela faria legalmente em 2002. "Não sou meu pai, e acho que algumas pessoas esperavam isso de mim. Eu nunca saberia se estava sendo tratada de determinada maneira por causa de mim mesma ou porque estavam me ligando ao meu pai". Independentemente de ela usar o nome Jolie ou Voight, seu pai assegurou que as pessoas soubessem de sua árvore genealógica.

Um dos roteiros que caiu nas mãos de Bertrand foi para um filme chamado *Rebeldes*. Ela não sabia se era o filme certo para sua filha; por isso, como sempre, consultou o ex-marido. Ele, imediatamente, deu o sinal verde. O roteiro era baseado num romance de Joyce Carol Oates, que, por acaso, era uma das autoras favoritas do ator. Ele deu alguns telefonemas e conseguiu marcar uma audição para Jolie, embora seja um erro dizer que foi sua filiação que a fez conseguir o papel.

A produtora executiva de *Rebeldes*, Paige Simpson, descreve a progênie de pais famosos de Hollywood como "sortudos membros do Clube do Esperma". Inicialmente, ela pensou que Jolie fosse apenas mais um desses integrantes. "Ela me foi apresentada como sendo filha de Jon Voight", relembra Simpson. "Mas quando ela entra num lugar, é impossível não olhar para ela".

Jolie parecia ter sido feita sob medida para a personagem principal do filme, Legs Sadovsky, uma andarilha que faz amizade com um grupo de garotas estudantes e as inspira a se afirmar como mulheres. O filme, dirigido pela novata Annette Haywood-Carter, atualiza o romance do interior de Nova York nos anos 50 para o Oregon dos anos 90. Jolie faz o papel de Legs como um personagem carismático, estilo James Deans, complementado com botas de motoqueiro e jaqueta de couro. De fato, o filme foi comparado a *Rebelde sem causa* por mais de um crítico, embora, em sua maioria, desfavoravelmente.

Em *Rebeldes*, quatro garotas que mal se conhecem são galvanizadas numa gangue pela chegada à escola da misteriosa Legs. Sua máxima é: "Não engula desaforos". E ela convence as garotas a confrontar um professor que as está assediando sexualmente. Em seu confronto com o professor, uma das garotas, Rita, o joga contra um banco do laboratório da escola e diz: "Se você colocar suas mãos em mim novamente vou arrancar seu saco com meu cortador de unhas". O incidente resulta em três semanas de suspensão para as garotas. Quando elas se esgueiram para dentro da escola para recuperar um portfólio de arte, acidentalmente, dão início a um incêndio terrível. Mais tarde, numa cena memorável que recebeu atenção considerável, Legs e as outras garotas mostram os seios para que Legs possa fazer em cada uma delas uma tatuagem de chama para comemorar o incêndio da escola.

Mais de um crítico debateu sobre a nudez da cena ter sido exploratória, ao invés de feminista. Como se para confirmar tais suspeitas, o restante do filme se entrega num desenlace confuso, envolvendo violência e perseguições de carro que, eficazmente, sufocam os temas feministas da primeira metade.

Durante todo o filme, parece ficar claro que Legs é lésbica, e a diretora até filmou uma cena com um beijo apaixonado entre sua personagem e outra, que foi deixada de fora da edição pela insistência do estúdio. Ainda assim, enquanto fazia a publicidade do filme, Jolie apresenta outra versão, talvez na tentativa de atrair mais o público. "Eu vi Legs como sendo andrógena, mas sexual num sentido bastante animal: livre, fascinante, intrigante e explosiva", explicou acerca do personagem. "A ligação com o sexo não é direta. Eu consigo ver Legs rodeada de sexo ou mesmo observando-o, mas ela é mais do tipo solitário".

Independentemente de ter ou não uma vibração lésbica no filme, tal vibração era clara nos sets de filmagens. Jolie, na época com apenas 20 anos, deu início a uma relação intensa com a coestrela nipo-americana de 27 anos Jenny Shimizu. "Eu me apaixonei por ela no segundo em que a vi. Eu queria beijá-la e tocá-la", revelou Jolie. "Eu fitava sua blusa e a forma como sua calça modelava seu corpo e pensei: 'Meu Deus!'. Eu estava começando a ter fortes sentimentos sexuais por ela. Percebi que a olhava da mesma forma que eu olhava para os homens. Nunca passou pela minha cabeça que algum dia teria uma experiência com outra mulher. Eu simplesmente me apaixonei por uma garota".

Na época, Shimizu era mais conhecida como modelo do que como atriz, tendo desfilado para nomes como Calvin Klein e Versace, entre outros. Ela revelou ao jornal *Sun* alguns detalhes sobre o seu romance:

> Durante os intervalos nas filmagens de *Rebeldes*, me sentei com essa pessoa [Angelina] e passei duas semanas com ela, encontrando-a e conversando com ela antes de acontecer algo sexual. Eu realmente me senti como se estivesse me relacionando com alguém e não simplesmente fazendo sexo. Não senti que estava levando para a cama uma garota heterossexual que iria pirar na manhã seguinte. Havíamos construído um relacionamento tão legal que senti que aquela garota me aceitaria independentemente de qualquer coisa. Sabia que essa pessoa seria leal e maravilhosa comigo. Nosso relacionamento apenas se estreitou mais e mais no momento em que deixamos de estar juntas. Senti emoções intensas, e senti o mesmo por parte dela. A partir daquele momento passamos a sair... Após a segunda semana de filmagem, nos beijamos. Ela é linda. Sua boca é maravilhosa. Nunca beijei alguém com uma boca maior do que a de Angelina. É como dois colchões d'água — uma coisa linda, grande, morna. Ela é uma mulher estonteante.

De acordo com Shimizu, as duas continuaram a sair juntas muito tempo depois do término das filmagens. "Costumávamos ir a clubes de *striptease* e havia essa tensão", diz, enquanto descreve sua ligação incomum. Ela afirma que o relacionamento entre elas durou anos.

Ainda assim, não há nada de incomum sobre a homossexualidade num set de Hollywood ou um relacionamento gay entre dois atores. É uma tradição tão antiga quanto a própria indústria. Atrizes veneradas, como Greta Garbo, Marlene Dietrich ou

Ethel Waters, são conhecidas por terem possuído amantes lésbicas. Outra tradição igualmente antiga, entretanto, é a necessidade de esconder tais relacionamentos por medo de que a exposição pública pudesse acabar com suas carreiras. Jolie, mais tarde, esmagaria esta tradição com resultados surpreendentes, mas, por enquanto, ambas as atrizes mantiveram o romance em segredo.

Quando as filmagens de *Rebeldes* terminaram, estava claro para Jolie que aquele filme não a tornaria uma estrela de Hollywood. Mais tarde ela admitiu que pensou que o filme nem chegaria a ser lançado; achou que os distribuidores teriam problemas com seu "nicho demográfico ou mensagem", que ela achava que poderia ser percebido como antimasculino.

Rebeldes foi lançado em agosto de 1996. Mas, por azar, o lançamento foi apenas dois dias após *Girls Town*, um filme mais cru, porém mais poderoso, que partilhava muitos dos mesmos elementos em sua trama. As comparações foram inevitáveis e mortais. "Enquanto *Girls Town* consegue capturar o ritmo histérico e dinâmico da verdadeira conversa entre adolescentes", escreveu um crítico, "as vozes em *Rebeldes* são genéricas, de adolescentes suburbanas, sem sotaques ou inflexões pessoais. Estamos em qualquer lugar nos Estados Unidos, o que é, na verdade, o mesmo que estar em lugar nenhum do planeta". Outro crítico chamou *Rebeldes* de "um filme vago de exploração adolescente", enquanto o *Atlanta Journal-Constitution* sugeriu: "Provavelmente, a melhor coisa a fazer com o novo filme *Rebeldes* é queimar todas as cópias existentes, dessa forma poupando todos os envolvidos de mais embaraços".

E, outra vez, a performance de Jolie e sua aparência única foram apelativas aos críticos, e ela foi repetidamente separada do desastre do filme. O *Hartford Courant* escreveu: "Jolie, um cruzamento sexy, andrógeno entre James Dean e Isabella Rossellini, provoca uma impressão visual arrebatadora (sua atuação também não é muito ruim) em *Rebeldes*, um *Thelma e Louise/Rebelde sem causa* para adolescentes do sexo feminino". O *New York Times* a descreveu como "um rosto bonito o bastante para parar o trânsito". O *Los Angeles Times* escreveu que o personagem Legs era "sem sentido", mas reconheceu que Jolie "tem a presença necessária para derrubar os estereótipos". Mas foi a crítica do *Kansas City Star* que se provou mais profética. "Se *Rebeldes* for lembrado por alguma coisa, será por ter sido uma das primeiras aparições em filmes de Angelina Jolie, filha do vencedor do Oscar Jon Voight, que possui um rosto que a câmera adora e parece ser uma forte candidata ao estrelato".

Embora a televisão seja normalmente considerada como um passo atrás na busca pela carreira no cinema, Marcheline Bertrand ficou intrigada pelo roteiro de uma minissérie da TNT Network sobre o governador segregacionista do Alabama, George Wallace. Seu interesse foi aceso porque a produção seria dirigida pelo legendário e brilhante John Frankenheimer, que havia feito filmes icônicos como *O Homem de Alcatraz* e *Sob o domínio do mal*. Jon Voight também era um grande fã do trabalho de Frankenheimer e, imediatamente, deu sua aprovação. Logo Angelina foi escolhida para fazer o papel da segunda esposa de Wallace, Cornelia. Ela também aceitou outro trabalho numa série de televisão acima da média, chamada *Prova de Fogo*, da CBS. Nela, Angelina fez o papel de uma pioneira do Texas ao lado de Annabeth Gish e Dana Delany.

Quando a minissérie *George Wallace* foi ao ar, em agosto de 1997, o fracasso de *Rebeldes* havia feito alguns estragos na psique de Jolie. "Houve um tempo em que eu realmente iria desistir de atuar — logo após *Rebeldes*", confessou ela. "Eu estava tentando encontrar personagens com certa força, mas sempre ficava desapontada. *Wallace* foi o primeiro trabalho que fiz onde senti que as ideias deles eram melhores do que as minhas".

Finalmente, o talento de Jolie estava sendo empregado em bons projetos. Milhões de telespectadores assistiam Jolie dar vida a Cornelia Wallace, que ficou ao lado do marido após ele ter sido deixado paraplégico pela bala de um atirador durante a campanha presidencial de 1972, mas foi impiedosamente descartada apenas alguns anos depois. Diferentemente das outras vezes, Jolie agora estava cercada por talentos, bons roteiros e um diretor brilhante. Dessa vez não foi tão fácil para ela se sobressair, especialmente por causa da excelente atuação de Gary Sinise como o governador racista.

Mas ela foi notada. O *New York Daily News* foi o primeiro jornal a comentar seu trabalho na minissérie: "Quase impossível de ser reconhecida como a punk de *Hackers*, Jolie (filha de Jon Voight) apresenta uma atuação que deveria fazer com que diretores fizessem fila para contratá-la para papéis maiores e ainda mais desafiadores".

O *Boston Globe* chamou sua performance de "acidentada", mas em geral as críticas foram brilhantes. Sua atuação como Cornelia Wallace rendeu-lhe a indicação ao Emmy e ao Globo de Ouro por melhor atriz coadjuvante, tendo sido a indicação ao Globo de Ouro feita pela influente *Hollywood Foreign Press Association*. Interessante notar que seu pai também foi indicado ao Globo de Ouro naquele mesmo ano pelo seu papel no *thriller* de John Grisham, *O homem que fazia chover*.

Ela não levou o Emmy, mas na cerimônia do Globo de Ouro, competindo com a sua própria colega na série, Mare Winningham, que fez o papel da primeira esposa de Wallace, Jolie ouviu seu nome ser anunciado quando o envelope foi aberto. Com lágrimas nos olhos, subiu ao palco para receber seu primeiro grande prêmio:

"Oh, Deus, gostaria de agradecer a todos os envolvidos em George Wallace. Me sinto tão privilegiada por ter feito parte desse filme.

Gary, você é simplesmente brilhante, tão corajoso e incrível. E John Frankenheimer, gostaria que você estivesse aqui. Sei que muitos o temem. Inicialmente, você me aterrorizava, mas não há o que eu diga sobre você que seja o suficiente, e Clarence, e todos os envolvidos, e a TNT. Geyer Kosinski. Obrigada. Emily, oi. Obrigada à *Hollywood Foreign Press*. E, acima de tudo, obrigada à minha família. Mãe, pare de chorar, pare de gritar (risos), está tudo bem. Jamie, meu irmão, meu melhor amigo, eu não conseguiria fazer nada sem você. Eu te amo demais. Pai, cadê você? (a câmera mostrou Jon Voight entre o público). Oi. Eu te amo. Muito obrigada. Obrigada".

Com isso, e com uma salva de palmas, ela ergueu o troféu no ar. Não seria o último.

Alto Controle, Angelina Jolie, 1999.

ASSIM COMO GIA?

Os boatos se alastram depressa em Hollywood. É completamente possível que os produtores soubessem sobre o *affair* de Jolie com Jenny Shimizu em 1997, quando a escolheram para encenar o papel principal do seu filme feito para a televisão, *Gia*, a trágica história de Gia Carangi, a supermodelo lésbica. Carangi morreu de AIDS em 1986, aos 26 anos de idade, menos de sete anos após ter sua foto publicada na capa de uma revista pela primeira vez.

Jolie, é claro, havia sido modelo durante algum tempo; portanto a escolha para que encenasse Gia parecia ser ideal. Mas os paralelos entre Gia e Jolie não se resumiam ao mundo da moda e à sexualidade: ambas eram fortemente envolvidas com drogas. A vida e a carreira de Carangi foram destruídas pelo seu vício em heroína, após ela ser infectada pelo vírus da AIDS por dividir seringas com outros viciados. A linha do tempo do vício de drogas de Angelina é obscura, mas a oferta pelo papel de Gia veio durante seu primeiro casamento com Jonny Lee Miller. Ela deu a ele o crédito de tê-la ajudado a "ver a luz" no fim do túnel no tocante às drogas; por isso, é provável que sua própria luta contra a heroína estivesse ainda fresca em sua mente na época.

Mais tarde, Jolie falaria candidamente sobre sua própria experiência com as drogas. "Eu já usei todas as drogas possíveis", revelou. "Cocaína, ecstasy, LSD e a minha favorita, a heroína". Ela até mesmo revelou, em outra ocasião, que a heroína "significou muito" para ela.

Talvez o papel tenha sido um pouco real demais, já que, inicialmente, ela recusou a oferta. Após ler as terríveis cenas envolvendo drogas e comportamentos autodestrutivos, escritas pelo autor Jay McInerney, de *Bright Lights, Big City*, ela decidiu que não queria fazer o papel. "Era uma história tão pesada", explicou. "E lida com tantos problemas. Se feito da forma errada, poderia ter sido muito ruim, e se as falas não fossem ditas da forma correta, poderia ter sido muito exploratório. O roteiro me assustou — confrontar todas aquelas coisas e fazer todas aquelas coisas, eu não sabia se conseguiria. Não sabia se possuía a energia necessária. Não sabia se queria enfrentar todas aquelas coisas e ir para aqueles lugares obscuros... não achava que conseguiria equilibrar minha vida, minha mente e meu trabalho. Aconteceu que fiquei exposta ao mesmo tempo em que fazia o papel de alguém que havia ficado exposto. Me senti abatida. Não me senti uma boa pessoa. Me senti muito mal".

Mas o diretor-escritor Michael Cristopher — autor da peça vencedora do Pulitzer, *The Shadow Box* — não aceitou um 'não' como resposta. Ele acreditava haver apenas uma atriz capaz de encenar o personagem de forma convincente. Após concordar em se encontrar com Cristopher, Jolie finalmente cedeu. "Lemos o roteiro durante uma tarde e ele me convenceu", disse ela. "Acho que todos os envolvidos nesse filme estavam trazendo à tona coisas que estavam escondidas dentro de si mesmos. A história era tão humana para nós. Todos amávamos alguns aspectos dela e todos nos identificamos com determinadas coisas. Se tornou algo muito pessoal".

Entretanto, não demorou muito para que Jolie começasse a pensar duas vezes antes de viver Gia. Para se preparar para o personagem, leu tudo o que encontrou sobre a trágica queda da modelo, incluindo um diário que Carangi escreveu enquanto morria de AIDS. O que Jolie leu a aterrorizou.

Gia Carangi é frequentemente chamada de a primeira supermodelo. Nascida na Philadelphia em 1960, numa família de ascendência irlandesa e italiana, o pai de Gia, Joe, administrava um restaurante e uma rede de sanduicherias. Sua esposa, Kathleen, ficava em casa e cuidava das crianças. Para todos os efeitos, eram apenas mais uma família comum de classe média. Entretanto, por trás das portas fechadas, o casamento era extremamente volátil e frequentemente violento. Em 1971, quando Gia tinha apenas 11 anos, Kathleen abandonou o marido e os filhos.

Sua infância machucada, sem dúvida alguma, provocou estragos. Procurando fazer parte de algum lugar, Gia se associou a um grupo de jovens que se autointitulavam os "Bowie Kids", por causa de sua obsessão pelo cantor David Bowie e seu estilo rebelde. Mas não foi apenas a imagem *glamrock* de Bowie que atraiu Gia. Ele foi o primeiro artista de rock a reconhecer publicamente sua bissexualidade, praticamente na mesma época em que ela estava descobrindo sua própria natureza sexual.

"Gia era a lésbica mais plena que eu já conheci", disse uma amiga desse período ao biógrafo de Carangi, Stephen Fried. "Era a coisa mais absoluta sobre ela. Ela mandava flores para garotas quando tinha 13 anos e elas se apaixonavam por Gia, sendo gays ou não". Seu estilo andrógeno sensual, finalmente, chamou a atenção de um fotógrafo local, Maurice Tannenbaum, que mandou fotos dela para a agência *Wilhelmina Models*, em Nova York. Apesar da sua altura, 1,70 metro, que era menos do que o exigido, a agente *Wilhelmina Cooper* ofereceu um contrato a Gia. Aos 17 anos, ela se mudou para Nova York, onde sua aparência exótica a capitulou quase que do dia

para a noite ao alto escalão do mundo da moda. Quando tinha 19 anos, já tinha estampado as capas da revista *Vogue* britânica, francesa e americana, assim como duas vezes a capa da *Cosmopolitan*.

Ela era também frequentadora assídua do *Studio 54*, onde reinavam a cocaína e o hedonismo. Durante uma entrevista à revista *20/20* da ABC, Gia admitiu que seu sucesso acontecera rápido demais. "Comecei a trabalhar com profissionais bem conceituados da área muito rapidamente", disse ela, "eu não construí uma carreira de modelo, apenas me tornei uma".

Logo ela ficou famosa por dar em cima de outras modelos, fossem elas gays ou não, assim como em maquiadoras e mesmo em celebridades como Liza Minelli. "Ela era como uma gata, constantemente à espreita de outras gatas", relembrou uma de suas conquistas. "Ela sempre foi assim", disse Jolie, após ler os seus diários. "Quando tinha cerca de 13 anos, sua mãe encontrou cartas que ela havia escrito para garotas da escola". Ela também saía com homens ocasionalmente.

Carangi, mais tarde, ligou seu abuso de drogas à morte de sua agente Wilhelmina Cooper, em 1980, que havia se tornado uma mãe para ela. Se tornou cada vez mais conhecida pelos seus ensaios tempestuosos, quando tinha frequentes birras e até desmaiava, vez ou outra, na frente da câmera. Estava claro que havia algo terrivelmente errado com ela. Sua carreira se desintegrou, enquanto marcas de seringa manchavam seus braços e sua reputação a assombrava. Ela passou algum tempo numa clínica de reabilitação para se livrar do vício, mas foi diagnosticada com AIDS, e naquele tempo a doença era a mesma coisa que uma sentença de morte.

O agente de modelos Bill Weinberg se lembra de Carangi como "confusa ... (uma) garota de rua destrambelhada ... se ela não estivesse com vontade de tirar fotos, simplesmente não aparecia para trabalhar". Um olhar mais apurado em sua capa para a *Vogue*, em novembro de 1980, revela várias marcas de picadas em seus braços, que ainda estavam visíveis mesmo após serem cobertas por maquiagem. Ela era frequentadora assídua de bocas de fumo no Lower East Side, onde seu vício cresceu até o ponto de uma catástrofe.

Com sua carreira em declínio e ninguém querendo contratá-la, Carangi se internou numa clínica de reabilitação e ficou meses sem usar drogas. Na clínica, ela revelou, durante a terapia, que se prostituía algumas vezes para ganhar dinheiro para comprar drogas e que uma vez foi estuprada por um traficante. Quando parecia ter conseguido deixar a má fase para trás, seu melhor amigo, o fotógrafo de moda Chris von Wangenheim, morreu num acidente de carro, e ela começou a usar drogas a todo vapor novamente.

Em 1982, sua carreira estava praticamente no fim. Ninguém queria contratá-la. Em sua última capa para a *Cosmopolitan*, Francesco Scavullo a fez colocar os braços para trás para esconder as marcas de picadas. E então ela foi diagnosticada com AIDS, a primeira celebridade do sexo feminino a ser acometida pela doença. Quando isso aconteceu, ela havia se libertado das drogas, mas já era tarde demais. Ainda assim, em seus últimos anos, ela fez as pazes com a vida, o que torna a sua história ainda mais nostálgica. "Mesmo as terríveis dores que queimaram e marcaram minha alma valeram a pena, por terem me permitido andar pelos caminhos que andei", escreveu Carangi pouco antes de morrer, em 1986.

Inicialmente, quando Jolie começou a pesquisar a vida da modelo para o filme, não conseguia se decidir sobre qual personagem iria interpretar. Ela conta: "A primeira coisa que vi sobre Gia foi sua entrevista para a *20/20*. Eu a odiei, porque obviamente estava completamente drogada e seu discurso era muito afetado, parecendo muito vago. Foi bastante difícil de assistir — muito triste. E então vi algumas filmagens dela falando e sendo ela mesma — apenas uma garota comum da Philadelphia. E é bem descontraída, engraçada e forte, e me apaixonei por ela. Essas personalidades completamente opostas; isso era a grande pista para entender o que estava se passando. Havia muitos artigos e muitas pessoas tinham histórias diferentes para me contar. E havia também seu diário, suas próprias palavras. Eu li absolutamente tudo o que pude encontrar para entender quem ela era".

"Acho que, no fundo, ela era uma boa pessoa, com um coração bom e um grande senso de humor — uma pessoa que queria ser amada e compreendida e sentir que tinha algum propósito nesse planeta. Ela se perdeu, mas, quando descobriu que estava morrendo de AIDS, se encontrou novamente e teve tempo de escrever sobre o que aconteceu. Isso, para mim, é mais interessante e mais notável do que o fato de ela ter sido uma supermodelo".

O filme foi ao ar em janeiro de 1998. Ficou óbvio pelos comentários de Jolie que fazer o papel de Gia causou um impacto profundo nela. "A primeira vez que vi o filme, depois de acabado, chorei. Senti que eu também tinha morrido. Então, vi o cartaz do filme e aquilo me incomodou. É o meu rosto e o nome dela, mas somos uma mesma coisa. Eu fiquei um pouco abatida por tudo isso".

Ela até insinuou que estava vendo a história da vida de Carangi como um alerta, frequentemente discutindo as similaridades entre a vida de Gia e a sua própria. "Fazer o papel de Gia significou confrontar um monte de coisas que eu sabia que me machucavam; por isso foi muito difícil, mas também uma ótima maneira de purgar tudo aquilo que estava dentro de mim", disse.

Pela primeira vez, Jolie também falou abertamente sobre sua própria experiência com o uso de drogas. "Nunca estive tão envolvida quanto ela, é claro, mas certamente conheço as armadilhas das drogas e desse mundo", disse a um grupo de críticos. "Eu tenho esse comportamento perigoso, quando sou corajosa a ponto de ser idiota. Eu experimentava algo, e qualquer droga pode te matar. Eu tenho esse lado destemido, que pode me causar um monte de problemas".

"Ela se encontrou", continuou Jolie. "Ela recuperou seu senso de humor, perdoou as pessoas e voltou a falar com as pessoas que amava. Estava vendo as coisas de forma muito clara no final de sua vida. Há algo de tão belo nisso, o fato de ela ter passado por tudo o que passou e conseguir se encontrar em seus últimos momentos".

Jolie também falava com frequência sobre as diferenças entre as duas. "Sou capaz de dar tudo de mim, e tenho uma válvula de escape para cada lado meu. Gia, não. Tenho uma família maravilhosa que me aceitaria mesmo que eu não fizesse nada".

É verdade que a sua família a apoiava tremendamente e, na época, era ainda bastante unida. Mas isso não quer dizer que o pai de Jolie aprovasse sua súbita vontade de falar sobre as coisas abertamente. Voight era um sobrevivente de Hollywood, parte interessada nos segredos da cidade. Era natural que se engasgasse com seu café ao ler a entrevista dada pela filha à *TV Guide* quando estava promovendo *Gia*. Ao discutir os paralelos entre si mesma e a modelo, Jolie deixou escapar que havia se "apaixonado" por sua colega no filme *Rebeldes*. Ela era ainda relativamente desconhecida, por isso a revelação não teria o mesmo impacto do de uma grande estrela, mas certamente não era o tipo de confissão que ajuda um ator a chegar ao topo. Voight não ficou satisfeito.

"Nós falamos sobre isso anteriormente, porque sou bastante aberta, e acho que ele se preocupa comigo", disse Jolie à revista *Esquire* sobre o receio do pai. "Devido ao fato de eu ter falado sobre, você sabe, sobre tudo. E ter sido completamente sincera sobre o meu casamento e sobre, sabe, ter estado com outra mulher, as pessoas pegam isso e transformam em outra coisa diferente. Por isso ele quer que eu fique quieta. Um monte de gente gostaria que eu ficasse quieta. Muitas pessoas queriam que eu ficasse quieta durante *Gia*, que eu não disesse que me envolvi com drogas ou que dormi com uma mulher, o que, para mim, seria completamente hipócrita. Se eu tive essas experiências e se isso me possibilitou me identificar com a história ainda mais, e se realmente vi algo de lindo em outra mulher — achei que seria legal compartilhar o que eu havia experienciado, porque achei que foi tudo válido —, não entendi porque foi tão ruim falar sobre isso. E, principalmente, porque isso é o filme. E porque é, sei lá, porque é verdadeiro".

Sua honestidade foi animadora. Mas terá sido a melhor política em Hollywood? Apenas o tempo poderá dizer.

Hackers – Piratas de Computador, filme de Iain Softley.

JONNY VAI EMBORA, JENNY FICA

A cultura da autopreservação em Hollywood dita discrição, algo que os gays da cidade entendem muito bem. Talvez não haja melhor maneira de ilustrar a situação dos homossexuais em Hollywood do que narrar uma conversa que tive em 2007, enquanto estava pesquisando para o meu livro, *Hollywood Undercover*. Na época, estava me concentrando em pesquisar sobre os atores do sexo masculino que não haviam saído do armário e não havia parado para pensar sobre a bissexualidade de Angelina Jolie, embora ela fosse a atriz mais famosa a ter revelado sobre suas preferências sexuais. Após refletir um pouco, essa conversa me forneceu *insights* aos muitos altos e baixos de sua jornada em Hollywood.

Enquanto estivesse disfarçado de ator gay, fui convidado a participar de um jogo de pôquer semanal em Hollywood Hills com um grupo de gays que trabalha para a indústria do cinema e que se intitula os "Veados da Mesa Redonda". Eu estava substituindo um conhecido ator que fazia um seriado famoso — o único ator do grupo — que não pôde comparecer aquela semana por causa de um compromisso de trabalho.

A primeira coisa que eu disse foi que não acreditava que o ator que eu estava substituindo, um conhecido mulherengo, fosse realmente gay. "Tão veado quanto uma nota de três dólares", respondeu Lenny, o anfitrião, que trabalhava identificando locais de filmagem para filmes e programas de televisão.

— Ele é um ator, o que você esperava?

— O que isso tem a ver? — perguntei.

— Todos os atores são gays. Na verdade, não é bem assim, embora muitas pessoas acreditem que eles são. Na verdade, a porcentagem está mais para 75%.

Achei a porcentagem difícil de acreditar.

— Bom, deixe-me fazer uma pergunta — disse Karl, um designer de set de filmagens. — Que percentual de cabeleireiros do sexo masculino você acha que é gay? E patinadores, bailarinos, decoradores de interiores, comissários de bordo?

— Não se esqueça dos bibliotecários — observou Lenny.

Pensei sobre o assunto e concordei que a maioria dos homens naquelas profissões é provavelmente gay, talvez até mais do que 75%.

— Mas trabalhar como ator não é a mesma coisa — disse-lhes.

— Querido, você está sendo ingênuo — disse Christopher, editor de roteiros. — Atuar é uma das profissões em que ajuda ser extravagante, sem mencionar sensível. Os gays são simplesmente atraídos por isso. Te digo mais, vá a qualquer escola de teatro do país e converse com os rapazes. Você terá problemas em encontrar um único heterossexual. E mais, é óbvio, logo de cara, que eles são gays. Quase todos os estudantes de teatro são monas.

— Aqui vai uma boa dica — disse Karl. — Pegue o currículo de qualquer astro do cinema e veja como ele começou a carreira. Se ele fez aulas de teatro na faculdade, é provável que seja gay. Se ele começou fazendo peças de teatro ou fez uma temporada na Broadway, especialmente teatro musical, bingo: ele é gay. E não estou falando de 75%, estou falando de 95%.

— Como quem, por exemplo? — perguntei ceticamente, tentando pensar em um único ator de cinema que me parecesse menos do que heterossexual.

Essa simples pergunta libertou o que pareceu um estouro verbal, já que os três começaram a dizer nomes famosos, um após o outro, alguns deles de superastros do cinema. Não estou exagerando ao dizer que eles ficaram falando por pelo menos 15 minutos.

Karl finalmente parou os demais.

— Sabe, talvez seja mais fácil se apenas listarmos os heterossexuais.

Então eles começaram a falar os nomes, e, realmente, a lista era bem menor.

— Sylvester Stallone, Brad Pitt, Bruce Willis, Arnold Schwarzenegger, Mel Gibson, Hugh Grant, Colin Farrel.

No próximo nome dito por Christopher, Lenny interrompeu:

— Não, você pode definitivamente tirá-lo da lista. Eu sei com certeza que ele está transando com [um conhecido produtor de Hollywood].

Suspeitei que estivessem abusando da minha ingenuidade ou, talvez, a lista fosse meramente uma suspeita deles. Por isso, interrompi a ladainha.

— Em primeiro lugar, metade das pessoas que vocês listaram é casada — essa observação provocou risadas em meus novos amigos.

— Ele é um novato nas coisas de Hollywood — disse Karl.

Os três, então, decidiram dar uma aula sobre como as coisas funcionam para um ator gay em Hollywood.

— Como dissemos antes — recaptulou Christopher — as escolas de teatro são quase em sua totalidade frequentadas por gays, pelo menos os homens gays. Isso é fácil de comprovar porque nessa altura da carreira de um ator não há motivos para ele esconder isso. Na verdade, no palco é quase uma vantagem ser gay, porque os heterossexuais são uma minoria. E, a propósito, é por isso que a sexualidade da maioria dos atores é de conhecimento geral. Em algum momento da vida eles frequentaram bares gays ou *sites* gays e seu "segredo" é conhecido por um grande segmento da comunidade onde quer que tenham frequentado as aulas de teatro. Quando voltam para dentro do armário, após se darem bem em Hollywood, já é tarde demais.

Então ele me pediu que listasse as estrelas de Hollywood que saíram do armário. Eu pude contar os nomes nos dedos de uma mão e ainda me sobraram dedos.

— Agora, vejamos, como é possível que milhares de estudantes de teatro — a maioria esmagadora, na verdade — e a maior parte dos atores da Broadway sejam abertamente gays e, ainda assim, todos os atores de cinema sejam heterossexuais? A resposta é: não é possível!

Então eles começaram a me dar uma lição de história. Esperava que eles fossem começar com o óbvio — Rock Hudson — mas, ao invés disso, citaram o exemplo de James Dean, o maior símbolo sexual de Hollywood nos anos 50 e que nem eu sabia que era gay.

— Não apenas ele era gay — explicou Lenny — mas sua sexualidade, que ele nem se preocupava em esconder, estava causando estresse no estúdio. Eles tinham bastante experiência em lidar com atores gays antes de Dean, mas agora tinham em suas mãos uma estrela capaz de faturar alto, que valia milhões, e ele estava saindo com todos os veados que você possa pensar, incluindo outro grande astro, Montgomery Clift. O estúdio estava aterrorizado que a notícia se espalhasse e seu potencial de bilheteria fosse por água abaixo. Por isso, eles o forçaram a começar a sair com atrizes, enquanto o departamento de publicidade passou a transformar Dean num grande mulherengo.

— Havia muita coisa em jogo — continuou ele — e uma pressão enorme do estúdio para que Dean se casasse. A preferência deles era Natalie Wood, que estava perfeitamente disposta a atuar como máscara para Dean (uma companhia do sexo oposto escolhida especificamente para distrair a atenção sobre a verdadeira orientação sexual da pessoa), mas tanto Wood quanto Dean estavam aparentemente relutantes em concordar com os acordos nupciais.

Nesse ponto eu interrompi.

— Eles realmente acreditavam que os Estados Unidos eram assim tão homofóbicos, que as pessoas deixariam de assistir aos filmes apenas porque as pessoas achavam que ele era gay?

— Bom, naquela época, sim, com certeza. Mas o motivo real não era esse, no caso de Dean — respondeu Lenny. — O fato é que parte do grande apelo de bilheterias dele era que as garotas americanas estavam tão apaixonadas por ele que assistiam aos seus filmes várias e várias vezes. Ironicamente, os gays faziam a mesma coisa, mas esse é apenas um fato interessante.

Lenny, então, disse o nome de um ator famoso dos dias de hoje e traçou um paralelo com Dean.

— Veja [um dos atores de maior bilheteria no mundo]. No início de sua carreira, ele ganhou vários papéis ruins e nunca foi visto como galã, por isso não se importava muito em esconder o fato de ser gay. Mas, de repente, estrelou em [um filme altamente famoso] e do dia para a noite se tornou um símbolo sexual. As pesquisas feitas pelo estúdio mostraram que as garotas de 14 e 15 anos estavam assistindo ao seu filme várias vezes, algumas delas 20 ou 30 vezes. E por quê? Porque gostavam de fantasiar que eram a mocinha do filme e que ele as estava seduzindo. Se elas soubessem que na vida real ele era gay, tudo isso estaria ameaçado. Por isso, ele começou a sair com supermodelos e ir a clubes de *striptease*, enquanto seus relações públicas se certificavam de que as fotos fossem publicadas em todos os jornais do mundo. Entretanto, é engraçado que ninguém nunca tenha ouvido falar sobre alguma namorada durante os dez primeiros anos de sua carreira.

Christopher explicou que não é necessariamente a homofobia propriamente dita que faz com que os atores de hoje se mantenham dentro do armário, mas sim esse fenômeno de homens e mulheres indo aos cinemas para fantasiar que estão transando com a estrela — resumindo, a questão é econômica.

— Veja o que aconteceu com Anne Heche, após ela revelar ser a namorada de Ellen Degeneres. Ela havia sido escalada para estrelar como par romântico de Harrison Ford no filme *Seis Dias, Sete Noites*. Quando o filme foi lançado, foi um fracasso de bilheterias. Não porque fosse ruim, mas porque os homens não podiam mais ir ao cinema imaginar estarem transando com ela. E não muito tempo depois disso, veja só o que aconteceu: Heche terminou o relacionamento com Ellen e, surpresa!, virou heterossexual novamente.

Lenny o interrompeu.

— Bem, não é completamente verdade que a homofobia não tenha nada a ver com isso. Veja todos os homossexuais negros que nem ousam sair do armário porque a comunidade negra americana é super-homofóbica.

Ele, então falou, o nome de um comediante negro que tem uma queda por travestis.

— Ele não é um símbolo sexual; é um comediante. Então, tecnicamente ele poderia assumir ser gay, mas se o fizer, pode dar adeus à sua base de fãs negros. Fim!

Nesse ponto, eu comentei que o ator era casado. Eu entendia porque ele se casou; precisava de uma máscara. Mas o que a mulher ganhava com isso?

— Ah, essa é a pergunta de sessenta e quatro mil dólares — respondeu Lenny. — Passamos um bom tempo debatendo exatamente esse ponto e não conseguimos concordar com uma justificativa. Em alguns casos, sabemos com certeza que a mulher aceita se casar como máscara, por causa de sua própria carreira. Basicamente, prometem a ela que ao se casar com determinado ator sua própria carreira como atriz irá deslanchar e ganhará bons papéis por causa da influência que o marido tem junto aos estúdios. Isso faz sentido. O que não sabemos é quantas dessas mulheres na verdade são lésbicas.

Lenny explicou que enquanto a esmagadora maioria dos atores é gay, o mesmo não é verdadeiro com relação às atrizes. Hollywood não é como o torneio de tênis ou golfe, brincou ele.

— Se entre sete e dez por cento das mulheres na sociedade são gays, então, provavelmente, é esse o mesmo percentual em Hollywood. Sabemos com certeza quem são algumas das lésbicas famosas.

Ele deu o nome de uma ganhadora de vários Oscar que vivia abertamente com sua namorada de muitos anos (desde então elas se separaram), embora ela nunca tenha admitido oficialmente sua homossexualidade.

— E então temos o caso de Rosie O'Donnell — um exemplo perfeito. Quando ela começou a carreira, estava tão longe de ser uma atriz principal quanto é possível. Ela não fez o mínimo esforço para esconder sua sexualidade. Quando estava estrelando em *Nos tempos da brilhantina*, na Broadway, iniciou um relacionamento que durou anos com uma das atrizes da montagem. Então foi contratada para liderar um programa de entrevistas popular, que era assistido por muitas donas de casa conservadoras do meio-oeste que não ficariam muito satisfeitas em assistir a um programa liderado por uma lésbica. De repente, Rosie começa a falar sobre a atração que sentia por vários atores. Ela frequentemente se refere a um deles em particular como seu "namorado". Então, quando suas amigas lésbicas reclamam com ela a respeito disso, ela diz que é óbvio que estava brincando, especialmente porque havia boatos que o ator em questão era gay. Então a coisa toda era uma piada elaborada. Depois, apenas dias antes do programa terminar, Rosie finalmente anuncia que é lésbica. E há as inúmeras mulheres que saem ou se casam com atores gays.

— A máscara mais famosa de Hollywood atualmente é [uma atriz famosa, indicada ao Oscar], que ao longo dos anos supostamente namorou diversas estrelas de Hollywood. Todo mundo em Hollywood sabe que ela é lésbica. Pode ter certeza de que se você vir alguma revista de fofoca dizendo que ela está namorando tal ator, então ele é gay.

Ele fala três nomes de atores famosos, cada um dos quais tem a fama de ser mulherengo. E é verdade que os três "namoraram" a atriz em questão há alguns anos.

— Mas o que ela ganha com isso? — perguntei.

— Isso é fácil — disse Lenny. — Da mesma forma que os rumores de gay são derrubados quando esses atores supostamente namoram uma linda mulher — ou mais frequentemente, quando são fotografados com ela em público —, ela fica parecendo uma mulher bem-sucedida quando é dito que está namorando este ou aquele galã. Enquanto isso, ela está namorando [outra famosa atriz de Hollywood] há anos, sem que o público fique sabendo. Então, basicamente é uma situação de ganha-ganha para uma atriz lésbica namorar ou se casar com um ator gay. Mas há outro assunto sobre o qual nunca conseguimos concordar... bissexualidade.

— Isso não existe! — grita Karl.

— Ora, fique quieto! — responde Lenny.

Ele explica que ninguém sabe ao certo quantos desses atores estavam simplesmente namorando ou se casando com máscaras e quantos deles eram realmente bissexuais. Esse debate, disse ele, existe desde os primórdios de Hollywood.

E cita o exemplo de Cary Grant, um dos maiores símbolos sexuais de Hollywood.

— Grant estaria apaixonado pelo ator Randolph Scott. Literalmente, todo mundo em Hollywood sabia disso. Eles se sentavam no restaurante Brown Derby por horas, olhando nos olhos um do outro, de forma apaixonada, de mãos dadas. Eles até partilhavam uma casa de praia. Ainda assim, Grant se casou cinco vezes. Suas esposas tinham que saber sobre ele e Scott, sem mencionar os amantes que teve ao longo dos anos. Um livro afirma que ele teve um caso com Marlon Brando, outro ator supostamente bissexual. Então porque alguém se casaria com ele, para início de conversa? Teriam sido elas iludidas pelas promessas do estilo de vida glamoroso de Hollywood e pelo dinheiro, ou pelo impacto potencial que o casamento teria em suas próprias carreiras? Afinal de contas, três de suas esposas eram aspirantes a atrizes.

Eu realmente me recordo de um incidente no início dos anos 80, quando Chevy Chase estava sendo entrevistado por Tom Snyder e falou sobre Grant: "Pelo que eu sei, ele é homo". Grant o processou por difamação e venceu, embora detalhes de seus romances tenham sido revelados após a sua morte. Isso levanta a pergunta: como alguém prova que outra pessoa é realmente gay, a não ser pegando esta pessoa na cama com outro homem?

Karl citou um dos atores de seriados mais famosos do mundo que é gay e casado.

— Eles vivem numa mansão enorme, mas, de acordo com as pessoas que estiveram lá, ele e a esposa ocupam, cada um, metade da mansão e nunca fazem nada juntos. Muito conveniente, mas novamente, por que ela casou com ele? Ouvi dizer que a forma como esses acordos funcionam é: a mulher concorda em ficar casada durante certo período de tempo antes de pedir o divórcio. Em troca, recebe um cartão de crédito sem limites para usar durante o casamento e a promessa de um acordo generoso após a separação. Cara, eu me casaria com uma lésbica famosa à procura de uma máscara. Ela nem precisaria me pedir duas vezes.

— Então, há [um ator famoso recentemente casado], que estava perto demais de ser publicamente descoberto como gay. A história diz que ele realmente entrevistou uma série de mulheres e ofereceu a elas uma enorme quantia de dinheiro, sem contar papéis principais em filmes, em troca de permanecerem casadas com ele durante certo período. A parte mais triste de estar no armário em Hollywood, para os atores gays que não são bissexuais, é que eles vivem uma vida de tristeza perpétua. Nunca podem ter um relacionamento normal. Por isso, acabam fazendo sexo com garotos de programa de luxo, a dois mil dólares a noite.

— A menos que a Cientologia os salve — diz Lenny.

A menção à cientologia atraiu o meu interesse.

— O que isso tem a ver com a história? — perguntei.

— Bem, se você pagar uma enorme quantia de dinheiro a eles e você é gay, eles prometem te converter — explicou Lenny. — Ou, pelo menos, é o que ouvi falar.

Lenny não estava exagerando. A cientologia possui muitos seguidores em Hollywood, entre eles estrelas de peso, como John Travolta, Tom Cruise, Kirstie Alley e Priscilla Presley. Mas enquanto a maioria dos seguidores da igreja pode não ser de gays, parte do apelo que a cientologia tem com certas celebridades é a promessa de que podem transformar uma pessoa gay em heterossexual através de um regime elaborado e caro, inspirado na ficção científica e chamado *auditing*. Em sua edição de 6 de maio de 1991, a revista *Time* publicou uma matéria de capa polêmica sobre a seita, que dizia que alguns dos mais famosos atores de Hollywood aderia à Igreja com medo de que seus segredos fossem revelados. A passagem mais chocante envolvia John Travolta:

> Às vezes até um dos maiores entusiastas da Igreja precisa de um pouquinho de proteção. A estrela de cinema John Travolta, 37, há muito faz as vezes de porta-voz extraoficial da cientologia,

muito embora tenha dito a uma revista, em 1983, que era contrário à administração da igreja. Desertores do alto-escalão afirmam que Travolta, há muito, teme que se ele abandonar a igreja, detalhes de sua vida sexual serão tornados públicos. "Ele se sentia bastante intimidado sobre isso vir à tona e me contou a respeito", lembra William Franks, o antigo presidente do conselho. "Nenhuma ameaça direta foi feita, mas estava implícita. Se você sair, eles imediatamente começarão a trazer tudo à tona". Franks foi forçado a sair em 1981, após tentar reformar a igreja. O antigo chefe de segurança da igreja, Richard Aznaran, lembra de o líder da cientologia, (David) Miscavige, frequentemente fazer piadas para outros membros sobre o suposto comportamento sexual promíscuo de Travolta. A essa altura, qualquer ameaça de expor Travolta parece inócua: no último mês de maio, um ator de filmes pornográficos recebeu cem mil dólares de um tabloide por detalhes sobre seu suposto relacionamento de dois anos com o astro. Travolta se recusa a comentar, e, em dezembro, seu advogado classificou as perguntas feitas a respeito do caso como "fantásticas". Duas semanas depois, Travolta anunciou que se casaria com a atriz Kelly Preston, também seguidora da cientologia.

A polêmica sobre Travolta foi reacendida anos mais tarde, em 2006, quando o *National Enquirer* publicou uma foto da estrela de *Pulp Fiction — Tempos de Violência* subindo os degraus de seu jatinho particular e beijando um homem na boca. O homem em questão tomava conta de seu filho.

Desde o meu encontro com os Veados da Mesa Redonda, me deparei com um estudo da Universidade de Maryland que indica que meus companheiros de pôquer estavam menos informados do que pensavam sobre as mulheres gays em Hollywood. O estudo comprovou que mulheres lésbicas e bissexuais têm, na verdade, oito vezes mais probabilidade de entrar em cursos de teatro do que suas colegas heterossexuais.

* * *

Levando em consideração tudo o que as estrelas de Hollywood fazem para esconder sua homossexualidade, foi ainda mais impressionante que Jolie tenha admitido publicamente o seu romance com Jenny Shimizu. O que é ainda mais impressionante é que sua carreira não sofreu desde então, mas, ao contrário, a catapultou ao estrelato.

Jess Search, editora de comissionamento para filmes e vídeos independentes da rede de televisão *Britain's Channel 4*, disse ao *Guardian*, em 2000, que ela acreditava que havia uma atmosfera de mistério sobre as lésbicas que as tornava mais aceitáveis do que homens gays. "Não é nada de novo dizer que uma plateia de homens vai achar uma bela mulher mais interessante se souberem que ela é lésbica", disse ela. "Em geral, as mulheres gays costumavam ser vistas como uma subcultura, algo que acontecia a portas fechadas. Hoje em dia não estamos mais em guetos, somos mais aceitas socialmente. Os homens acham as lésbicas sexy; isso cria um burburinho ao seu redor".

A atriz Sophie Ward, que estrelou no filme de Barry Levinson *O enigma da pirâmide*, em 1985, assumiu publicamente ser lésbica em 1996, e, desde então, teve uma carreira relativamente próspera. Mas admite que o fato causou efeitos em sua carreira. "Depois que saí do armário, certamente percebi que as pessoas tinham certa cautela ao me escalar, especialmente para personagens de televisão. Acho que havia um sentimento de que eu não era segura. Mesmo hoje, quando audito para alguns papéis mais comerciais, tenho a impressão de que ainda me consideram um pouco arriscada. Mas é difícil saber se não te escolhem para um papel por causa de sua sexualidade. Por sorte, a maior parte das pessoas nessa indústria tem a cabeça boa e não se intimida com isso, mas acho que ainda vai levar algum tempo para as pessoas relaxarem com relação a mim".

Ainda assim, de acordo com o mesmo estudo da Universidade de Maryland, as atrizes que se assumem lésbicas ou bissexuais, na verdade, ganham mais na média do que as mulheres heterossexuais em Hollywood, embora a estatística possa ser distorcida, pois existem poucas delas e o número inclui grandes nomes, como Jolie e Drew Barrymore.

* * *

Entretanto, a reação imediata de Jolie ao descobrir sua bissexualidade pode ter sido aquela típica do tradicional padrão hollywoodiano. É certo que ela estava tendo um caso com Shimizu por volta do mesmo período em que se envolveu com Jonny Lee Miller, provavelmente até antes disso. "Já estávamos dormindo juntas quando conheci Jonny enquanto filmava *Rebeldes*", revelou Shimizu. "Ela disse a nós dois como se sentia e uma noite fomos jantar todos juntos. Ela foi honesta — sempre foi assim a vida inteira".

Se é verdade que Jonny Lee Miller estava ciente do relacionamento de sua esposa com Shimizu quando se casou, será possível que Jolie tenha se casado com algum objetivo oculto? Será possível que estivesse tecendo uma trama bastante conhecida em Hollywood, disfarçando sua verdadeira natureza com o súbito casamento com Miller, em março de 1996?

Não importa quando aconteceram os relacionamentos, os três jovens atores lidaram com a situação da melhor forma que puderam. Apesar da fama de selvagem de Jolie, Shimizu negou que os três tenham ido juntos para a cama. "Não fizemos sexo a três", disse ela. "Não faz o meu gênero — o que nós três tínhamos era amizade. Mas eu não conversava muito com Jonny; acho que ele se sentia bastante ameaçado por mim". De fato, Miller, mais tarde, confessou ser "uma pessoa terrivelmente ciumenta".

Logo ficou claro para todos que o casamento não estava destinado a durar muito tempo, e poucas pessoas se surpreenderam quando os dois se separaram depois de um ano de casamento. Jolie culpou o término do relacionamento às diferenças de agenda profissional: "Não estou presente o suficiente, física ou emocionalmente, para que os relacionamentos deem certo. Não é justo com a outra pessoa que eu esteja ocupada demais com a minha carreira e que esteja frequentemente distante, mesmo quando estamos juntos. Estávamos vivendo lado a lado, mas tínhamos vidas independentes. Eu exigia mais dele do que era capaz de fornecer. Ele merece mais do que eu estou preparada para oferecer neste momento da minha vida".

"É que eu não estava sendo uma esposa", completou. "Acho que realmente precisávamos crescer e sempre falamos em nos casar novamente no futuro. Com certeza, minha carreira vem em primeiro lugar. Eu costumo conhecer muitos homens que dizem ser assim, mas, de alguma forma, as coisas simplesmente não acontecem dessa maneira".

De um jeito pouco ingênuo, ela disse também que o relacionamento não deu certo porque ela queria se mudar para Nova York, enquanto Miller queria retornar à Inglaterra. Ele pareceu se juntar a essa explicação quando disse ao jornal *Mail on Sunday*: "Eu sei que soa maluco de minha parte, mas eu estava com saudades das pequenas coisas, como o noticiário das nove, dos ônibus vermelhos, os perfumes do campo, o som da nossa música e o Jogo do Dia".

Entretanto, a explicação mais acurada para o término do casamento foi, provavelmente, resumida em algo que Jolie disse sobre Miller a um repórter: "Na verdade, ele teve que aturar um monte de coisas". Não era a sua carreira que estava atrapalhando o casamento, era sua namorada. A julgar pelas declarações que posteriormente fizeram à imprensa, ficou óbvio que o relacionamento com Shimizu era o mais importante. "Eu teria me casado com Jenny se não tivesse me casado com meu (primeiro) marido", admitiu ela mais tarde.

Embora Miller tenha, ocasionalmente, participado dos fetiches de Jolie e de sua inclinação sadomasoquista, Shimizu deixou implícito que era ela a mais apropriada a atender a esses desejos. "Não é que nos vestíssemos de capas de couro e máscaras, ou que usássemos correntes", disse ela mais tarde para o *Sun* sobre a vida sexual inconvencional das duas. "Era algo emocional. Eu a imobilizava com meus braços, mas não comprávamos coisas. Apenas usávamos o que estivesse disponível se estivéssemos com vontade. Ela colecionava facas e me ensinou a usá-las". Shimizu completou: "Ela tem uma personalidade muito dominadora. Uma vez que ela demonstra amor por você, quer saber o quanto você se importa com ela".

De seu primeiro casamento fracassado, Jolie mais tarde sugeriu que ela e Miller fossem realistas quanto às perspectivas. "Na primeira vez em que me casei, eu era jovem", lembra. "Eu sabia que queria me casar e que queria ser a esposa dele. E foi uma grande experiência. Mas nós sabíamos que não iria durar para sempre".

Assim, embora eles não tenham se divorciado oficialmente até 1999, no final de 1997 Miller já estava fora da vida de Jolie. Jenny Shimizu, entretanto, não estava.

Gia – Fama e Destruição.

ESCURIDÃO ANTES
DO AMANHECER

Quando *Gia* foi lançado, em janeiro de 1998, Angelina Jolie deveria estar aproveitando seu sucesso. Sua performance *tour de force* foi universalmente aclamada, ela tinha um Globo de Ouro nas mãos e estava sendo considerada por todos como uma estrela em ascensão. Mas meses antes Jolie caiu num abismo emocional, que ela atribuiu ao seu sucesso súbito.

"Você acha que beleza, fama e dinheiro devem fazer uma pessoa feliz?", disse, provocando um repórter que perguntou se ela estava aproveitando seu novo status de celebridade após *George Wallace*. "Eu acho que não, se você não tem amor e não tem com quem dividir o seu sucesso. Acredito que muitas pessoas sintam isso, que as pessoas não se importam com quem somos por dentro e não nos entendem".

Durante algum tempo, ela pareceu aproveitar seu sucesso repentino, especialmente quando uma de suas bandas favoritas ligou para ela, logo após terminarem as gravações de *Gia*. "Eu não sabia o que os Rolling Stones queriam", lembra Jolie, que também apareceu recentemente num vídeo de música da banda Meatloaf. Os Stones a recrutaram para fazer o papel de uma provocante *stripper* para a sua música *Anybody seen my baby*. "Imagine a minha surpresa quando eles disseram que queriam que eu andasse na rua usando basicamente apenas lingerie. O que foi bom é que era Nova York e ninguém ligava. As pessoas nos restaurantes ficaram tipo, 'Oh, lá vai a garota de *Gia* de calcinha. Passe o sal.'"

O vídeo sexy foi definitivamente mais memorável do que o próximo filme que ela estrelou em 1997, o terrível *Brincando com a Morte*. Ela faz o papel da namorada de um chefão do crime, Timothy Hutton, num filme que traz David Duchovny em seu primeiro papel principal após seu sucesso na série de televisão *Arquivo X*. O filme foi um fracasso de crítica e de bilheterias, embora a maior parte dos críticos tenha culpado o roteiro, e não a performance de Jolie pela mediocridade do seu personagem. O filme poderia ter sido mais picante: Jolie mais tarde revelou que o diretor havia filmado separadamente duas cenas de sexo, uma delas com Duchovny e, outra, com Hutton, mas ambas foram descartadas na edição. "Com David nós estávamos fazendo amor sob o sol e com Tim estávamos transando de forma selvagem no banco de trás de um carro", revelou ela. "Acho que eles pensaram que não poderiam ter uma cena sem a outra, por isso deixaram ambas de fora". A única coisa boa que resultou de *Brincando com a Morte* foi o breve romance que Jolie teve com Hutton.

Quase imediatamente após *Brincando com a morte*, ela começou a filmar outro roteiro inexplicavelmente medíocre, chamado *A cozinha do inferno*, fazendo o papel de Gloria McNeary, membro da segunda geração de criminosos da Cozinha do Inferno[6],

---

[6] N. da T. Hell's Kitchen: um bairro de Manhattan a oeste da Times Square, famoso no passado por suas favelas e altas taxas de criminalidade.

que há cinco anos espera para se vingar de seu antigo namorado Johnny — um boxeador que levou a culpa por um crime cometido por um amigo, um roubo que custou a vida do irmão de Gloria. O enredo é grotesco, mas, pelo bem da carreira de Jolie, quase ninguém assistiu ao filme quando foi lançado.

No meio das filmagens, durante a primavera de 1997, a revista *Interview* convidou Jon Voight a entrevistar a própria filha. O resultado é um fascinante retrato das perspectivas da própria Jolie com relação àquele ponto em sua ainda obscura carreira e sua vida. Após uma reflexão emocionante sobre o nascimento da filha e seus trabalhos anteriores, Voight pergunta a Angelina sobre os primeiros sinais de que ela queria ser uma atriz:

> **JOLIE:** Meu Deus, minhas memórias mais antigas são de meu irmão Jamie apontando a filmadora da família para mim e dizendo: "Vamos lá, Angie, dê um show". Nem você nem mamãe jamais disseram "Fiquem quietos! Parem de falar!". Me lembro de você me olhando nos olhos e perguntando, "O que você está pensando? O que você está sentindo?". É isso que faço no meu trabalho hoje. Eu digo: "Muito bem, como me sinto a respeito disso?", e eu sei imediatamente, porque foi dessa maneira que cresci.
>
> **VOIGHT:** Você tem uma presença de cena forte, específica. Acho que é uma presença que sempre fará diferença em termos da história encenada.
>
> **JOLIE:** Eu tenho certa energia, é verdade, e ou ela é necessária ou não é necessária de forma alguma. Eu sei que posso me fazer notar e há algumas mulheres que não estou pronta para encenar. Estou curiosa para saber o que você acha de alguns dos trabalhos que fiz recentemente.
>
> **VOIGHT:** Para começar, temos *Brincando com a morte*.

JOLIE: Esse trabalho foi muito rock'n'roll, engraçado, alto, fale-o-que-quiser-falar, vista-se de forma selvagem e ame de forma selvagem. Você conhece essa fantasia. Eu realmente me permiti entrar nesse mundo. Tendo a minha idade, algumas vezes me sinto uma pirralha ao entrar em determinados sets, mas pela primeira vez não me senti dessa maneira. Me senti realmente como uma mulher. Como uma jovem mulher, existem papéis que vou encenar que podem não ser os melhores projetos, mas estou apenas começando nessa indústria e tentando entender como fazer as coisas funcionarem. Tenho me esforçado bastante simplesmente para me manter vestida e não ser escalada para fazer o papel da namorada. Algumas mulheres podem dizer: "não quero ser um homem; quero as oportunidades que posso ter como mulher". As mulheres possuem certa sexualidade e eu acho que o corpo delas é lindo e não me sinto envergonhada de explorar isso num filme. Mas existem coisas que te oferecem que são vulgares e violentas, assim como há um lado meu que é vulgar e violento.

VOIGHT: Às vezes, para apresentar a verdade, é necessário fazer o papel de um personagem vulgar ou violento.

JOLIE: Sim, muito embora nos filmes que fiz recentemente eu tenha aprendido um pouco mais sobre o meu lado que gosta de ser leve. Eu me lembro quando costumava me vestir de preto e você dizia: "Apenas seja bonita, mantenha a cabeça erguida, sinta orgulho. Seja uma pessoa agradável e não se cubra demais com seu lado sombrio, você precisa ser um pouco louca". Agora, eu não tenho nada contra qualquer coisa que eu tenha feito anteriormente, porque amo todos os aspectos de mim mesma, mas tenho experimentado mais com esse lado mulher amável. Nessa era feminista, eu iria odiar que essa coisa de damas e cavalheiros se perdesse.

VOIGHT: O que você faz quando não está trabalhando?

JOLIE: Acho difícil, por isso normalmente encontro uma maneira de me fazer trabalhar novamente. Trabalho com Tom (Bower, o sócio de Jolie numa companhia de teatro) ou então em alguma peça. Escrevo ou leio. E acho que é importante, entre um trabalho e outro, me sentar com a pessoa que eu acabei de me tornar e permitir que ela continue a se desenvolver e encontrar um espaço dentro de mim antes de eu poder me tornar outra pessoa. Mas também acho que preciso aprender a relaxar e a não me preparar demais, apenas aproveitar a vida. Noto que meus personagens saem para jantar, se divertem e fazem viagens maravilhosas, mas eu passo tanto tempo vivendo a vida deles que não tenho a minha própria vida pessoal. Tenho que tentar me lembrar de preencher o pequeno caderno de mim mesma.

VOIGHT: Muito bem, Angelina, não ouvimos nem uma porção das histórias maravilhosas que conhecemos sobre Angelina Jolie, mas demonstramos um pouco da energia que é única em você. Te mando todo o meu amor, minha querida.

JOLIE: Eu também te amo, papai.

* * *

Gia foi marcado para ser lançado em janeiro de 1998, e tanto seu pai quanto sua mãe estavam confiantes de que o personagem iria catapultá-la ao topo de Hollywood. Mas Jolie não estava certa de que era isso que queria.

"Eu acho que nunca estive tão deprimida na minha vida", disse. "Eu estava num ponto da minha vida em que tinha tudo que pensava que faria uma pessoa feliz, mas eu me sentia mais vazia do que nunca. Pensei que depois de *Gia* eu havia dado tudo o que tinha a oferecer e, ainda assim, não me via crescendo. Eu não tinha a força necessária para lidar com Hollywood. Tinha medo de tornar a minha vida pública demais e não queria acabar como Gia. Precisava fugir de tudo e me encontrar".

Ela quase havia desistido da carreira várias vezes. Dessa vez, finalmente cumpriu a promessa, ao menos temporariamente. Decidindo que talvez se sentisse mais feliz estando do outro lado da câmera, mudou-se para o Leste e se matriculou na Tisch Escola de Artes da Universidade de Nova York, se formando em produção de filmes. Mas se mudar para longe da família e dos amigos apenas pareceu piorar as coisas.

"Eu não tinha mais amigos íntimos e a cidade me parecia fria, triste e estranha, e as viagens de metrô — tudo o que era de certa forma romântico a respeito de Nova York — se tornaram muito frias para mim", relatou anos mais tarde sobre esse período. "Eu não sabia se queria viver porque não sabia para que eu estava vivendo".

Ela descreveu estar em um quarto de hotel em Nova York onde iria se matar tomando pílulas ou usando uma faca; não conseguiu se decidir sobre qual seria o melhor método. Chegou até mesmo a escrever um bilhete para a camareira, pedindo a ela que chamasse a polícia. Desta forma a pobre funcionária não teria que se deparar com o seu cadáver. Então, passou o dia andando pela cidade. Estava prestes a comprar um quimono, com o qual se vestiria para realizar o ato final, quando percebeu como aquela ideia era maluca. "Eu não sabia se teria coragem de cortar meus pulsos", relatou. Além disso, calculou que não tinha pílulas para dormir em quantidade suficiente para se matar. Pediu à mãe que mandasse mais pílulas pelo correio, mas, então, pensou que Bertrand, inevitavelmente, se sentiria culpada pelo suicídio da filha.

Foi nesse momento que elaborou um plano grotesco. A garota que havia sido diagnosticada como "descontrolada, inclinada à psicopatia antissocial" apenas seis anos antes, decidiu que iria contratar um matador para que sua morte não parecesse ter sido autoinfligida. "Com o suicídio vem a culpa de todas as pessoas à sua volta, pensando que poderiam ter feito alguma coisa para evitar a tragédia", explicou ela. "Mas quando uma pessoa é assassinada, ninguém assume nenhuma responsabilidade ou culpa".

Ela chegou a se encontrar com um homem, "o amigo de um amigo", que ela ouviu dizer que poderia arranjar o matador. Calculou que iria custar dezenas de milhares de dólares contratar o assassino. Planejou separar o dinheiro de pouquinho em pouquinho, para que ninguém pudesse ligar o assassinato a ela mesma, depois que seu corpo fosse descoberto. "É tão estranho, tão complicado e completamente insano", disse mais tarde a respeito do plano. "E tão parecido com uma merda de filme". "O assassino em potencial", relatou, "era uma pessoa decente o bastante, e me perguntou se eu poderia pensar a respeito e ligar para ele novamente em dois meses. [Mas, nesse meio-tempo], algo mudou na minha vida e eu pensei que deveria desistir daquilo".

Nesse meio tempo, Jenny Shimizu voou até Nova York, pressentindo que havia algo de errado. As duas vinham fazendo sexo por telefone com regularidade e, durante uma dessas sessões a distância, Shimizu percebeu um pedido de ajuda. A presença dela fez com que Jolie pensasse melhor.

Embora esse período obscuro a tenha levado a ter pensamentos suicidas, alguns anos mais tarde Jolie o descreveria publicamente como um capítulo importante da sua vida. "Foi um período realmente ruim, porque eu não achava que tinha muito mais a oferecer", disse à *Rolling Stone* em 1999. "Não achava que conseguiria equilibrar minha vida, minha mente e meu trabalho. Estava também com muito medo de fazer sucesso após *Gia*, tendo visto o quão frágil era sua vida particular, o quão vulnerável era, embora seu exterior fosse muito glamoroso. E eu estava trabalhando e dando entrevistas, e, então, ia para casa sozinha sem saber se jamais teria um relacionamento ou se seria boa no meu casamento, se seria uma boa mãe algum dia ou se jamais seria... não sei, completa, como mulher. Foi uma época realmente muito triste. Mas hoje acho que foi muito bom ter feito tudo isso, que eu tenha passado todos aqueles meses sozinha, levando uma vida normal, frequentando a escola na NYU, estudando os diferentes níveis de como entrar nesse negócio, indo e vindo de metrô e estando completamente sozinha".

Ela havia decidido que ao invés de pôr um fim à vida, iria "viver a vida ao máximo". Enquanto em determinado período isso tivesse incluído o uso de drogas pesadas, agora insistiu que isso havia ficado para trás. Ela havia sido despertada pela história de Gia Carangi. "Gia possui similaridades o bastante comigo, e percebi que ou isso iria purgar todos os meus demônios ou iria realmente acabar comigo", disse. "Por sorte, encontrei algo que tomou o lugar do barato causado pelas drogas, e foi o meu trabalho". Essa declaração está dizendo: Angelina Jolie ainda era viciada, só que agora em algo, que não a droga.

Quando recebeu o Globo de Ouro, em janeiro de 1998, por sua atuação em *George Wallace*, não era difícil encontrar trabalho. De repente, ela era a sensação de Hollywood. Começaram a chover roteiros e sua agente extraoficial e, também, a guarda dos seus portões, Marcheline Bertrand, ajudou-a a decidir qual deveria aceitar. Provavelmente, Jolie tivesse se dado melhor se tivesse consultado o pai, que sempre foi muito seletivo sobre os roteiros que escolhia para si mesmo. A carreira de Voight, de repente, ficou aquecida por causa da sua indicação ao Globo de Ouro, pela sua performance no filme de John Grisham, *O homem que fazia chover*. Isso o colocou sob os holofotes da mídia.

Apesar de Jolie ter mudado o seu nome, os entrevistadores parecem nunca ter deixado que ela saísse debaixo da sombra do pai. Mas, cada vez mais, era Voight quem era perguntado a respeito de sua filha, quando estava no circuito da imprensa. "Ela é uma coisa. É maravilhosa: uma artista", disse ele, orgulhosamente, a um repórter, quando perguntado sobre a carreira de Jolie. "Eu a vejo como uma colega. O trabalho dela é cheio de detalhes, cheio de decisões, de visão. Ouvi ela dizendo em entrevistas que não me conheceu no topo da minha carreira. Mas ela me conheceu no topo. É que mesmo naquela época eu estava lutando", disse ele. "A luta está sempre conosco".

Outro perfil descreve o rosto de Voight se iluminando quando perguntado a respeito da filha. "Jovens vêm até mim e dizem: 'Oh, senhor Voight, seu trabalho é maravilhoso'. Eu penso: 'Papo furado!' É apenas uma cortina de fumaça. Eles simplesmente querem chegar até Angie". Voight revelou que ele e a filha têm um pacto. "Definitivamente, vamos fazer um filme juntos antes do final desse milênio", prometeu. "Eu adoraria fazer uma comédia com ela", disse, em outra ocasião. "Ela possui um senso de humor maravilhoso, e seria muito bom para nós dois fazer o papel de personagens bem bobos, parcialmente, porque ambos somos levados tão a sério agora".

Quando perguntada se essa também era uma meta dela, Jolie foi um pouco mais circunspecta, porém aberta à possibilidade. "Eu jamais gostaria de trabalhar com ele se tivesse conseguido o papel por causa dele", explicou. "Eu quis manter distância apenas para conseguir provar a mim mesma que valia algo e que era capaz de fazer o meu trabalho. Quando você cresce, o relacionamento com seus pais muda. Ele me conheceu através dos meus personagens e agora eu, provavelmente, sou mais forte e mais confiante com o meu trabalho".

Mesmo que ela parecesse ressentida por ser perguntada sobre seu pai famoso em todas as entrevistas, estava claro que eles ainda eram bastante próximos e que respeitavam o trabalho um do outro. Em uma entrevista, ela chegou a descrever a si mesma como uma "menininha do papai". "Eu converso com ele e ele conversa comigo", disse. "Nós nos amamos. Mas também amo minha mãe. E, acima de tudo, sou minha própria pessoa... atuar tem a ver com a vida, por isso, se falamos sobre carreiras, não é apenas papo furado. Quando papai estava fazendo [o filme para televisão de 1999, *Noah's Ark*], frequentemente discutíamos como ele estava construindo o personagem, mas a conversa, na verdade, era sobre nossas próprias atitudes a respeito da religião. Eu era durona o tempo inteiro enquanto atuava; às vezes, minha mãe olhava para mim e dizia coisas do tipo: 'Olhe para mim, deixe-me ver em seus olhos quem você é'. Isso é coisa de ator de verdade".

* * *

Embora seu casamento com Jonny Lee Miller tivesse terminado, os repórteres estavam fascinados pelo mais significativo e duradouro legado de seu casamento, suas tatuagens. Desde o seu casamento, Jolie havia adquirido ao menos 12 delas, muitas das quais cobriu com outras tatuagens ou removeu completamente. Ela descreveu sua atração por tatuagens como "sombria, romântica e tribal" e, frequentemente, as faz para comemorar eventos de sua vida pessoal, como os nascimentos de seus filhos ou a morte de sua mãe.

Em uma entrevista, ela revelou a origem da sua primeira tatuagem — o símbolo japonês da morte em seu ombro. "Quando fiz minha primeira tatuagem", explicou, "fiz 'morte' e Jonny fez 'coragem'. Enquanto ele estava filmando *Trainspotting — sem limites*, eu estava na Escócia e queria fazer outra tatuagem, mas não sabia o que fazer, então, fiz 'coragem'. Pensei, 'oh, vou fazer uma igual à dele'. Mas nunca foi muito a minha cara". Algum tempo mais tarde, ela eliminou ambas as tatuagens, cobrindo-as com outras.

Quando a *Rolling Stone* foi entrevistá-la para a sua primeira matéria de capa, que foi publicada na edição de agosto de 1999, ela deu o que o repórter descreveu como o "*tour* obrigatório" de suas tatuagens:

> "Muito bem", diz ela, levantando-se e mostrando o braço esquerdo, "este é o meu dragão, acima, à esquerda". Ela então apresenta a parte interna do pulso: "Isso é a letra 'H'. Há duas pessoas na minha vida que têm essa letra[7], das quais sou muito próxima e a quem eu, de certa forma, amo e aprecio. E esta é a minha mais nova. Na verdade, fiz esta com minha mãe. Ela foi comigo. É uma citação de Tennessee Williams: 'Uma prece aos selvagens de coração, mantidos em jaulas'". Ela olha firme para o antebraço esquerdo e sorri seu consagrado sorriso de louca.
>
> "Esta é a minha cruz", continua ela, abaixando a cintura de suas calças pretas e revelando seu quadril delgado, "e isso", ela indica a inscrição em latim que toma sua barriga logo acima da linha do biquíni, "significa 'O que me alimenta também me destrói'". E isso — ela se vira, puxando sua camiseta preta e deixando ver um pequeno retângulo azul na base de sua espinha — é a única tatuagem colorida que tenho. Vou pintá-la de preto. É uma janela". Uma janela para sua coluna? "Não", diz ela. "É porque não importa onde eu esteja, sempre me pego olhando para fora da janela, desejando estar em outro lugar". Ela sorri novamente seu sorriso beatífico, louco — êxtase religioso com apenas um esboço de careta.

Jolie parece ter criado uma imagem pública diferente para si mesma, envolvendo facas, tatuagens e cicatrizes. O lado sensível, vulnerável que os repórteres haviam visto anteriormente, parece ter sido substituído por uma caricatura feita por ela mesma. A que ponto isso foi a criação deliberada de uma imagem específica é

---

[7] Nota do autor: essas duas pessoas são frequentemente apontadas como sendo Timothy Hutton e seu irmão, James Haven.

difícil saber. Ela insinuou que foi um mecanismo de defesa para ajudar a protegê-la do excesso de escrutínio: "Sinto como se todas essas coisas tenham sido uma atitude maliciosa de minha parte, para que as pessoas foquem nas tatuagens e nas facas e assim [elas] não vão saber realmente nada a meu respeito. Ainda assim, todos pensam que sabem coisas pessoais sobre mim".

Perguntada por um repórter o que diria em um anúncio pessoal para descrever a si mesma, não foi menos direta: "'Deixem-me em paz'. Ou eu poderia dizer: 'À procura de uma noite secreta, direta, de abandono despreocupado para fazer todas as coisas que nunca fiz antes. Me choque e mantenha isso em segredo'".

De fato, suas facas e tatuagens foram bem menos importantes do que suas outras paixões, como dançar tango e tocar bateria. E ninguém nunca soube que seu filme favorito era *Dumbo*, da Disney, sobre um elefante voador. E seu sonho secreto, admitiu certa vez, era ser proprietária de um motel no meio do nada. "Tudo começou quando passei dirigindo pela frente desse motel no Arkansas e pensei que seria o lugar perfeito de se ter", disse entusiasmada. "Pulei para fora do carro e perguntei se estava à venda, e eles disseram que estava. Acabei não comprando o lugar, mas adorei o fato de ele ter 22 quartinhos. Pensei que poderia andar de moto, consertar os quartos, encerar o chão e coisas do gênero. Continuo à procura de outro motel. É o meu sonho. Adoro locais que possuem luzes neon e que são cafonas. O que eu gostei se chamava Happy Hollow, e eu queria tanto ter ficado lá".

Um repórter do *Esquire*, que passou algum tempo com ela no início de 1998, estava esperando encontrar uma garota durona empunhando uma faca, mas ficou surpreso ao descobrir que "ela também é sentimental e bastante ligada à mãe, possui livros de poesia e camisolas de lacinhos, quer cozinhar e aprender francês. Ela gosta e possui um monte de lingerie, mas não as usa sempre. Em um relacionamento, ela usa lingerie comum e guarda as mais especiais para se alegrar. E teme ser enterrada viva e se tornar o tipo de pessoa que coloca roupas no cachorro".

Ainda assim, Jolie raramente permite que os repórteres vejam esse lado dela. Não cabia na imagem que estava construindo ou nos papéis que ela estava esperando conseguir, nenhum dos quais combinava com uma estrela de fala suave e normal. E, é claro, ela nunca se cansava de falar sobre o que um repórter chamou de "a coisa bissexual". "Fui casada com um homem...", disse ela a uma revista. "Mas eu amo as mulheres; me sinto atraída por elas. Para mim, não importaria se fosse um homem ou uma mulher... eu fui muito próxima de uma mulher e pensei, 'eu me casaria com esta pessoa'".

Ainda assim, ela não tinha a intenção de fazer o papel de uma mocinha tão cedo. Por isso, presumivelmente, não se preocupava que sua bissexualidade pudesse afetar seu potencial de bilheterias. Na verdade, ela parece ter visto isso como uma vantagem profissional. "Meu próximo passo, provavelmente, será ir atrás de vários papéis masculinos", disse a um entrevistador no final de 1997. "Esses papéis não são realmente escritos para mulheres, mas existem alguns grandes personagens; alguns ótimos filmes sobre exército. Quero fazer o papel de um xerife, de um caubói, um militar. Vou continuar tentando conseguir esses papéis fortes".

Mais tarde ela teria essa chance, mas por enquanto havia concordado em fazer o papel de uma garota à espera do amor, numa comédia romântica chamada *Corações Apaixonados*, que reúne estrelas de peso: Sean Connery, *Elle*n Burstyn, Dennis Quaid e Gen Rowlands. Quando o filme foi lançado, no final de 1998, o público podia ver que a atriz de 23 anos mantinha seu espaço, mesmo atuando ao lado desse grupo intimidante de estrelas. Mais de um entrevistador afirmou que Jolie havia "atuado melhor que eles", embora o filme não tenha sido bem recebido. Sua performance foi o suficiente para dar-lhe outro prêmio para sua crescente coleção: "Melhor Performance Revelação de uma atriz", oferecido pelo *National Board of Review*.

Apesar das críticas favoráveis, ela se manteve humilde e até mesmo um pouco envergonhada por ser comparada favoravelmente a lendas como Connery e Burstyn. "Guardei o cartaz que traz meu nome junto ao de todos esses atores porque eu estava tão orgulhosa de fazer parte da lista", disse ela sobre atuar ao lado do elenco de estrelas. "Me senti como se tivesse entrado de penetra na maior festa do planeta".

Jolie completou o restante de 1998 e o início de 1999 com dois filmes, estrelando dois dos mais famosos atores do momento. O primeiro foi *Alto controle*, uma comédia sobre controladores de voo, na qual ela faz o papel da esposa de Billy Bob Thornton. Ele havia recentemente ganhado um Oscar pela performance extraordinária em *Na Corda Bamba*, um dos filmes favoritos de Jolie. Então, ela trabalhou em *O colecionador de ossos*, fazendo o papel de uma policial ao lado de Denzel Washington.

"Eu implorei para poder fazer o papel de Amelia", admitiu Jolie mais tarde. "Eu queria tanto aquele papel. Eu amava o personagem. Ela era muito simples e fizeram muitas perguntas sobre meu sotaque e sobre como eu me vestiria. Denzel teria que me conhecer antes. Ele havia assistido aos meus filmes, por isso, estava muito nervosa. Eu estava filmando *Corações Apaixonados*, de cabelos rosas. Tentei cobri-lo com uma echarpe, [mas] lá pela metade do jantar, acidentalmente, tirei-a sem perceber. Todos ficaram olhando para a minha cabeça, para aquela coisa rosa. Lá estava eu, tentando parecer uma dama, uma policial, uma mulher adulta. Mas ele me aprovou e pensei que isso queria dizer muita coisa".

Perguntada sobre como ela escolhia os papéis que iria fazer, sua resposta foi reveladora: "Eu faço bastante minha própria terapia", disse. "Minha escolha por papéis é a minha terapia, todos eles. Em *Corações Apaixonados*, há a necessidade do amor, alguém que não está muito focado em propósitos ou em trabalho. Fazer Amelia, de *O colecionador de ossos*, foi o papel seguinte; ela é uma policial e tudo o que faz tem a ver com dever e responsabilidade. Foi a minha própria maneira de trabalhar cada um desses lados", disse.

Em 24 de janeiro de 1999, Angelina foi à cerimônia de premiação do Globo de Ouro pelo segundo ano consecutivo como atriz indicada, dessa vez pelo seu papel em *Gia*. Numa entrevista no tapete vermelho a caminho da festa, prometeu que se vencesse o prêmio iria pular na piscina do Beverly Hilton, onde a cerimônia estava acontecendo. Quando era mais nova, disse ter pulado na mesma piscina ao acompanhar o pai em um evento, e afirma ter sido retirada pela administração do hotel.

Mais uma vez, quando o envelope foi aberto, o nome dela foi chamado. Quando chegou ao microfone, Jolie não conseguia conter as lágrimas ao ver a mãe brilhando para ela da audiência. "Mãe, eu sei que você queria ter sido atriz, mas abriu mão de tudo para me criar. Eu te amo". Mais tarde, naquela noite, Jolie cumpriu sua promessa e pulou na piscina do hotel trajando seu vestido Randolph Duke de três mil dólares.

"O que mais achei engraçado é que ninguém estava pulando na piscina", disse ela à *Playboy*. "É um daqueles eventos, e as pessoas que estão ali deveriam estar livres e alegres, mas todos ficam tão contidos e cuidadosos". O incidente contribuiu para sua imagem de garota selvagem; a maior parte da mídia pintou o ato como algo espontâneo, um impulso de bebedeira, ao invés da celebração planejada que, de fato, foi.

Enquanto isso, ela estava determinada a não deixar o sucesso subir-lhe à cabeça. "Não vou me acostumar demais com isso", disse ela brevemente, após a cerimônia, quando perguntada sobre como vencer um segundo Globo de Ouro iria afetar a sua carreira. "Estou ciente de que irá me ajudar a conseguir outros trabalhos", disse, "e é isso que todo ator quer — outros trabalhos". Houve um, em particular, que estava na mente de Jolie naquele momento, e foi o trabalho que iria definir a sua carreira.

Angelina Jolie e Jeffrey Katzenberg, produtor e CEO da Dreamworks, conversam na pré-estreia da nova animação *Megamente*, em Paris.

ESTRELATO

A partir do momento em que a Columbia Pictures anunciou que estava filmando *Garota, Interrompida*, praticamente todas as jovens atrizes fizeram fila para conseguir um papel. Baseado na autobiografia líder de vendas de Susanna Kaysen, o filme parecia ser uma oportunidade de ouro para aqueles que estiveram perambulando por Hollywood há anos, à espera de serem levados a sério. Rose McGowan, que havia estrelado em *Pânico*, resumiu o apelo do filme após ter feito a audição para um personagem. "É a única coisa decente no momento que não envolve tirar a roupa", disse. Era a vitrine ideal e visões do Oscar dançavam diante dos olhos de todas as atrizes com menos de 25 anos, enquanto faziam fila para uma chance de ler o roteiro.

É difícil acreditar que os prêmios estivessem na mente de Winona Ryder quando leu o livro em 1993, e, imediatamente, tentou comprar os direitos autorais do filme para si mesma. "A história me levou de volta à primeira vez em que li *Apanhador no campo de centeio* e descobri que não era a única pessoa a saber o que era se sentir sozinha e alienada", explicou. "Desde que li o livro quando tinha 21 anos e me apaixonei perdidamente por ele, quis fazer esse papel".

Angelina Jolie teve praticamente a mesma reação. Ela queria fazer parte do filme. O filme a atraiu de muitas maneiras; certas partes da vida de Kaysen se assemelhavam muito com a sua: em 1967, após uma consulta com um psiquiatra, a garota Susanna Kaysen, estudante da escola preparatória de Boston, foi colocada dentro de um táxi e mandada para o Hospital McLean, próximo de Belmont. A realidade havia se tornado "densa demais" para a garota de 18 anos. Kaysen passou a maior parte dos próximos dois anos vivendo um pesadelo na ala para garotas adolescentes do McLean, um hospital psiquiátrico famoso por tratar a fragilidade mental da classe mais abastada. Foi uma experiência que ela retratou numa biografia de prender a atenção, mais de duas décadas mais tarde.

Kaysen foi criada no alto escalão acadêmico de Cambridge, Massachusetts, e era filha do famoso economista Carl Kaysen, professor do MIT e antigo conselheiro do presidente John F. Kennedy. Quando sua criação opressora se tornou insuportável demais, Kaysen fez uma tentativa frustrada de se matar tomando 50 aspirinas. A tentativa de suicídio a levou ao McLean, cuja lista de pacientes inclui nomes como Sylvia Plath, Ray Charles e James Taylor, que passaram algum tempo ali após suas crises famosas.

Uma vez no McLean, Kaysen foi diagnosticada com Transtorno de Personalidade Borderline e, rapidamente, despida de qualquer controle sobre sua própria vida. Após um tratamento dentário que requereu anestesia geral, ela entrou em pânico após acordar e ninguém dizer-lhe por quanto tempo havia ficado desacordada; ela acreditava que havia "perdido o tempo". Em outra ocasião, num episódio conhecido na psiquiatria como despersonalização, ela dilacerou a própria mão porque estava aterrorizada por ter "perdido os ossos".

"Lunáticos", escreve Kaysen, "são similares a ganhadores da loteria. Frequentemente a família inteira é louca, mas já que a família inteira não pode ser internada, uma pessoa é escolhida como louca e é internada". Ela acredita que foi o bode expiatório da família, enviada para uma instituição para poupar sua família do inconveniente de ter de viver com ela.

Quase um quarto de século depois de ter, finalmente, sido libertada, Kaysen documentou suas experiências no McLean. Nesse ínterim, ela raramente havia mencionado sua hospitalização. "Eu não sabia o que dizer", relatou. Quando ela mencionava o fato, "era uma boa maneira de irritar ou assustar as pessoas". Mas as memórias de Kaysen continuavam a aflorar e, finalmente, ela sentiu que deveria registrá-las.

Nos anos que se seguiram à sua alta, ela havia descoberto um talento significativo para escrever e publicado dois romances aclamados, *Far afield* e *Asa, as I knew him*. Seus relatos autobiográficos dos dias passados no McLean foram um sucesso de vendas inesperado, frequentemente comparado ao livro *A Redoma de vidro*, de Sylvia Plath. Da mesma forma intensa com que conseguiu retratar as suas próprias experiências, também capturou as fraquezas de seus colegas do McLean, incluindo um número de personagens memoráveis e fascinantes que foram internados por uma variedade de motivos.

Um desses personagens é uma sociopata manipuladora chamada Lisa, que, diferentemente de Susanna, provavelmente precisava estar numa instituição. Lisa era a dissidente da ala destinada apenas a garotas, lutando por justiça e desafiando o sistema. Ela tramava mudanças na rotina rígida, traçava planos de fuga e incitava as outras garotas a questionar a autoridade — em resumo, era a versão feminina do personagem de Jack Nicholson, Randle P.

McMurphy, em *Um estranho no ninho*. Era esse o papel que Angelina Jolie queria, e ela estava disposta a fazer o que fosse preciso para consegui-lo. "Lisa era um personagem bastante cobiçado", relatou a produtora Cathy Konrad. "Tínhamos a possibilidade de escolher entre todas as jovens atrizes da época".

Ao contrário, Winona Ryder soube desde o começo que queria fazer o personagem principal, Susanna, com o qual mais se identificava. Ela queria tanto o papel que estava disposta a comprar os direitos autorais do livro para conseguir fazê-lo. Para seu desapontamento, Douglas Wick, produtor de *O feitiço*, o comprou antes dela.

Ainda assim, a história obscura e deprimente não era vista por muitos estúdios como um projeto que pudesse trazer muitos lucros, e Wick não estava tendo muito sucesso em conseguir financiamento para o filme. Foi então que Ryder, que naquele tempo ainda era uma atriz de lucratividade, fez um trato com ele. Ela entraria no projeto como produtora e usaria sua influência para conseguir fazer o filme. Em troca, receberia o papel de Susanna, que poderia ser o seu bilhete rumo ao panteão de atores sérios, posto que até então fugia dela.

Mas não foi mera vaidade o que motivou Ryder a fazer *Garota, Interrompida*. Quando ainda era uma atriz em ascensão, sofreu o que mais tarde chamou de "um enorme colapso" e se internou brevemente na unidade de distúrbios do sono de uma instituição psiquiátrica. Ela atribuiu a crise à "pressão de trabalhar e passar a adolescência nas telas".

Por causa do colapso nervoso Ryder teve que recusar o papel da filha de Michael Corleone, Mary, em O poderoso chefão III, que foi oferecido a Sophia Coppola. Não foi uma decisão que ela aceitou muito bem. "Eu pensei que estava perdendo a cabeça", explicou mais tarde. "Sabe quando você está tão cansado que não consegue nem dormir?... Foi um ano extremamente difícil. Teria sido difícil para qualquer pessoa, independentemente do que estivessem fazendo, seja estudando para provas, ter seus pais deixando-a maluca ou terminar um relacionamento com seu primeiro amor. É o ano em que a vida fica maluca e tudo estava maluco na minha vida. E foi tudo amplificado, porque estava estampado nos jornais. Cada passo que eu dava estava sendo relatado pelos jornais".

Durante sua breve internação na instituição, relatou seus sentimentos mais profundos num diário, muito parecido com o que fez Susanna Kaysen duas décadas antes dela. "Eu não consegui tirar nada de bom daquele lugar", disse Ryder. "Estava tão cansada que queria apenas dormir. Eles não me ajudaram em nada... Eu estava com 19 anos e aprendi que não importa o quão rico você é ou quanto dinheiro você paga para um médico ou um hospital, eles não podem consertá-lo. Não podem te dar determinada resposta. Você mesmo tem que descobrir essa resposta. Finalmente, percebi que não preciso conseguir entender tudo. A vida é simplesmente estranha e confusa e eu teria que enfrentá-la sozinha e dar o melhor de mim. Teria que escolher entre seguir com a minha vida ou ficar deprimida. Eu escolhi seguir".

Assim como Kaysen, Ryder nunca teve a chance de superar o episódio. Mas após ler *Garota, Interrompida*, percebeu que não era maluca por ter vacilado sob tamanha carga de estresse. "Uma das coisas que pensei durante anos foi que eu não era normal", disse ela, convincentemente. "Eu achava que as pessoas iriam pensar que eu era uma pirralha mimada se reclamasse de alguma coisa. Se eu dissesse que estava deprimida, iriam me atacar. Agora sei que posso dizer: 'Uau, eu passei por uma época difícil'. Estou aprendendo a ser eu mesma".

Por muito tempo, pareceu que *Garota, Interrompida* nunca seria executado. Mas quando, finalmente, recebeu o sinal verde da Columbia para transformar as memórias de Kaysen num filme, Ryder escolheu pessoalmente o diretor que mais a agradava. James Mangold havia acabado de vencer o prêmio de melhor diretor pelo seu primeiro filme, *Heavy*, no Festival de Sundance, e estava filmando um drama policial chamado *Cop land*, estrelando Sylvester Stallone, Robert DeNiro e Harvey Keitel.

"(Ryder) veio me ver em Nova York enquanto eu filmava Cop land, em 1996", relatou Mangold. "*Garota, Interrompida* já havia passado pelas mãos de dois roteiristas e eu tinha o pressentimento de que o projeto estava indo por água abaixo. Era uma história difícil de ser contada. Fiquei tão entusiasmado pelo entusiasmo de Winona que concordei em fazê-lo, embora eu não tivesse a menor ideia de como eu conseguiria fazer o projeto corretamente, pois muito da história havia sido relatada de dentro da cabeça da autora. Levou um tempo, mas, então, as ideias começaram a surgir".

Quando as audições se iniciaram, em 1998, Ryder estava trabalhando no projeto há quase dois anos. Era uma consulta constante ao estúdio, para saber se a produção iria de fato começar, até que finalmente eles estavam prontos para escalar o elenco do filme. O papel de Susanna já era de Ryder. Ela escolheu o papel mais suave, provavelmente porque se identificava muito com o personagem. Deveria saber que os demais personagens iriam sobrepô-la e, provavelmente, iriam atrair a atenção do comitê de indicação ao Oscar. Sua decisão deixava em aberto o papel dos demais pacientes. Entre os mais cobiçados, estavam o papel de Daisy, uma esquizofrênica vítima de incesto e, é claro, Lisa.

Um número de atrizes renomadas já havia expressado publicamente interesse pelo papel, incluindo Katie Holmes, Christina Ricci, Gretchen Mol, Kate Hudson, Reese Witherspoon e até mesmo a cantora Alanis Morissette, que havia acabado de fazer o papel de Deus no drama de Kevin Smith, *Dogma*. A essa altura, a única atriz que os produtores tinham certeza de que queriam era a canadense Sarah Polley, que havia impressionado Ryder em *O doce amanhã*, filme independente de Atom Egoyan. Polley, entretanto, recusou o papel, pois estava trabalhando em outro projeto, deixando um espaço em aberto.

Para o papel de Lisa, Mangold não tinha em mente ninguém em particular. "Tudo o que eu sabia era que a atriz teria que ser perigosa, altamente verbal e sexy — como uma versão feminina de DeNiro", disse.

Jolie havia cobrado todos os favores que lhe eram devidos para conseguir uma vaga na audição, mas nem precisava ter se incomodado. Os produtores já tinham seu nome na lista. Ainda assim, nada havia sido decidido quando, numa manhã, Jolie entrou e, sem dizer uma palavra, sentou-se na cadeira incorporando a personagem Lisa. Quando ela abriu a boca, diz Mangold, ele soube que havia encontrado sua sociopata.

Mangold descreveu o que viu como um dos "melhores momentos" de sua vida. "Para mim, ficou claro, naquele dia, que eu estava vendo uma pessoa que não estava atuando. Havia alguém falando através dela; era uma parte dela mesma", disse. "O poder que emanava dela, mesmo naquela leitura fria, é algo que eu jamais esquecerei. Eu nunca vi antes disso alguém entrar e derrubar as paredes. Ela simplesmente entrou na pele do personagem... Senti como se Deus tivesse me dado um presente".

Cathy Konrad, colega de produção de Ryder, ficou igualmente impressionada. "Pela sua energia, sabíamos que ela entendia Lisa, que ela estava dentro da pele de Lisa", relatou. "Ela estava completamente realista durante a audição, o que é algo raro de se ver. Ela estava perfeita".

Mangold ainda tinha algumas leituras agendadas para aquele dia, mas já tinha se decidido. "Eu só queria ir até o Starbucks e fechar o negócio", relatou. Ele enviou a fita da audição de Jolie para os chefes do estúdio, que, rapidamente, apoiaram sua decisão. "Ela é uma versão feminina de James Dean do nosso tempo", disse a diretora da Columbia Pictures, Amy Pascal, que deu o sinal verde para o projeto. "Eu faria qualquer filme em que ela estivesse presente".

Por sua vez, Jolie se lembra do que passou pela sua cabeça quando terminou a leitura para Mangold naquele dia. "Eu estava filmando O colecionador de ossos, tão envolvida naquele papel, que, realmente, precisava fazer Lisa", relata. "Ela completa o outro lado da minha personalidade. Ela é a pessoa que se levanta e grita, do tipo de pessoa que não fica muito dentro da própria cabeça. Me lembro de ir para a audição pensando, 'Isso é tão mais profundo do que apenas mais um papel. Preciso fazer este filme porque estou sofrendo'. E quando terminei a audição, pensei: 'Acabei. Tchau.' Eu tinha que sair dali".

Jolie nunca disse a Ryder ou Mangold que ela, assim como Lisa, havia sido diagnosticada como sociopata quando era mais jovem, embora tenha admitido, em diversas ocasiões, que se identificava com a angústia de Kaysen em se automutilar. Apesar de sua experiência em primeira mão e do diagnóstico quando adolescente, Jolie se preparou para o papel de Lisa lendo tudo o que conseguiu encontrar sobre a condição do personagem. "Desde a minha infância eu (também) fui chamada de sociopata; por isso, tentei entender o que isso significava", relatou. "Entrei numa livraria e perguntei: 'Onde você tem literatura sobre sociopatas?' O vendedor respondeu: 'Veja sob o título maníaco serial'. 'Bom, mas que bela companhia eu tenho', pensei".

Logo Jolie começou a entender um pouco mais sobre a garota na qual se baseava seu personagem. "Percebi que não eram pessoas assombradas por forças obscuras; elas, simplesmente, possuem certos instintos", explicou mais tarde. "O que acontece é que Lisa não acha que haja algo de errado com ela. E eu não acho que haja nada de errado comigo, mas posso ficar irritada com algumas coisas e sentir que está *tudo bem* em simplesmente querer viver. Pensei que Lisa era sensível e infeliz, mas ela é considerada psicótica, uma mulher dura. Para mim, não era simplesmente estudar pacientes com problemas mentais, mas estudar e aproveitar a vida".

A respeito de se identificar ou não com Lisa, Jolie foi inconsistente. Na metade da turnê de divulgação do filme, declarou enfaticamente a um grupo de repórteres: "Não sou a garota, interrompida!". E mais tarde ofereceu uma resposta mais recatada a um repórter do *L.A. Times:* "Eu sou todos os meus personagens", disse ela. "Tenho que ter cautela com quais personagens escolho, porque eles se tornarão eu mesma". Ela foi rápida em completar: "Jamais criei um personagem com o qual não quisesse me sentar e tomar um café". Ela, mais tarde, baixou a guarda novamente com os repórteres, confessando: "Eu sou Lisa. Me identifico com ela. Ela era completamente sincera, tentando se aproximar das pessoas. Se envolveu e tentava investir nas outras pessoas. Ela estava à procura de alguém com quem conversar, com quem baixar a guarda e ser ela mesma... Eu sei o que ela passou. Eu consigo facilmente assustar as pessoas e fazê-las se afastarem, e sei como mexer com elas. Assim como Lisa, sinto que as pessoas não são inteiramente honestas comigo e isso faz com que eu me afaste".

Jolie disse posteriormente ter ficado especialmente nervosa por trabalhar com o elenco essencialmente feminino de *Garota, Interrompida*; ela relatou a experiência do essencialmente feminino *Rebeldes* como um pesadelo, apesar do seu romance com Jenny Shimizu. "Pensei que seria ruim. Normalmente estou acompanhada de homens. Tentei trabalhar com um grupo de mulheres anteriormente e não deu certo. Mas estou trabalhando com atrizes incríveis. E nos damos muito bem".

Essa não foi a mesma lembrança de um técnico que trabalhou para o filme, que disse que o elenco parecia não se dar bem de forma alguma. "Elas eram muito, muito frias umas com as outras", relatou. "Eu não diria que Jolie tenha sido pior do que as outras ou que ela era uma megera, mas Winona e ela pareciam não se suportar. Na maior parte das vezes, elas ignoravam uma à outra, mas quando tinham que interagir pareciam não se gostar".

Brittany Murphy, que fez o papel da perturbada Daisy, teve uma impressão similar sobre a tensão existente no set, embora a tenha atribuído à natureza dos personagens. Ela se lembra que Jolie e Ryder, em particular, mergulharam nos personagens. "Foi raro ver qualquer uma delas fora do personagem durante as 12 semanas de filmagem", disse ela posteriormente. "O personagem de Angelina, Lisa, realmente odiava Daisy: então ela me evitava. Certo dia começou a conversar comigo e, então, ficou fria. Olhou para mim de forma dura e Angelina foi substituída por Lisa; então, ela foi embora".

Murphy admitiu um gesto bondoso por parte de sua colega de elenco após semanas sendo ignorada. "Ela estava sempre tirando sarro da peruca que eu tinha que usar para o papel de Daisy. No final da filmagem, [Angelina] me deu uma mochila com um cachorro [nela] que tinha exatamente o mesmo estilo de cabelo", relatou. "Acho que foi a maneira de ela dizer para mim que não havia ressentimentos. Era apenas parte do seu processo enquanto atriz".

Murphy tem lembranças semelhantes do comportamento de Ryder no set. "Winona nunca dava atenção aos demais atores no dia a dia", disse ela. "Ela começava a ser Susanna no momento em que chegava ao set para a maquiagem. Não é a maneira que estou acostumada a trabalhar, mas acho que funcionou muito bem para esse filme, pois a história é muito intensa".

Jolie atribuiu a tensão existente entre ela e sua colega/produtora a um pouco mais do que, simplesmente, um processo criativo. Relatou que ela e Ryder simplesmente não se deram bem. "Pergunte a

Winona sobre a noite em que dormimos juntas", brincou Jolie mais tarde, falando sobre a tensão existente entre as duas. "Eu era muito sociável no set, mas não com ela. Foi assim que as coisas acabaram acontecendo. E quando ela não estava trabalhando, estava com Matt [Damon] o tempo todo".

Ao ser perguntada se achava que Ryder pode ter ficado intimidada por ela, foi cautelosa: "Não acho que ela tenha ficado intimidada por mim. Não acho que ninguém deveria se intimidar por causa de ninguém... mas talvez ela tenha pensado que eu iria tentar beijá-la". Não era a primeira vez que Jolie sugeria que suas próprias tendências lésbicas podem ter causado certo atrito. "Fiquei muito próxima de algumas das outras garotas", lembra. "Algumas das mulheres no filme tinham namoradas, amantes do sexo feminino ou eram bissexuais. Provavelmente uma das únicas heterossexuais no set fosse Winona".

De acordo com o técnico, a verdadeira tensão era entre Jolie e Mangold, que, diz ele, explodiu em mais de uma ocasião. "Quando ela gritava com ele, você nunca sabia se ela estava sendo Lisa ou Angelina", lembrou, "mas eles, com certeza, batiam cabeça. Tinha mais a ver com a maneira que ela interpretava determinada cena, com ele dizendo que ela tinha de ser mais realista, esse tipo de coisa. Ele tinha que impedir que ela exagerasse demais no personagem e nem sempre ela ficava satisfeita com isso. Mas eu não diria que ela era difícil. Já vi coisas muito, muito piores feitas por atores. Ela realmente se importava com o papel que estava fazendo. Se existiu uma diva no set, eu diria que foi Whoopi (Goldberg, que fez o papel de uma enfermeira bondosa). Acho que ela queria deixar claro para todos que ela era uma estrela de cinema. Angelina tratava bem a todos da equipe técnica."

Com relação a suas próprias impressões sobre as tensões existentes no set, Mangold disse: "Angie é rebelde, volátil e muito inteligente. Fazer esse papel a colocou na posição de questionar a autoridade. Mas se alguém faz um trabalho excelente como o dela, então não tenho o menor problema em lidar com sua personalidade". Ele disse que ela pregou fotos pornográficas no seu trailer durante as filmagens, mas assim como as tensões entre eles, considerou como sendo parte do processo criativo dela. "Angie simplesmente estava brincando de viver na pele de Lisa e mexia com as pessoas onde sabia que deveria mexer", explicou ele. "Angie é dessa forma. É uma pessoa provocativa. Muito desafiadora e incrivelmente inteligente. Ela pode estar dois ou três passos à sua frente".

Jolie achou extremamente libertadora a experiência de fazer o papel de uma jovem volátil. "Na verdade era exatamente o que eu precisava: me libertar. Eu estava tão rígida, e estava me preocupando tanto, meu coração havia sofrido tanto que eu achei que seria muito, muito difícil. Muitas partes do trabalho foram difíceis de fato, especialmente o final. O fato é que os impulsos dela são completamente livres. Então descobri que *os meus* impulsos estavam completamente livres, mais do que apenas um pouco estranho, e eu estava completamente aberta. Então você percebe o quanto somos restringidos. Esse personagem poderia sentar à mesa, beijar alguém, atirar alguma coisa, cuspir em alguém e dizer qualquer merda que ela quisesse. Para mim, ela era de partir o coração e sua essência é que ela queria alguém para conversar e ser amigo. Queria ter alguém que baixasse a guarda e parasse de besteiras, que admitisse o que quer que fosse e que fosse quem era de verdade, que parasse de fingir".

Ao assistir ao filme, o coprodutor Doug Wick ficou impressionado pelo poder de Jolie: "Ela faz aquela coisa que Jack Nicholson sabe fazer. Jack pode fazer as coisas mais pusilânimes e ainda assim é engraçado de assistir. Angie tem o mesmo tipo de carisma. Quando Angie faz coisas sombrias, ao invés de ser repelido, você fica fascinado. Ela não tem limites".

Mangold, posteriormente, comparou sua atuação apaixonante com um morteiro, um obus. A descrição é apropriada, enquanto Angelina-Lisa se liberta numa cena:

> Você não sabe o que é liberdade! Eu sou livre! Eu posso respirar! E você... você vai se sufocar na sua vida mediana medíocre de merda! No mundo existem muitos calos. Muitos calos e eles estão... muito, muito, implorando para serem pisados! Sabe, estão implorando para serem pisados. E isso me faz pensar. Por que ninguém pisa nos meus calos? Por que sou tão negligenciada?

"Há um controle incrível, lirismo e dor, mas, também, ritmo e velocidade — a forma como ela pula daqui para ali é simplesmente uma forma diferente de atuação", disse Mangold sobre sua performance.

Quando o filme finalmente acabou, Jolie ficou aliviada por deixar o papel de Lisa para trás. O papel parecia ter consumido todos os seus momentos, e seu corpo também; ela perdeu uma quantidade considerável de peso e as pessoas estavam começando a se perguntar se ela tinha algum distúrbio alimentar. "Esse foi um período bastante difícil da minha vida. Fico nervosa e não como muito, mesmo que me lembre de que tenho que comer. Estou tentando ganhar algum peso", disse ela, explicando sua silhueta esquelética. Ela até chegou a dizer a um repórter que estava tão magra que seu pai tentava alimentá-la à força sempre que se encontrava com ela. "Estou esperando poder entrar num programa em breve. Quando estava no hospital com uma amiga que tomava soro, eu pensei: 'Talvez se você injetar isso em mim, injetar proteína pura, sabe como é?'. Eu adoraria ter a minha forma de volta. Eu sempre pensei que não tivesse uma".

Jolie explicou que estava achando muito difícil o ajuste de sair de Lisa e ser ela mesma novamente. "No final do filme há certo sentimento de que eles estão dizendo para Lisa: 'Ninguém quer que você viva, ninguém gosta da maneira como você é. Você ficaria melhor se permanecesse sedada, amarrada e calada'". Jolie disse à *Rolling Stone* que tomou isso como pessoal. "Se você sente que é uma pessoa como ela, é muito difícil, pois está lutando contra 'Merda, será que eu faço tão mal às pessoas? Será que eu sou muito aberta e muito indomada, e será que preciso simplesmente deixar as pessoas viverem suas vidas, me calar e me acalmar?'".

Apesar de sua dificuldade com a transição, quando recebeu a oferta de fazer um papel num filme de ação, produzido por Jerry Bruckheimer, não hesitou. O filme, *60 segundos*, pedia que ela fizesse o papel de uma "garota sexy ligada em carros" e o par de Nicolas Cage numa história sobre um grupo de ladrões de carros. Havia tantas mulheres em *Garota, Interrompida* que quando recebi esse roteiro e vi que seriam 20 homens e eu, e tantos carros, pensei: "Graças a Deus! Testosterona! Beleza!".

Ela ficou impressionada por subitamente ser muito importante em Hollywood e chegar a receber um papel como esse. Em *O colecionador de ossos*, apenas alguns meses antes, o estúdio inicialmente havia vetado Jolie para o papel de Amelia e apenas ofereceu a ela um contrato após um intenso *lobby* feito pelo diretor e produtor. Dessa vez, os estúdios estavam vindo até ela. Ela era a atriz do momento. Seu rosto estampava inúmeras capas de revistas e o público estava fascinado pela sua personalidade incomum. Mas se sentia desconfortável com a nova atenção dada pela mídia.

Ela revelou seus sentimentos numa entrevista dada por volta dessa época com Jill Rappaport, do *Today Show*, que mostrou a Jolie cópias de todas as revistas cujas capas ela havia estampado recentemente. "Acho que há uma maldição nisso", explicou ela. "Isso é a minha coisa pessoal — há uma maldição. Se as coisas se tornam muito baseadas em sua personalidade, é muito difícil para as pessoas assistirem você". Quando perguntada se a nova fama era "opressora", Jolie respondeu: "Sim. Mas a melhor parte disso são as pessoas com as quais tenho tido oportunidade de trabalhar, e os filmes que eu tenho feito. Isso é o maravilhoso".

Jolie certamente apreciava o trabalho, mas não a atenção. Ser filha de um ator como Jon Voight a ensinou um número de coisas importantes sobre lidar com a fama. "Aprendi uma grande lição tendo um ator como meu pai", disse ela. "Eu sempre soube que ele não era essa pessoa que todos diziam ser ótima ou ruim. Ele era um homem bastante comum. Quando havia sucesso e as coisas estavam maravilhosas, isso não tornava a sua vida melhor. Ele estava feliz apenas quando estava fazendo seu trabalho. Então, por causa disso, tenho os pés no chão".

"Tenho muito medo de ser uma celebridade. Da mesma forma que estou sendo exposta, gosto de observar as pessoas. Quando vejo capas de revistas [comigo nelas], não sei quem é aquela pessoa... Se eu não estivesse trabalhando duro e não estivesse fazendo trabalhos dos quais eu realmente queria fazer parte, então isso me mataria, pois eu ia sentir que não era digna daquilo tudo. Mas tenho orgulho dos filmes que fiz e sinto que vou fazer o meu trabalho da melhor forma possível. Quero apenas continuar a trabalhar. Quando você chega a certo nível de notoriedade, pode ficar um pouco preguiçoso se começar a receber ofertas de trabalhos que não exigem que você trabalhe duro. Sou muito focada em apenas fazer o meu trabalho".

Entretanto, em outra entrevista, lamentou que seu recente status de estrela de Hollywood pudesse intimidar as pessoas que trabalhassem com ela ou que a conhecessem na rua. "Quero que as pessoas saibam que tenho muito medo de elas não virem até mim dizer 'oi'. Nesse negócio, eles o transformam em algo que você não é. Não estou querendo chocar ninguém, nem machucar ninguém. Eu posso ter tatuagens e parecer sombria, mas é que ...". Nesse momento da entrevista, ela para e arregaça a manga do seu casaco preto para revelar uma tatuagem que fez recentemente com a mãe, uma citação de Tennessee Williams: "Uma prece aos selvagens de coração, mantidos em jaulas". Ela fica introspectiva. "Todos têm alguma coisa que os mantêm em jaulas. Essa é uma prece para que todos simplesmente sejam quem são", ofereceu.

Nesse ponto da carreira de muitos atores, eles aprenderam a enjaular seus impulsos mais verdadeiros em prol de seu potencial de lucratividade na indústria. Jolie não. Quando a revista *Playboy* relatou que 57% das universitárias, homo ou heterossexuais, afirmaram que gostariam de dormir com Angelina Jolie, a atriz prontamente respondeu algo que deve ter feito seu agente de publicidade suar: "Acho que sou a pessoa mais inclinada a dormir com minhas fãs", disse ela. "Eu genuinamente amo outras mulheres. E acho que elas sabem disso". Ela também insinuou sua habilidade em fazer sexo com outra mulher. "Já amei mulheres no passado e também dormi com elas. Acho que se você ama e quer dar prazer a uma mulher, particularmente se você também é uma mulher, então, certamente, você sabe como fazer as coisas de uma determinada maneira".

Enquanto *Garota, Interrompida* era preparado para ser lançado, Jolie estava ansiosa para ver a versão final de Mangold, mas não ficou inteiramente satisfeita com os resultados. Muito do que Jolie considerava ser o lado vulnerável do seu personagem foi deixado de lado na edição. "Ficarei surpresa se as pessoas tiverem compaixão por um personagem com o qual o filme não teve", disse à *Entertainment Weekly*. "Acho que Mangold fez um trabalho excelente ao editar o filme, mas a mensagem que o filme deixa é estranha, pois não vejo meu personagem como um sociopata, ao invés disso a vejo como alguém que merece compaixão. Durante todo o filme pensei nela como uma força positiva. Há uma cena em que ela tenta sentir alguma coisa e se queima. Eles cortaram a cena, mas eu achei que ela era importante. Eu vi a personagem pelo que ela era, por isso odeio que as pessoas achem que é certo que gente como ela fique trancada".

Muitos críticos concordaram com seu comentário, reclamando que Mangold não havia capturado adequadamente os *phátos* das memórias de Susanna Kaysen. "É impossível não lembrar de *King of hearts* ou *Um estranho no ninho*, que também questionaram quem eram os personagens mais loucos: os que estavam internados, aqueles que cuidavam deles ou as autoridades que não haviam sido enjauladas", escreveu o *Seattle Times*. "Até hoje isso foi um clichê, e Mangold não fez muito para refrescar essa ideia. Nesse sentido (e em outros), o livro de Kaysen é mais afiado, engraçado, mais ousado. O filme flerta com a banalidade e algumas vezes sucumbe a ela. Numa sequência que se estende até um suicídio, é tão previsível que se aproxima do brega".

Houve algo, entretanto, sobre o qual praticamente todos os críticos concordaram: Jolie roubou o filme de sua colega de elenco e produtora, Winona Ryder, tendo mais presença do que ela e atuando melhor. "Ryder parece ter perdido a vivacidade de *Atração mortal* e se tornado uma presença passiva diante das câmeras", reclamou o *Philadelphia Daily News*. "As coisas ficam tão enfadonhas que Angelina Jolie é a única personagem com a qual alguém consegue se identificar — e ela faz o papel de uma sociopata", escreveu outro crítico.

Ainda assim, algumas críticas afirmaram o oposto. A revista *Time* elogiou a atuação de Ryder, chamando-a de "primeira classe", enquanto afirmava que o papel de Jolie era "problemático". O veredito do *Entertainment Weekly* foi ainda mais duro: "A adaptação de James Mangold é um conjunto de clichês, e a performance de Jolie se quebra e arde numa crise de raiva que lembra a morte da Bruxa Malvada do Oeste".

Com relação às bilheterias, o filme não conseguiu recuperar os 40 milhões de dólares durante o lançamento no mercado nacional, mas não foi um completo fracasso. As autoridades do assunto previam que Jolie certamente seria indicada ao Oscar.

Tendo recebido seu terceiro Globo de Ouro consecutivo em janeiro de 2000, o novo milênio chegava com grandes promessas para a carreira de Angelina Jolie. Naquela semana, a revista *Time* traçou um perfil comparando sua reputação de indomada com a de outro jovem rebelde das telas, James Dean, e afirmou que ela tinha a mesma idade, 24 anos, que Dean tinha quando sofreu seu acidente fatal. "Provavelmente vou viver até ser bem velhinha", respondeu Jolie, quando perguntada se achava que iria morrer jovem como Dean. Para ilustrar seu ponto de vista, descreveu como dera as boas-vindas ao novo milênio na semana anterior. "Eu me diverti bastante", disse ela. "Estava dormindo".

Ela também estava dormindo na manhã de 15 de fevereiro de 2000, quando o colega de seu pai em *Perdidos na noite*, Dustin Hoffman, subiu ao pódio do Samuel Goldwyn Theater, em Beverly Hills, para anunciar as indicações ao 72º Annual Academy Awards, juntamente com o presidente da Academia, Robert Rehme. O anúncio tornou oficial: Angelina Jolie havia sido indicada ao Oscar de Melhor Atriz Coadjuvante por seu papel como Lisa em *Garota, Interrompida*. Ela concorreria com Toni Collette, em *O sexto sentido*; Catherine Keener, em *Quero ser John Malkovich*; Samantha Morton em *Poucas e boas*; e Chloë Sevigny em *Meninos não choram*.

Jolie estava no México, onde filmava *Pecado original* com Antonio Banderas. Quando a imprensa a acordou para saber a sua reação ao anúncio, ela parecia indiferente. Assim como muitos atores que nunca foram indicados, ela frequentemente acusava o Oscar de ser escolhido para premiar celebridades, ao invés de honrar a profissão. "Bom, é ótimo ser reconhecido por um projeto no qual você trabalhou pesado", disse ela sobre a indicação. "Mas frequentemente você se pergunta quão real é esse reconhecimento. Significa que essa coisa é melhor ou mais importante do que outra? Às vezes você simplesmente sente que não é merecido".

Secretamente, é claro, ela estava radiante. Ela conhecia bem o Oscar. Embora tivesse apenas dois anos de idade quando o pai ganhou o seu Oscar por *Amargo regresso*, ela há muito estava ciente da aura que isso lançou sobre ele em entrevistas, reportagens e perfis. E se acostumou a ser descrita como "filha do vencedor do Oscar Jon Voight", mesmo que a estatueta sempre tenha sido apenas um homenzinho engraçado de ouro que era guardado e protegido numa redoma de vidro sobre a lareira da avó. Essa nem seria a primeira cerimônia do Oscar para a qual Jolie iria. Ela e o irmão acompanharam o pai à cerimônia do Oscar, tanto em 1986, quando ele foi indicado por sua atuação em *Amargo regresso*, quanto em 1988.

A Cerimônia do Oscar, em 2000, estava marcada para acontecer na tarde de 26 de março, no Shrine Auditorium, em L.A., e seria apresentada pelo comediante Billy Crystal. Posteriormente, Jolie a descreveu como "um dia lindo", embora, na semana que se seguiu à premiação, ela, provavelmente, quisesse retificar esse comentário.

"Passei aquela manhã na companhia dos meus amigos, que me ajudaram a me arrumar, e a minha família apareceu mais tarde", relatou. "Eles me disseram que não importava se eu ganhasse ou não, eles me amavam e estavam orgulhosos de mim. Foi o melhor dia da minha vida até hoje".

Quando acompanhou o pai à cerimônia de 1986, os *paparazzi* haviam notado especialmente a pequena Angie, então com 10 anos, por causa do seu vestido incomum, que lembrava asas de anjo e que, mais tarde, foi descrita pela *Rolling Stone* como "toda olhos e boca, cabelos anos 80 e enfeitada com pérolas e laços brancos suficientes para toda uma congregação de noivas num casamento do Pequeno Polegar".

Dessa vez ela escolheu algo um pouco mais moderno: um vestido Versace preto, que a *Entertainment Weekly* descreveu posteriormente como "algo que Christina Ricci vestiria se continuasse usando as roupas da Família Adams em público", mas que Jolie amou. "É sedoso", disse ela. "E é a minha cara". Ao lhe ser pedido que descrevesse o acessório mais importante do mundo que escolheria para usar com o vestido, respondeu: "Um amigo e certificar-se de que as tatuagens não fiquem à mostra".

Oficialmente, ela estava solteira desde o último breve romance com Timothy Hutton, embora, mais tarde, tenha revelado que havia um namorado "secreto", a quem ela estava conseguindo esconder do mundo. Seu par nesse grande evento foi seu irmão, Jamie. Ela estava há semanas no circuito de prêmios, e em cada um dos eventos havia sido acompanhada pelo irmão. Então, ela pediu que nesse grande dia ele a acompanhasse também.

Por motivos que nenhum dos dois jamais explicou, Angelina e Jamie decidiram não comparecer à tradicional passagem pelo tapete vermelho que acontece antes do Oscar. Eles chegaram tarde, depois que a cerimônia já havia começado, e passaram pelos seguranças do evento, que os deixaram ir até seus assentos, enquanto as câmeras focavam Billy Crystal durante seu show de abertura.

O já falecido James Coburn havia vencido o Oscar de melhor ator coadjuvante no ano anterior, e, seguindo a tradição, foi designado para apresentar o prêmio à vencedora da categoria de melhor atriz coadjuvante.

"É maravilhoso trabalhar nesta cidade com tantas mulheres criativas, talentosas, maravilhosas e sexy", disse Coburn, enquanto se preparava para apresentar o segundo Oscar do evento e a primeira grande premiação da cerimônia. "E eu recebi a invejável incumbência de ficar perto de uma delas e entregar-lhe um Oscar".

Após ler as indicações, seguido de um pequeno vídeo da performance de cada uma das atrizes indicadas, Coburn abriu o envelope com um floreio dramático, pausou e olhou para a câmera. "E o Oscar vai para Angelina Jolie". Nesse momento, enquanto o auditório explodia em aplausos, uma Jolie com lágrimas nos olhos, ainda sentada, se inclinou em direção ao seu irmão, enquanto ele agarrava a sua cabeça, e juntou seus lábios aos dele, num beijo que deu a impressão de demorar um pouco. Na televisão, era impossível ver mais do que suas cabeças; por isso, um bilhão de telespectadores ficaram sem saber o que havia se passado, até que fotos daquele beijo foram divulgadas no dia seguinte. Entretanto, eles devem ter se tocado de sua demonstração incomum de afeto entre irmãos, quando Jolie agarrou o microfone e fez seu discurso, bastante discutido posteriormente:

> Deus. Fico surpresa que ninguém nunca tenha desmaiado aqui em cima. Estou chocada e nesse momento estou muito apaixonada pelo meu irmão. Ele acabou de me abraçar e dizer que me ama e sei que ele está feliz por mim, e agradeço por isso. E obrigada à Columbia. Winona, você é incrível, e obrigada por apoiar a todos nós nisso. E todas as garotas nesse filme são maravilhosas, e Whoopi, todo mundo. E à minha família, por me amar. Janine Shrier e sua irmã, Mich*Elle*, nós amamos vocês. Geyer Kosinski. Minha mãe que é a mulher mais corajosa e mais linda que já conheci, e pai, você é um ótimo ator, mas é um pai melhor ainda, e Jamie, sem você eu não tenho nada, você é simplesmente o homem mais forte, mais maravilhoso que já conheci e eu te amo, muito obrigada.

Um funcionário da ABC que havia sido escolhido para preencher assentos — substituindo os convidados em seus assentos quando estes se levantavam para ir ao sanitário, para que assim a televisão não mostrasse um assento vazio — descreveu estar entre a audiência no momento em que Jolie beijou o irmão. "Eu estava sentado quase diretamente atrás de (uma atriz vencedora de um Emmy) e seu acompanhante, talvez seu marido. Quando o beijo aconteceu, nem todos puderam vê-lo. Eu mesmo não vi muito bem, mas ouvi o cara se inclinar na direção de (a atriz) e dizer claro como o dia: 'Você acha que ela está transando com ele?' Acho que praticamente todos no auditório pensaram isso, após ouvirem o discurso de Jolie".

Angelina Jolie beijando o Oscar conquistado por *Garota, Interrompida*.

AMOR FRATERNO

Na manhã seguinte, o beijo havia viajado ao redor do mundo. Entretanto, na sala de imprensa do Oscar, Angelina ignorava o furor que estava por vir. Ainda excitada pela sua vitória e agarrada à sua estatueta de ouro, foi perguntada por um repórter a respeito do beijo afetuoso: "Você poderia explicar a natureza de sua proximidade com seu irmão?", perguntou o repórter.

"Oh, Deus", disse Jolie, de repente, um pouco nervosa. "Bem, não sei se é porque somos de uma família divorciada ou o que, mas ele e eu somos tudo um do outro, sempre, e somos melhores amigos. Ele sempre foi minha força maior... Ele sempre me deu muito amor e tomou conta de mim".

Quando foi perguntado a respeito do beijo, seu irmão também negou que houvesse algo de impróprio. "Eu não dei um beijo de língua em Angie; foi algo simples e amável", insistiu Haven. "Ela estava na véspera de sua viagem ao México para terminar as filmagens de *Pecado original*, com Antonio Banderas. Eu a parabenizei por sua vitória no Oscar e dei-lhe um rápido beijo nos lábios".

Quando os jornais publicaram a foto de seus lábios se encontrando, na manhã seguinte, e as pessoas viram que parecia ser mais do que uma simples demonstração de amor fraterno, iniciaram-se debates acalorados e piadinhas. Mais de uma fonte relatou que eles estiveram muito carinhosos um com o outro durante a cerimônia de entrega do Globo de Ouro, acontecida dois meses antes e à qual Haven também havia comparecido como acompanhante de Jolie.

Previsivelmente, a internet ficou lotada de rumores e piadas cruéis de programas como *Howard Stern Show*, *Politically Incorrect* e similares. Mas a mídia oficial também entrou na discussão, dando mais do que uma pequena credibilidade às especulações. "A declaração de amor feita por Angelina Jolie ao seu irmão foi um pouco arrepiante demais", escreveu o *Richmond Times Dispatch*. "'Eca!', gritaram em deleite os telespectadores ao redor do mundo, enquanto jogavam pipoca na tela da televisão", escreveu o *Globe and Mail* de Toronto. "Mesmo considerando que talvez ela e o irmão partilhem o laço extremamente forte que existe entre irmãos de pais separados, isso foi um pouquinho estranho", escreveu o *Fort Wayne News Sentinel*.

Quase todos que viram o beijo experimentaram uma forte reação de repulsa. Via de regra, a audiência americana fica extremamente desconfortável diante da menor insinuação de incesto. Mesmo no filme *As patricinhas de Beverly Hills*, de 1995, o fato da personagem Cher, de Alicia Silverstone, trocar carícias com o antigo meio-irmão (com quem ela não tinha laços de sangue) enojou os espectadores do cinema ao redor do país. Ver aquilo acontecendo de verdade era mais do que a maioria das pessoas podia suportar.

Talvez a mais séria demonstração da mídia ao lançar dúvida quanto à inocência do relacionamento entre os irmãos tenha sido durante o *Early Show*, da CBS, apresentado por Bryant

Gumbel, respeitada personalidade da televisão. Na manhã seguinte ao Oscar, Gumbel estava discutindo a cerimônia com sua colega Jane Clayson, ela também uma jornalista séria. Participando da discussão, estavam o meteorologista do programa, Mark McEwen, e a apresentadora Julie Chen. Milhões de telespectadores assistiram aos quatro discutindo a filmagem e as fotos que emergiram mostrando o beijo:

CHEN: E ela disse, "Estou tão apaixonada pelo meu ir... irmão..."
CLAYSON: Certo.
CHEN: "... nesse momento". E...
CLAYSON: E a mesma coisa durante o Globo de Ouro.
CHEN: É. Mas o que me impressionou foi o que aconteceu no show antes da entrega... Bryant, dê a sua opinião, eu sei que você concorda conosco.
GUMBEL: O quê? Não. O quê?
CHEN: Ele estava... a forma como ele a estava segurando. Ela estava...
GUMBEL: Eu não vi isso.
CHEN: O.k., alguém a estava entrevistando. Você viu...
GUMBEL: Eu estava assistindo ao jogo dos Lakers e as crianças...
CLAYSON: É a forma como eles se beijam. Estou te dizendo.
CHEN: Não. Mas você viu a forma como ele a estava segurando quando ela estava dando uma entrevista tipo... para Joan Rivers.
GUMBEL: Mark, você está rindo. Isso é coisa séria.
CHEN: As costas dela... as costas dela estavam...
McEWEN: Eu estou rindo simplesmente porque não vi isso tudo.
CHEN: ... viradas para ele, assim, e ele a estava segurando assim... tipo bem próxima a ele, e foi...
CLAYSON: Eca.
CHEN: Foi tipo "Não como irmãos e irmãs..."
CLAYSON: Você... você não percebeu isso, Mark?

McEWEN: Bom, não sei. Sou muito pró... sou muito próximo da minha irmã.
CLAYSON: Espero que não.
McEWEN: Mas eu sou muito... sou muito próximo...
GUMBEL: Espero que não.
McEWEN: ... da minha irmã mais nova, então eu po... posso entender isso.
GUMBEL: Espero que não.
McEWEN: Mas eu... sabe, eu... eu não vi tudo isso porque estávamos ocupados assistindo outra coisa.

De fato, enquanto a equipe da CBS discutia, filmagens e fotos apareceram mostrando Angelina e o irmão com suas mãos em todas as partes do corpo um do outro antes e depois da cerimônia. Outros jornalistas foram rápidos em aceitar que a afeição deles era meramente o resultado de um laço entre duas crianças de um lar quebrado pelo divórcio, como havia explicado Jolie. "E então, o que existe entre Angelina e seu irmão?", perguntou Sandy Banks do *L.A. Times*. "Será que esse relacionamento parece ser um pouquinho estranho? Talvez a pergunta simplesmente reflita a imagem que a jovem atriz criou de si mesma: uma iconoclasta excêntrica ultrapassando os limites do convencional em termos de sexo e moral. Ou, talvez, seja um sinal do quão afastados nós somos de nossas próprias famílias, o fato de ficarmos tão desconfortáveis diante de um amor familiar tão forte. Como mulher que tem um irmão que ama profundamente, me vejo tocada pelo tributo que Jolie fez a Haven... e desconcertada pelo tom lascivo usado pelos inquisidores que insinuaram haver algo de estranho com o carinho entre eles".

Contradizendo os rumores, o *L.A. Times* entrevistou um número de terapeutas que explicaram não ser incomum que os irmãos fiquem mais unidos por causa do trauma de um divórcio e que um deles assuma o papel do pai/mãe ausente. "Quando o divórcio acontece, é uma experiência muito intensa", disse ao jornal Susan Maxwell, uma terapeuta de West Los Angeles. "Todos estão sofrendo; há muita tristeza e pesar. Seu pequeno núcleo familiar que lhe deu tanta segurança foi pelos ares... você tem uma sensação de abandono. Uma situação como esta pode tornar o laço fraterno ainda mais forte. São vocês dois contra o mundo. É como sobreviver a uma guerra. Ou a um desastre aéreo. Quando você partilha uma experiência como esta, pode sair dela se sentindo mais próximo, mais unido ao seu irmão/irmã". Maxwell disse ainda que ela mesma tinha um irmão mais velho com quem sobreviveu a uma separação. "E nós somos muito unidos. Nos falamos o tempo inteiro; entendemos um ao outro. É como se falássemos a mesma língua".

Camille Paglia, a polêmica autora e crítica social, teve uma explicação diferente para o beijo ocorrido no Oscar. "Acho que Angelina estava brincando com a cabeça das pessoas", disse ela. "Acho que ela se diverte fazendo o inesperado". Ian Drew, editor para a Costa Oeste da *US Weekly*, fez coro com a opinião de Paglia. "Apenas Angelina Jolie poderia transformar o ápice da aceitação de Hollywood no maior momento de rebelião de Hollywood", disse.

De fato, muitas pessoas acreditavam que o ato havia sido parte da imagem cuidadosamente montada de Jolie como uma jovem rebelde de Hollywood. Afinal de contas, disse um jornal, a vida de Jolie era "um livro aberto de comportamento grotesco", notando que ela "possui inúmeras tatuagens" e já "experimentou com o bissexualismo e o sadomasoquismo".

A controvérsia e especulação provavelmente teriam morrido rapidamente, não fosse a quantidade de novos detalhes que surgiam a respeito do relacionamento entre os irmãos. Primeiro, o *New York Observer* publicou detalhes da festa pós-Oscar realizada pela *Vanity Fair*, onde os irmãos festejaram juntos noite adentro.

Frank DiGiacomo relatou os 'segundos olhares' que as pessoas presentes à festa dedicavam a Jolie e Haven, "cujas carícias pareciam ultrapassar o carinho entre irmãos". Um dos convidados disse ao *Observer* que mesmo o pai dos dois, Jon Voight, presente à festa, parecia "um pouco incomodado pela proximidade entre eles".

Então a mídia pesquisou os fatos ocorridos há dois meses, na cerimônia de premiação do Globo de Ouro, onde Jolie arrastou o irmão para cima do palco após vencer o prêmio por sua atuação em *Garota, Interrompida* — ela queria que ele "visse a vista daqui de cima". O *Fort Wayne News Sentinel* escreveu: "Primeiro vemos Jolie no Globo de Ouro e no Oscar, demonstrando um estranho e perturbador afeto pelo irmão, que foi seu acompanhante nos dois eventos. No Globo de Ouro, o levou até o palco, quando recebeu o prêmio, os dedos entrelaçados, os olhares completamente diferentes dos destinados a simples irmãos, assim como também os beijos". Além de tudo isso, nos bastidores, na sala de imprensa do Globo de Ouro, outra foto foi tirada de Angelina se debruçando sobre o peito do irmão e beijando-o apaixonadamente nos lábios, os olhos fechados, novamente num abraço que em nada lembrava um beijo inocente de irmã.

Logo, os noticiários vazaram que a revista *Elle* havia realizado um ensaio recente — semanas antes do Oscar —, ao qual Jolie compareceu acompanhada do irmão. O *New York Observer* noticiou que durante o ensaio os irmãos se beijaram repetidamente na frente do fotógrafo e da equipe, posando em sua "foto escandalosa favorita, sem que nós ao menos pedíssemos que eles fizessem isso". O fotógrafo Gilles Bensimon disse ao jornal que durante os dois primeiros beijos trocados pelos irmãos ele não tirou fotos. "Nós não estávamos tentando fazer fotos no estilo de tabloides", disse ele. "Mas na terceira vez em que se beijaram, eu tirei a foto". Outras fotos tiradas durante o ensaio mostram Haven de pé com Jolie, como se fosse seu amante, com as mãos nos quadris da irmã e o vestido dela aberto, expondo uma boa parte dos seios.

* * *

É difícil saber mais sobre James Haven, porque ele sempre viveu sob a sombra da fama da irmã e do pai. Jolie sempre disse que o irmão era o mais provável de seguir os passos de Voight.

Numa das poucas vezes em que foram entrevistados juntos, foi possível ver um retrato das origens dos seus fortes laços fraternos. "Tenho tanto orgulho dele", disse Jolie. "Enquanto crescíamos, eu não poderia me interessar menos por filmes. Ele tinha que me arrastar ao cinema. Jamie sempre amou filmes. Entre nós dois, ele deveria ser o que começou a trabalhar primeiro". Perguntada em que ela se comparava ao irmão, afirmou que os dois eram "quase perfeitos opostos". "Ele nunca xinga", disse ela. "Eu xingo como um motorista de caminhão quando estou irritada. Quando o assunto é moral, ele ganha. Quanto a ser durona, barulhenta e grosseira, eu ganho".

ENTREVISTADOR: Quem era mais teatral quando criança?
HAVEN: Ela.
JOLIE: Porque você sempre estava segurando a câmera.
HAVEN: Eu pedia a ela que atuasse para mim. Nós fizemos uma versão de um comercial da *Subway* em que ela dizia algo como "eu te arrebento a cara se não comprar um sanduíche".
ENTREVISTADOR: Quais impressões vocês têm um do outro quando crianças?
JOLIE: Eu me lembro dele como uma criança feliz e então, quando tinha certa idade, se tornou muito triste. Quando eu tinha que chorar num filme, costumava pensar em Jamie aos seis anos de idade, tão cheio de esperança e alegria.

HAVEN: Eu diria a mesma coisa, uma garotinha que era maravilhosa e, então, as coisas começaram a dar errado e a causar dor.

ENTREVISTADOR: De uma vez por todas, qual foi o lance com o beijo durante o Oscar?

JOLIE: Em primeiro lugar, somos melhores amigos. E não foi um beijo estranho, com a boca aberta. Foi muito decepcionante que algo tão lindo e puro pudesse ser transformado num circo.

HAVEN: Foi um momento incrível. Ainda assim, foi completamente distorcido.

ENTREVISTADOR: Angelina, como é você enquanto uma cunhada em potencial?

JOLIE: Eu sempre fui exigente com qualquer garota com quem ele já saiu. Fui o pesadelo de qualquer garota. Mas se gostar dela, sou fantástica.

Assim como Jolie, Haven também frequentou a escola Beverly Hills High. Um de seus colegas de sala se lembra dele como "mais normal" do que a irmã: "Eu não conhecia Angelina, mas Jamie era um garoto quieto e bastante estudioso, como a maioria das outras crianças. Seu pai era famoso e as pessoas naquela escola davam muita importância a esse tipo de coisa. A maioria dos pais das crianças que estudavam lá não era ator, embora grande parte deles trabalhasse na indústria do cinema ou da televisão. Nós vimos o pai dele algumas vezes. Ele era amigável e sempre dizia 'como vai?' para as outras crianças quando comparecia a algum evento da escola, e havia o sentimento de que ele era famoso e isso, de alguma forma, ficava impregnado em seu filho".

Há alguns anos, após o desentendimento entre Voight e a filha, Haven repetidamente atacou o pai, chamando-o de intimidador, entre outras coisas. Mas relatos do período sugerem que os dois eram bastante próximos. Uma amiga de Marcheline Bertrand, que ainda é amiga de Voight nos dias de hoje, se lembra de que

James venerava o pai: "Esqueça as coisas que você lê hoje", disse ela. "Eles eram uma família unida. Jon e Mar continuaram amigos e, quando estavam todos reunidos, era impossível saber que eram divorciados. Acho que essa é a maneira mais real de descrever a situação. Jamie admirava o pai e eles eram muito ligados, muito mais do que Angie e Jon. Ela e Jon discutiam bastante, numa forma normal entre pai e filha, ou então ela se irritava com o pai, se ele fazia algum comentário a respeito de suas roupas ou algo do gênero. Mas Jamie se dava muito bem com ele; eles iam juntos a uma porção de filmes, algumas vezes com Angie, outras, sem ela. Jamie tinha sido seu primeiro filho, por isso Jon fazia alguns passeios com ele, mas não com Angie, que ainda era muito pequena".

"Mais tarde, quando Jamie começou a fazer filmes, seu pai lhe dava conselhos. Ele vivia com Jon durante parte do tempo, mas não quero dar a impressão de que Angie era excluída. Os três faziam muita coisa juntos. Eles até foram para o Oscar de 1986 com a mãe, e Jamie estava tão empolgado. Angie provavelmente era pequena demais para dar valor à significância daquilo, mas Jamie amava filmes".

Haven era, de fato, obcecado por filmes, mas não conseguia se decidir sobre qual lado da câmera queria estar. Na Universidade do Sul da Califórnia, demonstrou talento para fazer filmes e parecia poder ter uma carreira promissora como diretor. Mas enquanto a carreira de Jolie decolava, a sua emperrava. "Não tenho certeza do que aconteceu", diz a mãe de um amigo. "Ele não parecia muito motivado", relatou. "Ele ficou muito feliz quando a irmã começou a fazer sucesso como atriz, mas no fundo talvez também sentisse um pouco de ciúmes. Em determinado momento, ele parecia acreditar que o pai estava favorecendo mais Angie do que ele".

"Seu pai o ajudou muito enquanto ele estava estudando. Pagou pelo suprimento de filmes, o processamento, tudo o que Jamie precisava, e, claro, as mensalidades, e nada disso foi barato. Mas Jamie deve ter sentido que Jon havia usado mais de sua influência para ajudar a irmã do que a ele. Nunca o ouvi dizer isso, mas li algumas das coisas que ele falou sobre o pai, e soa um pouquinho estranho para mim. Também fiquei brava com Jon por causa de algumas coisas, mas acho que ele sempre fez a coisa certa quando o assunto eram os filhos, ou pelo menos ele sempre tentou. Jon sentia orgulho de ambos os filhos e queria realmente que eles fossem felizes, mas, talvez, tenha dado mais atenção a Angelina quando viu que a carreira dela estava dando certo".

Há inúmeros relatos na mídia sobre a estranha semelhança entre Jolie e o irmão, frequentemente descrevendo-os como idênticos. "É como beijar uma versão de você mesmo cinco anos mais novo", disse Paul Croughton, editor da revista *Arena*, sobre Angelina beijar alguém que se parece tanto com ela. "Tenho certeza de que Sigmund Freud iria se divertir com isso". Freud iria ganhar o dia se soubesse que as semelhanças entre eles não eram apenas resultado da genética. Duas fontes distintas, uma delas um fotógrafo que conhece Jolie há muito tempo, confirmou que quando era adolescente, ela e o irmão visitaram um cirurgião para afinar o nariz.

Ainda assim, nada disso prova que fossem mais do que simplesmente irmãos muito unidos. Ao que tudo indica, a afeição mútua era bastante recente. Embora Jolie e seu irmão tenham ficado praticamente inseparáveis por quase um ano, isso contrastava com qualquer período recente da vida deles, quando se viam apenas de vez em quando. Haven não era uma pessoa tão ligada à carreira da irmã anteriormente, mas, de repente, ambos se tornaram inseparáveis por ocasião do Globo de Ouro em 1999. Desde então, Haven acompanhava Jolie a praticamente todas as entrevistas, às vezes com o pai, mas, normalmente, sozinho. "Ele estava sempre presente", lembra um fotógrafo. "Eu pensei que ele fazia parte do séquito dela. Naquele tempo, a imprensa não a seguia por todos os cantos, como faz hoje, registrando cada movimento seu, então, não sei quanto tempo eles passavam juntos sozinhos. Mas era como se fossem ligados pelos quadris em qualquer ocasião que ela comparecia a um evento".

Apenas alguns meses antes, Jolie tentara comprar uma ilha privativa em St. Lawrence River, próximo a Montreal, complementada com um castelo gótico, e afirmou que seu irmão estava "entrando" no negócio. E em novembro, apenas quatro meses antes do Oscar, ela anunciou que estava formando uma companhia de produção com Haven. No mesmo mês, ele a acompanhou numa viagem à Austrália, durante sua turnê para promoção do filme *O colecionador de ossos*.

Enquanto a mídia continuava a especular e o burburinho se formava na internet, o mundo parecia soltar um "eca" coletivo. A promissora carreira de Jolie parecia estar ameaçada num momento em que deveria estar fervendo. "Sua avaliação 'Q' estava em queda livre", disse um agente de publicidade que acompanhou a controvérsia, referindo-se à medição feita pelos estúdios para avaliar a popularidade de estrelas do cinema e da televisão.

Haven apareceu pela primeira vez em público para defender o relacionamento dos dois, embora o agente de publicidade de Jolie, provavelmente, tenha se arrependido da estratégia após uma entrevista concedida por ele. "Talvez eu ainda não tenha encontrado a mulher certa porque minha irmã é tão exigente", disse ele, quando perguntado se tinha namorada. "Toda pretendente tem que passar por dois filtros, o meu e o da minha irmã. Eu sou perfeccionista por natureza. Então, devido ao fato de ser tão ligado à Angie, é como se eu já tivesse a mulher perfeita na minha vida, e é difícil para qualquer outra mulher superar isso".

Para desviar essa nova controvérsia, Haven tentou ironizar quando foi perguntado se tinha alguma tatuagem, seguindo-se à revelação de que o *H* no pulso da irmã significava o seu nome, assim como o do antigo namorado, Timothy Hutton. "Não, mas estou pensando em fazer uma", respondeu ele. E que tatuagem você faria? "O nome de Angelina". Ele também foi perguntado se, dado a inclinação da irmã em chocar as pessoas, eles haviam brincado com os rumores de incesto. Ele respondeu, sorrindo: "Ah, claro, se vocês acham que isso está acontecendo, tudo bem. Vamos nessa. É como se todo mundo quisesse estar com ela, então eu estou com ela. Ótimo".

"É uma coisa muito estranha", disse Haven a outro entrevistador. "Primeiro eu ri a respeito, depois fiquei muito irritado. Agora que tive mais tempo para pensar a respeito, acho que é algo a que as pessoas simplesmente não estão acostumadas, por isso automaticamente pensam de forma negativa. Mas todas as pessoas que se apressaram em ter esse pensamento doentio receberão um ovo na cara. Estão escrevendo todas essas histórias que ficarão registradas para sempre, e, com o tempo, vão perceber que simplesmente somos muito ligados e que não tem nada a ver com o que eles estão insinuando". Quando perguntado sobre a declaração de Jolie, de que ela estava "apaixonada" pelo irmão, respondeu: "A palavra 'amor' é muito especial. Eu poderia dizer que estou apaixonado por alguém que tem 90 anos, ensina arte dramática e mora em Ohio".

Quando a *US Weekly* perguntou sem rodeios se ele e a irmã haviam dormido juntos alguma vez, Haven disse: "Isso é doentio", antes de completar que, na verdade, o par não dormia junto desde que ele tinha sete anos e, ela, cinco. "Acho que pegamos no sono na cama da nossa mãe enquanto estávamos assistindo televisão", disse ele.

Jolie, na defensiva, tentou usar sua notória reputação de falar abertamente sobre tudo para provar que os rumores não poderiam ser verdadeiros. "A verdade é, se eu estivesse dormindo com meu irmão, eu diria às pessoas que o estava fazendo", insistiu ela.

"As pessoas sabem que sou assim". A estratégia não foi completamente eficiente, a julgar pelo fato de que, quanto mais os irmãos negavam a história, mais os repórteres falavam sobre ela. O *New York Observer* até cunhou um novo termo para se referir a Jolie: "Incesto chic".

O fato de negarem repetidamente o caso não impressionou os apresentadores do *Early Show*, que abordaram o relacionamento mais uma vez, após o vazamento sobre o ocorrido durante o ensaio fotográfico da *Elle*.

> **McEWEN:** Ela é bastante inteligente, diz exatamente o que pensa. Foi por isso que disse tudo aquilo sobre o irmão... talvez isso tenha sido na *Elle*... não sei onde vi.
>
> **CHEN:** Você está lendo *Elle*?
>
> **McEWEN:** Bom, eu leio o que estiver na frente... você sabe, se na capa tem alguém que eu ache interessante...
>
> **GUMBEL:** Eles não tinham *Glamour*.
>
> **McEWEN:** Certo, tudo bem. Eu até que gosto da *Glamour*. Mas ela disse ser muito... que as pessoas sabem que ela é honesta e diz exatamente o que pensa. E estava abraçando o irmão. Dá um tempo.
>
> **CLAYSON:** Abraçando ele? Ela deu um beijo molhado nele, isso sim.
>
> **McEWEN:** Bom, eu não sei o quão molhado foi o beijo. Ela de fato o beijou.
>
> **CLAYSON:** Foi molhado. Opa. Foi um ... opa.
>
> **McEWEN:** Mas você sabe o que é engraçado?
>
> **GUMBEL:** Foi um chupão.
>
> **McEWEN:** Bom, não sei se foi isso. Mas ela beijou o irmão e toda a América ficou... "hum!". Todos pronunciaram.
>
> **CLAYSON:** Quem beija o irmão na boca daquela maneira?
>
> **GUMBEL:** Pessoal, aquilo... deixa pra lá. Eu não deveria fazer isso.

CHEN: Pois é. Mas sei que concordo com você.
McEWEN: Não diga.
CLAYSON: Não toque no assunto.
CHEN: E é mais do que apenas beijar.
CLAYSON: Opa.

Ainda era muito cedo para saber de que maneira as constantes insinuações de incesto iriam afetar a carreira de Jolie a longo prazo. Seu trabalho na época, *Pecado original*, havia terminado de ser filmado e ela já havia fechado um contrato para fazer o filme de ação *Lara Croft: Tomb Raider*. Seus prospectos imediatos não estavam em perigo, mas o retorno de bilheterias de seu próximo lançamento poderia alavancar ou derrubar a sua carreira.

Os agentes de Jolie estavam nervosos. A decisão foi tomada em segredo, e era manter a maior distância possível entre Jolie e o irmão, uma decisão com a qual ambos relutaram em concordar. Eles jamais deveriam ser fotografados juntos em público, mas também era claro que Haven deveria se distanciar completamente da irmã, tanto publicamente, como na vida privada. Jolie, mais tarde, diria que essa decisão havia partido do próprio Haven.

Entretanto, o estrago já estava causado. Se a intenção era salvar a carreira de Angelina Jolie do fiasco de relações públicas "incestogate", ações mais enérgicas deveriam ser tomadas. A percepção que o público tinha dela deveria ser alterada para sempre. Parecia que Jolie estava a caminho de fazer com que isso acontecesse.

ENTRE
IRMÃO E IRMÃ

É muito improvável que o mundo jamais saiba a verdade sobre se Angelina Jolie e seu irmão alguma vez tiveram um relacionamento sexual. Mas como biógrafo tentando entender sua vida e sua carreira, senti que deveria ao menos tentar explorar essa possibilidade, ao invés de ignorá-la por completo. E, enquanto um grande número de pessoas realmente acredite que podem ter levado a afeição entre eles além dos limites aceitáveis, pouquíssimos, realmente, acreditam que ela e James Haven violariam esse que é um dos mais antigos tabus. Isso seria impensável.

Entretanto, o incesto entre irmão e irmã é mais comum do que as pessoas pensam. Num estudo realizado em 1980, publicado no jornal acadêmico *Archives of Sexual Behaviour*, 796 estudantes de seis universidades e faculdades da Nova Inglaterra foram entrevistados, com 15% das mulheres e 10% dos homens revelando ter tido algum tipo de experiência sexual envolvendo um irmão. Não se sabe, entretanto, que percentual desses contatos foi consentido.

Parte da dificuldade em determinar os fatos a respeito do incesto consentido entre irmãos é que, praticamente, todas as pesquisas na área se referem a abuso sexual. Isso quer dizer coerção de um irmão sobre o outro, ao invés de um relacionamento consensual. Outra dificuldade é que a maioria dos países possui leis severas contra o incesto entre irmãos, embora muitos permitam um relacionamento sexual entre primos. Em 1997, um irmão e uma irmã no Winsconsin, Allen e Patricia Muth, foram acusados de cometer incesto. Eles foram separados quando crianças, mas quando se reencontraram, já adultos, se apaixonaram e tiveram filhos. Ambos foram condenados, Allen sentenciado a oito anos de prisão e Patricia a cinco. Enquanto isso, na Europa, França, Bélgica, Holanda, Espanha e Portugal não mais processam adultos que estão num relacionamento incestuoso, enquanto a Romênia está atualmente debatendo uma lei que descriminaliza o incesto consentido.

Os estudos feitos até hoje, frequentemente, focam em fatores psicológicos que motivam as crianças a se envolverem num incesto entre irmãos. Num estudo realizado em 1987, conduzido pelo Time de Abuso Sexual do Departamento de Serviços Sociais do Condado de Boulder, 25 casos de incesto entre irmãos foram estudados por um período de três anos, na tentativa de determinar uma dinâmica comum. De acordo com os autores, as dinâmicas que foram observadas repetidamente nesses casos foram: (1) pais distantes, inacessíveis; (2) estimulação pelos pais de um clima sexual em casa; (3) segredos familiares, especialmente relacionados a relacionamentos extraconjugais. Não é exagero dizer que o lar Voight-Bertrand atendia à maioria desses critérios.

Aqueles que defendem a liberalização das leis contra o incesto, frequentemente, dizem que o relacionamento consentido entre irmãos não prejudica ninguém. O Dr. Paul Federoff, psiquiatra forense no Centro para Vícios e Saúde Mental em Toronto, há anos vem tratando de adultos que tiveram relacionamentos incestuosos consentidos com irmãos. No dia seguinte ao beijo de Jolie com seu irmão durante a entrega do Oscar, Federoff falou ao *Globe and Mail* que, sob o seu ponto de vista, sentimentos incestuosos entre irmãos, particularmente entre crianças e jovens adultos, é uma "probabilidade comum". E — o que causou mais surpresa — ele disse que não é necessariamente algo ruim. "A exploração sexual e o contato entre jovens irmãos não é incomum ou prejudicial, tendo em vista que não haja uma grande discrepância de idade ou coerção", diz. Entretanto, ele enfatiza que não encoraja incesto entre irmãos adultos. A socióloga da Universidade de York, Ann-Marie Ambert, também não enxerga o incesto consensual entre irmãos como um problema moral. "Pessoalmente, não vejo nada de errado com isso", disse.

O historiador médico Edward Shorter discorda. Ele afirma que a proibição do incesto vai muito além dos fatores legais e é, na verdade, um "mandamento genético". "O castigo social do incesto jamais foi brando em nenhuma época ou local", diz ele. "É uma lei biológica, assim como a lei contra o assassinato. As consequências de qualquer transgressão a ela estão gravadas em nosso DNA".

Entretanto, muitos especialistas agora rebatem a proibição biológica, argumentando que é largamente baseada na probabilidade de defeitos congênitos e que a existência de métodos contraceptivos confiáveis significa que esse não é mais necessariamente um fator a considerar. Juntando-se a isso, diversos especialistas se esforçam para distinguir o incesto consensual entre irmãos do incesto supostamente consentido entre pai/mãe e filho(a), onde uma dinâmica desigual de poder e autoridade coloca em questão o quão consentido tal relacionamento jamais poderá ser de verdade. Recentemente, a atriz Mackenzie Phillips revelou que havia tido um relacionamento "incestuoso consensual" durante anos com seu falecido pai, John Phillips, fundador do grupo *The Mammas and the Pappas*, mas o fato de que tanto pai quanto filha serem usuários de drogas na época faz a afirmação de sexo consentido ser bastante questionável.

Mas o que dizer sobre um irmão e uma irmã que têm praticamente a mesma idade? Eu estava ansioso para conhecer alguns irmãos envolvidos em relacionamentos sexuais consentidos para saber a opinião deles e se eles teriam alguma ideia sobre o que poderia estar acontecendo entre Jolie e o irmão. Teria sido o beijo da noite do Oscar o momento em que o incesto entre os irmãos saiu do armário?, como perguntou um jornal na manhã seguinte. Entretanto, descobri que localizar irmãos que estivessem dispostos a conversar sobre o seu relacionamento era algo extremamente difícil.

Não me surpreendeu descobrir que a internet ajuda irmãos que praticaram incesto a se encontrar e se comunicar uns com os outros, com inúmeros fóruns e salas de bate-papo atuando como grupos de apoio informais. Em tais fóruns, os irmãos discutem sua situação e tentam informar à sociedade sobre um estilo de vida que muitos acreditam ser inofensivo e, mesmo, saudável.

Em um desses fóruns, um homem com o apelido de "JimJim2" descreve o que acontece quando "dois adultos, que, por acaso, são irmãos, se envolvem".

> Você não pode escolher por quem se apaixonar, o sentimento apenas acontece. Eu me apaixonei pela minha irmã e

não me sinto envergonhado por isso... apenas sinto pelos meus pais, gostaria que eles ficassem felizes pela gente. Nós nos amamos. Não é nada parecido com um cara de meia-idade que tenta estuprar sua filha de três anos de idade. Isso é malvado e nojento... É claro que ambos consentimos com o relacionamento, isso é o mais importante de tudo. Não somos pervertidos. O sentimento que temos um pelo outro é a coisa mais linda do mundo.

Parece que o debate tem continuado de forma séria pela internet. Num ensaio publicado em seu blog Anadder, por exemplo, Michael Fridman enumera e derruba os principais argumentos contra o incesto consensual entre irmãos, ao mesmo tempo em que permanece desconfortável com a ideia:

1. *É Inatural* — A mesma velha justificativa tem sido utilizada para provar a imoralidade do homossexualismo, do casamento inter-racial, da contracepção etc. Desculpe. A resposta a esse tipo de pergunta é sempre "e daí?" (ser inatural não transforma algo imediatamente em ruim) e "não, não é" (por exemplo, entre 10 e 15% dos estudantes de faculdades reportaram terem tido algum contato sexual com o irmão ou irmã).

2. *É Universalmente condenado* — Esta justificativa também foi utilizada contra o casamento inter-racial etc. Novamente: e daí? E novamente: não, não é. É universal ter algum tipo de tabu com relação ao incesto, mas os limites variam bastante. Em muitas culturas, é comum que primos de primeiro grau se casem (com até 50% dos casamentos acontecendo entre primos de primeiro grau).

3. *Causa defeitos congênitos* — Finalmente uma afirmação verdadeira (embora aparentemente a melhor estratégia seja efetivamente se casar com seu primo de terceiro grau). Mas se isso é motivo para criminalizar o incesto, deveríamos criminalizar o ato de beber/fumar durante a gravidez (o que não fazemos e causaria bastante confusão). Também teríamos que proibir dois portadores de doenças genéticas de procriarem. Finalmente, apesar do que você ouve nos noticiários, não estamos vivendo no século XII. Sexo=bebês. Duas irmãs fazendo sexo ou um casal heterossexual utilizando métodos anticoncepcionais durante o sexo incestuoso derrubariam esse argumento.

4. *Pessoas que foram criadas juntas não deveriam se casar* — Hum, por quê?... Já ouvi essa justificativa anteriormente. Não tem preço, o máximo do *non sequitur* (sem lógica). Isso sugere que dois amigos de infância devem evitar relacionamentos românticos. E isso, é claro, ocorre com muita frequência. Não tenho conhecimento de estudos que mostrem que tais casais sejam piores psicologicamente/emocionalmente do que os demais. Esse argumento não tem fundamento.

5. *Esse tipo de relacionamento me deixa desconfortável* — Finalmente, a verdade! Sim, com certeza, deixa.

Mas Voices in Action, um grupo de apoio às vítimas de incesto nos Estados Unidos, discute com fervor que não existe algo como "incesto consensual". "Esses adolescentes sofreram uma lavagem cerebral para acreditar que esse comportamento é natural; não é", afirma o grupo. "Abuso sexual é um comportamento aprendido". Por outro lado, Dr. Sean Gabb, do caldeirão de ideias britânico Libertarian Alliance, argumenta que "consentir o comportamento incestuoso não é papel do Estado. Cabe aos indivíduos tomar as próprias decisões". Brett Kahr, um professor sênior de psicoterapia do Regent's College, em Londres, afirma não haver pesquisas específicas no campo de incesto consensual entre irmãos, escrevendo: "Quem somos nós para afirmar que Joe Bloggs e sua irmã, Jane Bloggs, não estão tendo um relacionamento maravilhoso e nós estamos perdendo"?

Se eu fosse localizar e me encontrar com irmãos e irmãs que estavam tendo um relacionamento sexual, parecia que a internet seria minha maior esperança, mas eu ainda estava no escuro quanto à logística. Dado que as leis contra o incesto são duras, não estava certo sobre como convencer alguém a conversar comigo sem que suspeitasse que eu estivesse preparando uma armadilha para ele. Logo, entretanto, descobri um fenômeno que eu nem sabia existir, chamado Atração Sexual Genética[8], que me permitiu fácil acesso a um grande número de fóruns de discussão on-line.

GSA é definido como uma atração sexual entre parentes próximos, como entre irmãos ou entre pais e filhos, que se conhecem quando adultos. Em outras palavras, eles foram separados no nascimento por algum motivo e, mais tarde, se conheceram e namoraram sem saber que são parentes. Aqueles que defendem os direitos das pessoas que cometem o incesto consensual argumentam que a GSA é mais frequente do que se pensa.

O exemplo mais famoso é o de um casal alemão, Patrick Stübling e sua irmã, Susan, que cresceram separados e se conheceram apenas quando já eram adultos. Patrick foi condenado à prisão por violar a lei de incesto alemã, contra a qual ele e a irmã vêm lutando durante anos, argumentando que a lei é baseada

---

[8] GSA, da sigla em inglês.

nos princípios das leis de higiene racial do Terceiro Reich. Mas talvez os Stüblings não sejam os melhores garotos-propaganda do incesto entre irmãos, já que tiveram quatro filhos juntos, dois dos quais são deficientes físicos, aparentemente por problemas genéticos. Ao contrário, o casal talvez seja o melhor argumento para que se mantenha a proibição do incesto intacta, já que inúmeros estudos mostram uma chance radicalmente maior de ocorrer defeitos congênitos e deficiências físicas — em alguns casos de 50% — entre filhos nascidos de um relacionamento incestuoso entre irmãos.

Apesar do fato de que existem alguns exemplos, não estou convencido de que GSA seja um fenômeno espalhado pelo mundo, como afirmam seus defensores. Suspeito que para os praticantes do incesto entre irmãos seja uma forma de alegar inocência ao ato e, potencialmente, atrair a simpatia do público, que, de outra forma, ficaria revoltado pela ideia de irmãos e irmãs fazendo sexo (por exemplo: "Não tivemos a intenção de cometer incesto; aconteceu por acidente. Não é culpa nossa que tenhamos nos apaixonado").

Ainda assim, eu não tinha o interesse de encontrar casais incestuosos que não tivessem sido criados juntos. Eu precisava encontrar aqueles numa situação parecida com a de Angelina Jolie e James Haven, para poder fazer uma comparação acurada. Comecei a minha busca em algumas salas de bate-papo, fingindo ser um homem de 45 anos de idade que mantinha uma relação sexual com a minha irmã desde que eu tinha 19 anos e, ela, 18. Eu estava à procura de um "grupo de apoio para nos ajudar a ficar em paz com a nossa situação e descobrir se havia mais alguém em situação parecida com a nossa". Logo descobri que a maioria dos usuários desses sites estava ali para se excitar ou esperava pornografia. Irmãos incestuosos autênticos, ao que parecia, não eram fáceis de encontrar.

No final, foi um contato em um site de GSA que me levou ao meu primeiro encontro. Começou quando recebi um convite para que eu e minha "irmã" encontrássemos outro casal para conversar. Recebi um endereço e o horário do encontro numa *delicatessen* do Brooklyn. Inicialmente, eu precisava encontrar uma irmã para me acompanhar na encenação, uma irmã que tivesse quase a mesma idade que a minha. Ofereci 125 dólares a Staci, uma cantora que eu sabia ter feito alguns trabalhos como atriz e quem eu achava que seria capaz de fingir de forma convincente. Eu ainda não havia decidido se iria me apresentar como jornalista em algum momento. Pensei que se revelasse o livro que eu estava escrevendo poderia conseguir com que eles compartilhassem suas impressões sobre Jolie e o irmão.

Ao casal que encontramos naquela noite darei o nome de Ruby e Jeremiah. Quando me apresentei, usei meu nome verdadeiro, Ian, mas apresentei Staci como "Kendall". Ruby e Jeremiah pareciam ser um pouco mais jovens do que nós e, à primeira vista, eles não se pareciam, embora, mais tarde, tenham dito que eram irmãos de sangue. Nos apresentamos e conversamos sobre o metrô de Nova York. Naquele primeiro encontro, eles não nos encorajaram a discutir muitos detalhes pessoais sobre o nosso relacionamento, talvez por estarmos num local público. Na nossa conversa prévia, de fato, eles me haviam pedido que fosse "discreto". Eles pareciam estar nos medindo, nos conhecendo, talvez tentando saber se éramos confiáveis.

Não foi fácil. Ao fazer uma pesquisa no código criminal do Estado de Nova York, descobri que sérias consequências poderiam ocorrer ao relacionamento deles. Conforme a seção 255.25 do Código Criminal de Nova York:

> Uma pessoa é culpada de incesto quando ele ou ela se casam ou mantêm relação sexual com uma pessoa de quem ele ou ela

sabem ser parentes, tanto legitimamente quanto pelo matrimônio, como um ancestral, descendente, irmão ou irmã, tanto de sangue quanto meio-irmão, tio, tia, sobrinho ou sobrinha. Incesto é um delito classe E.

Tal violação aparentemente seria punida com até quatro anos de prisão; por isso a cautela deles era compreensível.

Enquanto estávamos todos comendo uma torta de morango ao final da nossa refeição, Jeremiah sugeriu que, talvez, estivéssemos interessados em comparecer a um dos encontros mensais deles.

— Um grupo de apoio? — perguntei.

— Não damos esse nome — respondeu ele. — Mas sim, acho que é basicamente isso. Para nós é mais um encontro social.

Um pouco mais de duas semanas depois, ele me contatou novamente e me convidou a ir a um endereço em Staten Island, na quinta-feira seguinte, às 7 horas da noite. Após checar a disponibilidade de Staci, confirmei nossa presença e, então, no dia seguinte, tomei um café da manhã com a minha "irmã" para fechar os detalhes da nossa história.

Decidimos por alguns parâmetros básicos, alguns dos quais já havíamos decidido antes do nosso primeiro encontro, incluindo a profissão de ambos (eu seria um escritor e, ela, designer), de onde somos (Tacoma, Washington), há quanto tempo estamos juntos e se já estivemos com outras pessoas desde que iniciamos o nosso relacionamento etc. Após isso, dei a Staci a liberdade de improvisar quando ela achasse necessário. Concordei em pagar 400 dólares pela noite e nosso "ensaio", e pagar o táxi para levá-la à sua casa depois da nossa reunião.

No dia do encontro, pegamos o *ferryboat* e um táxi até o que parecia ser uma vizinhança de classe média bastante respeitável em Staten Island, com jardins aparados e, ironicamente, mais de uma capela com uma estátua da Virgem Maria, pois, como viemos a saber mais tarde, aquela era uma vizinhança predominantemente italiana e bastante católica.

Quando chegamos, havia outras cinco pessoas: os anfitriões, a quem chamarei de "Allen e Adrian"; outro casal, "Shawn e Leila", e uma mulher com idade por volta dos 50 anos, "Kim". Nos ofereceram vinho branco e uma variedade de petiscos foi colocada na sala espaçosa, que era coberta de pôsteres de arte. Conforme eu havia suspeitado, os dois casais eram de irmãos. Kim, a mulher que estava sozinha, explicou mais tarde estar num relacionamento com o irmão, mas ele trabalhava em Chicago e vivia em Skokie, Illinois, e ela o via apenas ocasionalmente, o que dizia ser "difícil".

Fiquei sabendo que, pelo que os vizinhos diziam, Allen e Adrian eram casados. "Contanto que não sejamos italianos, eles não se metem na nossa vida, nos ignoram", explicou Adrian. "É por isso que gostamos daqui".

A reunião não era exatamente como aquelas que seguem 12 passos. Eles, na verdade, estavam planejando assistir a um filme mais tarde, *Núpcias de escândalo*, estrelando Katherine Hepburn e James Stewart. Mas, assim como os Alcóolicos Anônimos, eles pareciam esperar que os novos membros começassem contando a sua história. Esta foi a parte que me deixou mais nervoso, sabendo que essas pessoas poderiam ter a habilidade de perceber um casal falso a quilômetros de distância. Staci me deixou contar a maior parte da história, embora tenha feito alguns comentários improvisados que proporcionaram um fascinante *insight*.

Empliquei que éramos do estado de Washington e que nossos pais haviam se divorciado quando tínhamos nove e sete anos e meio, deixando nossa mãe responsável por nos criar, embora nosso pai fosse dentista; por isso tivemos uma boa condição financeira. Após o colegial, plantei árvores por um ano na Columbia Britânica e planejava cursar uma universidade, me formando em sociologia ou escrita criativa. Após Kendall terminar o ensino médio, ambos nos mudamos para Nova York e encontramos um apartamento em Alphabet City, no Lower East Side, antes de, efetivamente, nos matricularmos na Universidade do Estado de Nova York. Foi enquanto morávamos lá que acabamos, "acidentalmente", fazendo sexo certa noite. Com exceção de um hiato de dois anos, quando ambos saímos com outras pessoas, estamos juntos desde então, fingindo ser casados desde que nossa mãe morreu de uma infecção no sangue, há 11 anos.

Ao ouvir nossa história, Kim perguntou se já tivemos algum "quase-acidente". Acho que ela queria saber se já fomos descobertos. Mas Staci entrou na conversa e disse que ficou grávida aos 28 anos e fez um aborto. Foi nessa ocasião, explicou ela, que nos separamos por algum tempo, "assustados" pelo nosso flerte com o desastre. Um pouco mais tarde, depois que eles também contaram suas histórias, disseram conhecer irmãos que também fizeram abortos, embora nenhum deles tenha admitido ter tido uma gravidez acidental. Allen e Adrian, entretanto, disseram conhecer a "amiga de uma amiga" que ficou grávida do irmão e, por algum motivo, decidiu ter o bebê, aparentemente estando ciente dos riscos. "O bebê nasceu normal", explicou Allen, "mas ainda assim foi uma decisão idiota".

Talvez eu estivesse esperando um cenário tipo *Forum da Penthouse*, mas nenhuma dessas pessoas dividiu os detalhes sobre como exatamente acabaram tendo relações sexuais com seus irmãos, embora todos tenham dito que aconteceu por volta da adolescência, aparentemente bem mais jovens do que eu havia afirmado ter acontecido entre Kendall e eu. Assim como aconteceu com meu colega de faculdade, e como a minha própria história de faz de conta, simplesmente aconteceu, insinuaram eles.

Em determinado momento, eu disse:

— Estou tão aliviado que não estejamos sozinhos. Nunca conhecemos ninguém que fosse como nós e pensamos que talvez fôssemos algum tipo de aberração, embora soubéssemos que havia gente por aí lendo a respeito na internet.

Todos balançaram a cabeça, concordando. Havia tantas perguntas que eu queria fazer, mas eu tinha que ter o cuidado de não parecer um jornalista, e me vi mordendo a língua para evitar parecer muito inquisidor.

Eles não nos disseram as cidades de onde vieram, mas Kim disse:

— Você vai descobrir que a maioria das pessoas como nós se muda para o mais longe possível do lugar onde cresceram. Não tenho a mínima ideia a respeito das estatísticas, na verdade ninguém tem, ou onde a maioria dos *sibs*[9] mora. Mas acho que muitos deles se mudam para Nova York. É uma cidade tão grande que acaba sendo mais seguro estar aqui. Aposto que aqui é onde se concentra a maioria dos *sibs*, comparado a qualquer outro lugar nos Estados Unidos". *Sibs* é o termo que eles utilizam para se referir a pessoas como eles. Percebi que o termo *incesto* foi muito raramente utilizado.

Cada um dos outros cinco irmãos disse ter se sentido sozinho durante anos, até que encontraram outras pessoas em situação semelhante. "Ja fiz terapia por causa de algumas das minhas neuroses", diz Shawn, "Mas nunca contei à terapeuta sobre Leila. Obviamente eu teria gostado de falar a respeito e tenho certeza de que ficaria tudo bem, mas, simplesmente, não consegui me forçar a fazê-lo. Não é que eu ache que ela iria nos denunciar, mas é que eu sei como as pessoas julgam o que estamos fazendo. Ela transformaria isso em algum problema psicológico e começaria a observar qualquer coisa que eu falasse por essa ótica. E,

---

[9] Relativo a siblings, ou irmãos. Mantive em inglês.

sabe, eu sou neurótico, mas não acho que tenha nada a ver comigo e com minha irmã. Acho que é o contrário, se é que você me entende. É Leila que me faz sentir seguro e me ajuda com todos os meus problemas". A própria Leila praticamente não disse nada a noite inteira enquanto conversávamos, mas assentiu vigorosamente com a cabeça quando Shawn disse isso.

Na esperança de inspirar uma conversa em torno desse assunto, eu disse: "Pois é, as pessoas acham que sofremos de algum desvio, mas o que fazemos parece bastante normal para mim. Estamos juntos há mais tempo do que a maioria dos casais casados que eu conheço e ainda somos felizes. Brigamos às vezes, mas isso também é normal, não é"?

"Exatamente", completou Adrian. "Nós nos consideramos casados. Acho que essa ligação que existe entre nós faz nosso 'casamento' ter mais sucesso. Não tem a ver com o sangue, mas talvez com algum tipo de ligação especial por termos sido criados juntos ou algo do gênero. Sabe, conheço muitos *sibs* que se separam ou que acabam se casando com outras pessoas; então, não é garantia de nada. Há todo tipo de problemas que vem do fato de tentarmos esconder nossa relação e as coisas se tornam estressantes. Vocês nunca tiveram um quase-acidente, mas nós tivemos, pode acreditar".

Perguntei que tipo de quase-acidente eles tiveram, mas Shawn apenas respondeu "coisas de família". Todos eles discutem com paixão o fato de que toda forma de incesto é vista como um desvio ou como uma forma de abuso sexual infantil. Eles argumentam convincentemente que uma relação consensual entre irmãos está numa categoria própria, embora, em determinado momento, Adrian descarte o conceito de GSA. "Quais as probabilidades?", riu ele em contentamento.

"O que ferra com a gente", diz Kim, "é que existem tantos casos de incesto envolvendo estupro e coerção ou a coisa pai-e-filha.

Isso é doentio. Também existem coisas doentias acontecendo no nosso mundo, às vezes. Conheci uma garota que começou a fazer sexo, ou pelo menos a fazer coisas ligadas a sexo com seu irmão mais velho quando tinha 11 anos e, ele, 16. Anos mais tarde, ela percebeu que isso era o equivalente ao estupro, embora ele não a tenha forçado a nada, tecnicamente. Mas eles nunca tiveram nada parecido com o que eu e meu irmão temos, ou o que esse pessoal (apontando para os outros) tem. Isso é algo genuíno. Não há nada de doentio. É amor".

A essa altura, decidi que não poderia revelar o que estava fazendo porque achei que eles não fossem gostar de saber que eu estivera fingindo. Mas eu queria muito conversar sobre o assunto que estava sendo discutido; por isso, peguei a deixa: "É uma droga o fato de não podermos conversar sobre isso com outras pessoas, que saibamos que seremos julgados pela sociedade ou mesmo presos. Como vamos mudar a atitude das pessoas se não podemos falar a respeito? Lembro-me de ter acompanhado o burburinho a respeito de Angelina Jolie e seu irmão e ter pensado que ela iria sair do armário sobre o incesto consensual entre irmãos, e fiquei muito empolgado. Pensamos que a atitude das pessoas iria mudar".

À menção de Jolie e seu irmão, todos pareceram se alegrar. "Eles com certeza são *sibs*", disse Allen. "É tão óbvio. Queria que ela tivesse tido a coragem de admitir". Apenas Adrian ficou cético a respeito. "Talvez", disse ele.

Perguntei se eles achavam que as reações ao beijo do Oscar seriam diferentes hoje em dia, agora que Jolie era conhecida como "Santa Angelina". "Naquele tempo ela já era considerada uma aberração", disse eu. "Havia as histórias de sangue, as facas e o lesbianismo. Ela não era exatamente o melhor rosto para a defesa do incesto consensual".

"Eu não conhecia outros *sibs* naquela época", disse Kim. "Mas me lembro que Lars (seu irmão) e eu pensamos que ela estava se preparando para se assumir, e que estava testando as reações ou algo do tipo. Sempre queremos fazer isso. Sempre quero contar para alguém, pesando que a pessoa vá entender que é normal, que vai me olhar e ver que não sou uma aberração, que nos amamos como qualquer outro casal".

Kim sugeriu que usássemos o computador para ver o beijo no Youtube. Nos reunimos ao redor do computador de Allen e ele ficou se perguntando que palavras-chave utilizar na busca.

— Coloque Jolie Oscar beijo irmão 2001 — disse Kim.

— 2000 — corrigi.

Alguns vídeos apareceram antes de ele, finalmente, encontrar o correto. No momento conclusivo, entretanto, foi impossível ver se os lábios se encontravam.

Allen procurou no Google e encontrou a foto em questão, a que mostrava o beijo.

— Com certeza, é um beijo de língua — diz Kim animada. Adrian apontou não haver nenhuma língua visível. Leila parecia empolgada com o debate, mas permaneceu em silêncio.

Algumas outras fotos apareceram, incluindo uma dos irmãos com as mãos pelo corpo um do outro, antes ou depois da cerimônia do Oscar, e outra tirada na Sala de Imprensa durante o Globo de Ouro, que mostra Jolie reclinada sobre os braços do irmão e parecendo beijá-lo apaixonadamente, como a um amante.

— Essa prova tudo — disse Kim. — Essa mostra mais paixão do que a do Oscar.

Foi quando Adrian entrou na conversa com a sua teoria.

— Bem, o que sempre pensei sobre esses dois é o seguinte — disse ela. — Acredito que eles tiveram uma atração forte, quase incestuosa, um pelo outro, e que havia certa tensão sexual entre eles, mas que, provavelmente, nunca tenham agido, mesmo que tenham sentido vontade. E embora nunca possamos ter certeza do que de fato aconteceu, foi a essa mesma conclusão que cheguei.

No final, entretanto, era irrelevante se Jolie e o irmão tinham mesmo dormido juntos. A percepção do público acerca do possível incesto estava causando um dano incalculável à carreira dela e algo teria que ser feito antes que fosse tarde demais.

Los Angeles, Califórnia, EUA - Angelina Jolie e Billy Bob Thornton.

BILLY BOB

A nova fofoca começou com uma frase vaga — uma referência vaga e infundada a uma celebridade — vazou para um jornal de Nova York no ápice das alegações sobre incesto. "Qual atriz vencedora de um Oscar está ganhando fama de destruidora de lares?"

Angelina Jolie havia acabado de retornar do México, após filmar *Pecado original* com Antonio Banderas. Era natural que os leitores achassem que a referência era a ela e Banderas. Foi relatado que a esposa de Banderas, a atriz Melanie Griffith, famosa por ser ciumenta, ficou fumaçando ao ler a manchete, concluindo que Jolie havia roubado o seu homem.

Ninguém sabia que Jolie estava, na verdade, tendo um romance há três meses com Billy Bob Thornton, que, na época, estava noivo de Laura Dern. O romance, aparentemente, era tão secreto que nem mesmo aqueles próximos a eles ficaram sabendo. Por isso, foi grande a surpresa quando, durante a segunda semana do mês de abril, o *New York Daily News* reportou que Jolie estava namorando o ator vencedor do Oscar por *Na corda bamba*. O jornal também afirmou que, enquanto estava jogando boliche com Matt Damon, Matthew McConaughey e Thornton em Los Angeles, ela foi vista com uma nova tatuagem no braço, trazendo o nome "Billy Bob". "Ela disse que havia acabado de fazer a tatuagem", disse ao jornal um amigo de Jolie. "Disse que sempre foi apaixonada por ele".

O momento de tal notícia, é claro, não poderia ser mais conveniente. O correspondente da *E! On-line*, Ted Casablanca, havia acabado de comentar sobre o relacionamento entre Jolie e o irmão: "Isso não é Hollywood. Isso é assustador!". E, mais significativamente, o programa de televisão *Saturday Night Live* estava começando a fazer piadas semanais a respeito do relacionamento incestuoso entre Jolie e o irmão, ameaçando fazer dela um alvo de piadas. Em um segmento do *SNL Weekly Update*, "Angelina" e seu "irmão" encenam carícias após negarem o incesto, seguindo-se uma confissão de que haviam feito sexo e a aparição de uma criança deformada com um braço humano saindo de sua cabeça, e algo nojento escorrendo da sua boca.

Mas se o momento da revelação do romance foi conveniente e mesmo suspeito, foi também eficiente. Como afirmou o *Daily News*, as notícias de que Jolie estava envolvida com Billy Bob Thornton serviram para "derrubar os rumores de incesto". Ela precisava mudar o foco das notícias e o fez de forma rápida. De fato, não demorou para que todos esquecessem do beijo na noite do Oscar e não parassem de falar sobre o novo amor de Jolie.

À primeira vista, Billy Bob Thornton pode ter parecido ser um homem bastante improvável por quem se apaixonar. Exatamente 20 anos mais velho do que Jolie, o ator de 44 anos foi criado em Hot Springs, Arkansas, numa cabana que não tinha esgoto nem eletricidade. A mãe dele era uma médium profissional, e o pai, professor e técnico de basquete. Após anos participando de pequenos papéis, Thornton, finalmente, atraiu a atenção como membro permanente de um seriado de televisão da rede CBS, *Hearts Afire*, estrelando John Ritter, de 1992 a 1995.

Enquanto lutava para conseguir emplacar a carreira, Thornton trabalhou como garçom e, certa vez, serviu o legendário produtor Billy Wilder, diretor de clássicos como *Pacto de sangue* e *quanto mais quente melhor*. Após conversar por alguns minutos, Thornton pediu conselhos. Foi quando Wilder sugeriu que ele tentasse escrever roteiros. Ele seguiu o conselho de Wilder e, poucos anos depois, escreveu o filme independente *Na corda bamba*, que também dirigiu e estrelou. O filme rendeu-lhe o Oscar de melhor roteiro adaptado e o transformou numa estrela, catapultando-o ao nível máximo de Hollywood.

A vida pessoal de Thornton não tinha sucesso semelhante à profissional. Antes de conhecer Jolie, havia se casado e divorciado quatro vezes. Seu quarto casamento, com a modelo da *Playboy* Pietra Cherniak, acabou num divórcio conturbado em 1997, e as alegações dela, apesar de não terem sido comprovadas, poderiam ter levado a esposa número cinco a pensar duas vezes antes de se comprometer. Em sua petição de divórcio, arquivada na Corte Superior de Los Angeles, Cherniak faz um número de acusações graves contra Thornton.

> Meu relacionamento com o réu foi caracterizado por seu comportamento violento, e pelo abuso verbal, emocional e mental. O abuso, particularmente o abuso físico, se tornou mais severo durante os últimos 12 meses. O réu precisa de ajuda. Tenho muito medo de que, ao registrar esse pedido, esteja colocando minha vida em risco, e de que o réu cumpra com as suas ameaças de me matar. Eu preciso de proteção e peço a esta corte que conceda os pedidos que fiz.

Em seu depoimento, Cherniak mantém que Thornton lhe dissera ter sido diagnosticado por um psiquiatra como maníaco-depressivo, e que ele tomava lítio diariamente. Mas, após um ou dois meses de casamento, ela afirma que ele não podia mais tomar o lítio, alegando que a substância bloqueava sua criatividade e o fazia se sentir "um pedaço de pau". Quando estava com sete meses de gravidez, acusa ela, ele se tornou extremamente violento pela primeira vez, empurrando-a em cima de uma mesinha de centro. Então, três meses após o nascimento do filho, Willie, Cherniak diz que Thornton deu um murro em seu olho, enquanto ela segurava o bebê, e, então, se ajoelhou e "implorou perdão".

Em seus documentos, ela descreve que três semanas após dar entrada no divórcio, Thorton começou a sufocá-la. Com as mãos ao redor do seu pescoço, ela disse que ele a olhava nos olhos e dizia: "Eu vou te matar. Vou te matar e, então, vou para a prisão, e as crianças ficarão órfãs".

Thornton se defendeu dizendo que era ela quem praticava abusos contra ele, acusando-a de estar tentando valorizar os termos do divórcio, agora que ele era rico e famoso, tendo ganhado o Oscar por *Na corda bamba*. O juiz concedeu a ambos uma ordem para que ficassem distantes um do outro.

A depender de com quem você fala em Hollywood, Thorton é completamente louco ou meramente excêntrico. De um jeito ou de outro, ele é definitivamente estranho. Suas excentricidades incluem algumas fobias curiosas, incluindo sua famosa aversão a antiguidades francesas. "É que simplesmente não uso talheres de verdade, disse ele ao *Independent*, de Londres. "Sabe, aqueles garfos e facas grossos e pesados; eu não consigo usá-los. É a mesma coisa com mobiliário antigo. Eu simplesmente não gosto de coisas velhas. Me aterrorizam e eu não sei explicar por quê. Não tenho fobia com antiguidades norte-americanas. O problema é com artigos franceses, sabe, como aquelas cadeiras grandes, talhadas em ouro e com assentos de veludo. O estilo Luis XIV. É esse estilo que me arrepia. Eu consigo identificar uma imitação a quilômetros de distância. Elas têm uma vibração diferente. Não têm tanta poeira".

Seja ele maluco ou não, admitiu possuir alguns problemas de saúde mental, além de ser maníaco-depressivo, incluindo uma batalha contra o transtorno obsessivo-compulsivo. Mas mesmo seus detratores admitem que ele é criativo, engraçado e extremamente inteligente — todas elas características que Angelina admira num homem.

De acordo com a história oficial, espalhada alegremente por Jolie e Thornton após assumirem publicamente o romance num burburinho de mídia, eles ouviram falar um do outro muito antes de ficarem juntos. Geyer Kosinski, uma das pessoas a quem Jolie agradeceu em seu discurso do Oscar, era seu agente há bastante tempo e já fora agente de Thornton. Ele disse a Billy Bob que este deveria conhecer Jolie, porque tinham bastante em comum: uma afinidade mútua por tatuagens, por exemplo, e uma inclinação a desafiar os padrões de Hollywood. Dois anos antes de se conhecerem oficialmente, estiveram presentes ao mesmo evento, mas Jolie relatou tê-lo evitado deliberadamente. Então, eles foram escalados para estrelar lado a lado no filme *Alto controle*, uma comédia sobre controladores de tráfego aéreo, que foi filmada em Toronto durante a primavera de 1998. No dia em que ela chegou para começar as filmagens, os dois entraram no mesmo elevador, embora ainda não tivessem sido formalmente apresentados. Thorton lembrou o encontro posteriormente: "Eu disse: 'Eu sou Billy Bob. Como vai?' e, então, saímos do elevador, e eu só me lembro de ... sabe, de não querer que algo vá embora. Queria que o elevador fosse até a China. É como ser atingido por um raio. Aconteceu algo diferente, algo que nunca havia acontecido antes".

Jolie relatou uma lembrança semelhante. "Algo de errado aconteceu comigo naquele elevador", relatou. "Químico. Eu realmente andei e bati de cara na parede. Foi o elevador. Eu meio que me bati nele enquanto saíamos. Ele entrou numa van e me perguntou:

'Vou provar umas calças, você quer vir?' E eu quase desmaiei. Tudo o que eu ouvi foram as palavras "ele" e depois "tirar as calças". Eu simplesmente disse 'não'. Então, andei até a esquina e me sentei de costas para uma parede, respirando, pensando, 'O que... foi... aquilo? Que diabos foi aquilo? Jesus, como vou conseguir trabalhar?' Eu estava tão confusa. Me tornei uma completa idiota".

Os dois afirmam que uma noite em Toronto, após filmarem, jantaram juntos, mas não sozinhos. Thornton estava acompanhado de seu assistente e Jolie de um amigo. Mas eles conversaram e fizeram uma conexão. "Não podíamos ficar juntos na época", disse Jolie. "Em nenhum momento daquele período dissemos que um dia ficaríamos juntos. Não podíamos", completou Thornton, falando sobre aquela energia inicial. "Mas hoje eu sei que era impossível não ficarmos juntos". "Nós dizíamos coisas estranhas", disse ela. "Conversávamos sobre assuntos aleatórios de nossas vidas, como a dificuldade de se viver com alguém, e ele dizia 'eu poderia viver com você'. Eu pensei... não que eu não fosse boa o suficiente para ele, mas que eu não sabia o quão centrada eu era, ou sólida ou boa para quem quer que fosse. Por isso, eu não pensava se seria maravilhoso estarmos juntos".

Na época, Thornton estava saindo com a atriz Laura Dern. Consequentemente, após o término das filmagens de *Alto controle*, no final de 1998, Jolie e Thornton permaneceram sem contato por vários meses, até que começaram a se falar por telefone. Então, em abril de 2000, após afirmações persistentes da mídia confirmando que Jolie e Thornton eram um casal, a coluna *Rush and Molloy* pediu à agente de publicidade de Thornton, Michelle Beaga, que checasse o status de seu relacionamento com Dern. Ela confirmou que os dois haviam, de fato, "terminado o relacionamento", mas afirmava que não sabia de "nada além disso".

Dern conhecera Thornton em 1997, quando ambos apareceram no famoso episódio de *Ellen*, onde a estrela Ellen Degeneres faz uma confissão à personagem interpretada por Dern, se assumindo como lésbica pela primeira vez. Dern e Thornton, mais tarde, estrelaram no filme *Tudo em família*, escrito e dirigido por ele. Ambos falavam publicamente sobre o noivado. Apenas um mês antes do seu romance com Jolie se tornar público, Thornton havia concedido uma entrevista à revista *Men's Journal* falando sobre Dern, dizendo: "Agora estou feliz e envolvido com alguém que é a minha melhor amiga. Temos um cachorro e um quintal, e eu fico parte do tempo com meus filhos. Sinto que me tornei um bom pai e isso é algo de que me orgulho".

O casal se separou após Dern ficar sabendo sobre o romance com Jolie, embora, aparentemente, Thornton tenha ligado para Dern no dia 1º de maio para dizer que o que tinha com Jolie não era sério; ele estaria apenas "cumprindo seu papel". Entretanto, quatro dias mais tarde, ele se casou com Jolie. Posteriormente, naquele mesmo ano, Dern falou à revista *Talk*: "Saí de casa para trabalhar num filme e, enquanto eu estava longe, meu namorado se casou e nunca mais me ligou. É como se ele, subitamente, tivesse morrido".

Dern é filha do ator veterano Bruce Dern e da versátil atriz Diane Ladd, três vezes indicada ao Oscar. É reportado que Ladd gostava de Thornton, mas logo após a agente de publicidade dele ter confirmado que ele e Dern haviam se separado, Ladd disse, em meados de abril, que "Billy Bob Thornton é realmente *O Médico e o Monstro*. Estou chocada. Billy Bob me disse que queria que a minha filha fosse sua esposa e sei que eles haviam conversado sobre ter filhos. Não sei como fazer sentido de tudo isso".

No final de abril, Thornton e Jolie assumiram o seu relacionamento publicamente e houve centenas de artigos afirmando que o casamento era iminente. Em 28 de abril, o correspondente de Hollywood para a *E! Entertainment News*, Ted Casablanca, relatou que os dois haviam se casado, mas essa informação se mostrou incorreta. Entretanto, uma semana mais tarde, no dia 5 de maio, Thornton e Jolie dirigiram até Las Vegas, onde, de fato, receberam uma certidão de casamento, concedida pela corte do Condado de Clark. Naquela mesma tarde, seguiram para a capela da igreja Little Church of the West, que é palco de mais de seis mil cerimônias por ano, muitas delas conduzidas por um pastor vestido de Elvis, que canta duas músicas do Rei e realiza a cerimônia pela bagatela de 575 dólares.

Thornton e Jolie escolheram o pacote mais tradicional, por 189 dólares, que incluía um buquê de rosas vermelhas e brancas. "Eles entraram como quaisquer outras pessoas", lembra o proprietário da capela, Greg Smith. Para a música do casamento, o casal escolheu *Unchained Melody*, dos Righteous Brothers. Durante a cerimônia, a noiva usou um suéter azul sem mangas e jeans, enquanto o noivo vestia jeans e um boné de beisebol.

"Ele se apresentou como Bill Thornton quando fez a reserva", disse Smith. "Eu não sabia que era ele até o momento em que chegaram aqui". A cerimônia não contou com nenhum dos amigos ou familiares de Jolie, apenas um amigo de Thornton, o cinegrafista Harve Cook, que foi o padrinho. Cook foi o operador assistente de vídeo no filme *Espírito selvagem*, que Thornton havia dirigido recentemente.

Logo o exagero do casal atingiu níveis ensurdecedores. "Estou perdidamente apaixonada por este homem", disse Jolie posteriormente à revista *Talk*, "e permanecerei apaixonada por ele até o dia em que eu morrer". "Sabe quando você ama tanto uma pessoa que pode quase matá-la? Eu quase fui morta na noite passada", disse Jolie à *US Weekly*. Thornton subiu a perna da calça para revelar um cogumelo colorido na panturrilha direita, com o nome "Angie" escrito dentro dele.

"Foi tudo muito exagerado", relatou um correspondente do *Hollywood Reporter*, que diz que "a cidade inteira virava os olhos quando coisas desse tipo eram divulgadas. Tudo soou tão planejado, como se eles tivessem algum roteirista escrevendo tudo".

De fato, mesmo os agentes de publicidade que ganhavam a vida planejando esse tipo de cobertura pareciam acreditar que havia algo de errado. Numa manobra sem precedentes, a respeitável firma de relações públicas Baker Winokur Ryder (BWR), que representa clientes de alto escalão, como Leonardo DiCaprio, Brad Pitt, Chris Rock e Michael J. Fox, silenciosamente tirou Jolie de sua carteira de clientes. "Por que motivo alguém iria querer terminar o contrato com uma atriz vencedora de um Oscar?", perguntou a revista *New York Magazine*, que divulgou a história. A antiga representante de Jolie na BWR, Cari Ross, disse à revista: "Não estava bom para mim, por isso, disse ao agente de Jolie, Geyer Kosinski, que eu precisava sair de cena". A companhia de Kosinski, Industry Entertainment, imediatamente deu a sua própria versão da história: "Angelina simplesmente decidiu que não precisava mais de um agente de publicidade", disse Anne Woodward, da Industry.

Aparentemente, não era um momento oportuno para perder sua agente de publicidade, mas, talvez, Jolie soubesse o que estava fazendo. Tornar público o seu romance com Billy Bob Thornton havia logrado êxito em tirar da mídia as conversas sobre incesto. Os sussurros haviam sido silenciados e o nome do seu irmão era raramente mencionado junto ao dela após meados de abril de 2000. James Haven, a pessoa mais próxima de Jolie durante mais de um ano, o homem que ela recentemente havia descrito como seu "melhor amigo" e "maior apoio", aparentemente, havia sido banido.

* * *

Em 1º de junho de 2000, a colunista do *New York Post*, Liz Smith, conhecida pela sua vasta rede de relacionamentos, composta de amigos e fontes em Hollywood, divulgou um rumor que havia ouvido recentemente acerca do casamento de Jolie e Thornton: eles eram, na verdade, "apenas bons amigos". O casamento foi, "basicamente, a maneira de Billy Bob ficar de olho em Angelina, porque ele temia que, de alguma forma, ela pudesse cair do precipício, e Jolie concordou que precisava de alguém que tomasse conta dela".

E realmente precisava. Embora aparentemente houvesse pouco fundamento para o rumor, uma história já circulava, dizendo que Jolie havia, de fato, caído "do precipício" antes de seu casamento com Thornton. Algo aconteceu entre 1º de maio, o dia em que Thornton disse a Laura Dern que o romance com Jolie não era sério, e 5 de maio, o dia em que Jolie e Thornton se casaram. O *Daily Mail* de Londres foi o primeiro a divulgar a notícia, citando fontes do Instituto Neuropsiquiátrico Stewart and Lynda Resnick, na UCLA em Los Angeles. As fontes afirmavam que Jolie havia dado entrada no início de maio. Durante 72 horas, ela havia sido colocada sob os cuidados de um psiquiatra, o máximo que uma pessoa pode fazer no Estado da Califórnia antes de ser formalmente internada. Pessoas de dentro do hospital disseram ao jornal: "Ela disse ter medo de machucar a si mesma. Estava muito irritada e pensava que poderia se matar, se não fosse tratada". O porta-voz de Jolie confirmou ao jornal inglês que ela havia sido admitida no hospital psiquiátrico de UCLA, mas não por causa de Billy Thornton. Ao invés disso, Jolie estava sendo tratada por causa de "exaustão".

Porém, um ano depois, Jolie quebrou o silêncio sobre o incidente durante uma entrevista à *Rolling Stone*. Ela afirmava que sua estada no hospital psiquiátrico estava, de fato, ligada ao seu relacionamento com Thornton. "O que aconteceu foi que não sabíamos se poderíamos ficar juntos", disse ela à revista. "Me lembro de ele dirigindo para algum lugar sem saber se estava bem... nós queríamos nos casar, e, por um monte de motivos, achávamos que não poderíamos. Ambos estávamos tão... estamos tão, é um tipo de amor lindo, mas é também um pouco maluco, e eu, por algum motivo, pensei que algo havia acontecido com ele, e eu perdi a capacidade de... fiquei um pouco desequilibrada... tudo o que eu posso dizer é que não teve nada a ver com outras pessoas. Não é que nenhum de nós dois não amasse o outro. Tudo o que eu posso dizer é que às vezes a vida explode... talvez uma parte de mim precisasse ser desligada por alguns dias, para conseguir processar tudo; eu não sei".

Ela afirmou que logo antes do incidente havia estado com Thornton em Nashville. Quando retornou a Los Angeles e sua mãe a apanhou ao aeroporto, ela começou a chorar. "E eu não conseguia parar de chorar", disse Jolie. "Não sei o que aconteceu". Ela começou a tremer e logo perdeu a capacidade de falar. Um médico foi chamado e ela foi levada a um hospital. "Basicamente, eu pensei que ele se fora", disse ela. "Por isso, eles entenderam que eu estava passando pelo trauma de ter perdido alguém, como uma mulher que perde seu marido. Eu não conseguia falar".

A coincidência de ter sido internada num hospital psiquiátrico apenas um mês depois de ter ganhado um Oscar pela interpretação de Lisa Rowe não passou despercebido por Jolie, nem pelos demais pacientes. "Alguns deles sabiam quem eu era, alguns haviam assistido *Garota, Interrompida*", disse ela. "De certa forma, é estranho, mas é bom saber que todos são loucos. Quero dizer, para um monte de garotas jovens, para todas nós, há essas fotos de revistas de pessoas que conseguem se manter sãs, que têm uma vida perfeita. Acho que, de certa forma, foi bom para essas pessoas que estavam lutando contra coisas diferentes, contra as quais eu já lutei na minha vida, perceber que não importa... certas coisas não fazem você se sentir melhor; não existe um outro lado da vida. As pessoas não são diferentes umas das outras".

Quando foi liberada do hospital, em 4 de maio, disse Jolie à revista, que a sua mãe procurou Thornton contra a vontade dela. "Acho que ele estava procurando por mim", disse Jolie. Vinte e quatro horas depois, os dois estavam casados. Foi uma história romântica e terna. Mas não foi um pouquinho Hollywoodiano demais?

* * *

Desde que comecei a seguir a trilha biográfica de Jolie, houve uma constante. Praticamente todas as pessoas com as quais eu conversei em Los Angeles — incluindo defensores fervorosos da atriz, repórteres, agentes publicitários, atores e funcionários da indústria do cinema — foram céticos quanto ao seu relacionamento com Billy Bob Thornton do começo ao fim. "Foi apenas muita coincidência que as notícias tenham começado a vazar justamente quando os rumores de incesto estavam no ápice e justamente no momento em que ela precisava de uma notícia nova para desviar o foco", disse um repórter. "Ninguém conseguiu encontrar uma única pessoa — um amigo, um parente, ninguém — que tenha visto qualquer indício desse grande amor antes da cerimônia do Oscar de 2000. Nem uma única pista antes da controvérsia começar, e, então, subitamente, uma ou duas semanas depois, eles estavam perdidamente apaixonados. Dá um tempo. Tente encontrar alguém que acredite que essa história seja verdadeira. Fantasia pura".

Após posar como ator por mais de um ano e ver as coisas inacreditáveis que as celebridades fazem para manter a sua imagem ou para esconder um segredo, eu não tinha dificuldade em acreditar nas insinuações cínicas das pessoas que insistiam que o relacionamento com Thornton foi uma grande cortina de fumaça. Mas havia apenas uma pergunta que ficava na minha mente e me impedia de acreditar na história. O que Thornton ganhou com isso? É uma pergunta que até hoje eu não consigo responder satisfatoriamente.

Uma coisa estava clara. Jolie havia, sem dúvida alguma, sido internada em um hospital psiquiátrico na primavera de 2000. Eu queria saber por quê. Uma das minhas heroínas do jornalismo foi uma mulher chamada Nellie Bly, que no final do Século XIX foi repórter do *New York World*. Ela fingiu insanidade para expor as condições do Manicômio Feminino Woman's Lunatic Asylum, na Ilha Blackwell, em Nova York, conhecida atualmente como Ilha Roosevelt. Bly imitou alguém com doenças mentais e foi diagnosticada por um psiquiatra respeitável como "definitivamente insana", o que a permitiu ser internada no manicômio por mais de uma semana, experienciando as condições brutais em primeira mão. Seu relato a respeito de sua estada no manicômio, que ela transformou no livro *Ten Days in a Madhouse*, causou uma comoção e levou a reformas significativas e duradouras no sistema de saúde mental americano.

Inspirado pelo exemplo de Bly, eu estava determinado a ganhar algum *insight* na experiência de Jolie, me infiltrando no Hospital Neuropsiquiátrico Resnick, onde ela havia sido internada em maio de 2000. Eu não estava certo do que esperava encontrar ou do que poderia, realmente, descobrir nove anos após o fato ocorrido, mas sabia como conseguir entrar. Um ano antes, enquanto me fingia de paparazzo para um documentário, Britney Spears havia sofrido seu muito divulgado colapso e havia sido internada pelo pai, contra a sua vontade, no mesmo hospital. Infelizmente, eu estava em Nova York naquele dia; por isso, perdi a maior parte do drama. Mas quando retornei, cultivei alguns contatos no hospital, incluindo assistentes e seguranças, alguns dos quais ainda trabalhavam lá quando retornei, um pouco mais de um ano depois. Foi um desses funcionários do hospital que facilitou o meu faz de conta.

"Você deve ter cuidado", me disse, quando lhe contei o meu plano. "A maioria das pessoas que chega aqui teve uma indicação de outro hospital. Se você simplesmente aparece aqui, não irão admiti-lo, a não ser que você demonstre possuir os sintomas corretos". Ele me explicou que, para ser internado, eu deveria afirmar estar tendo pensamentos suicidas ou que corria o perigo de machucar outras pessoas. De posse dessa informação privilegiada e tendo feito um pouco de pesquisa a respeito do hospital, eu estava pronto para tentar.

Quando cheguei ao hospital na manhã seguinte, o local se mostrou um complexo labirinto de prédios, mas eu, finalmente, localizei o correto. Um segurança estava parado na entrada e me perguntou onde eu estava indo. Eu disse que estava tendo pensamentos suicidas; então, ele, imediatamente, me direcionou à ala de emergência, apontando para o final do corredor. Ao invés de ir diretamente para a emergência, decidi dar uma olhada no lugar e encontrei uma lanchonete onde decidi comer alguma coisa. Havia diversos balcões repletos de todo tipo de comidas saudáveis — saladas, sucos, opções vegetarianas. Optei por uma salada de frango e suco de manga. Isso contrastava bastante com a descrição feita por Nellie Bly da comida que era servida no manicômio: "Caldo nojento, carne estragada, pão que era um pouco mais do que massa seca e água suja não potável".

Me sentei e comi numa varanda, que estava, em sua maioria, repleta de médicos e funcionários. Próximo a mim estava um homem por volta de 35 anos, chamado Reeve, que disse estar ali fazendo uma consulta de acompanhamento. Perguntei do que ele estava se tratando. "Se não fosse por esse lugar, eu estaria morto", disse, explicando que havia sofrido um divórcio doloroso, que o havia deixado quase catatônico de depressão. "Eu não tinha para onde correr, não tinha aonde me esconder, exceto aqui". Ele me disse que ainda estava deprimido, mas que "agora está sob controle". Eu disse que havia ouvido falar que algumas celebridades haviam se internado ali. Será que ele teria visto alguma celebridade?

"Eu sei que Britney Spears esteve aqui no ano passado", disse. "Meu médico me contou tudo a respeito. Foi um circo. Havia equipes de filmagem por todos os lados. Aparentemente, ela colocou o hospital de cabeça para baixo, porque todos estavam tentando tirar fotos dela. Uma foto dela na unidade teria valido um milhão de dólares. Ouvi dizer que, em determinado momento, eles chegaram a colocá-la num daqueles quartos acolchoados".

Após o almoço, conheci outro paciente no sanitário masculino, um rapaz chamado Mark. Eu disse a ele que estava deprimido desde a morte de Kurt Cobain e que nunca havia conseguido superar isso. Era uma área de doenças mentais com a qual eu estava bastante familiarizado, tendo escrito um livro sobre a morte do roqueiro, com ênfase nos 68 suicídios similares que ocorreram após sua morte. Eles eram, em sua maioria, adolescentes deprimidos, e eu estava na casa dos 40, mas usei meu melhor argumento. Ultimamente, tenho pensado em terminar com tudo, disse. Valia a pena me internar? Será que eles poderiam me ajudar?

"Com certeza. Você seria louco de não se internar", disse ele, enfaticamente. "Esse lugar não tem nada a ver com *Um estranho no ninho*. Todo mundo pensa que vai encontrar algo parecido com aquilo". Eu perguntei se ele havia assistido *Garota, Interrompida*, mas ele nunca havia ouvido falar. Mas acabei descobrindo que ele era fã de Angelina Jolie e havia assistido *O procurado*. "Ela bota pra quebrar", disse. "Eles irão interná-lo imediatamente, mas não espere resultados imediatos. Leva tempo", preveniu.

Ele me contou que, há algum tempo, havia feito o programa de internação de emergência, que durava três dias, e agora comparecia a consultas de acompanhamento, embora não tenha me contado o motivo de ter sido internado aqui. "As sessões de terapia em grupo são incríveis. Eles o ajudam a trazer à tona tudo o que estava escondido dentro de você. É como uma grande sessão de autoconhecimento, mas com outras pessoas presentes. No começo é difícil falar sobre coisas pessoais, mas você se acostuma. Você sai das sessões sentindo que não é louco e que não está sozinho".

© Steve Smith/Corbis/Corbis (DC)/Latinstock

Angelina Jolie chega ao Empire Theater, em Londres, para a première de *Salt*.

Angelina Jolie na première do filme *Salt* no Hotel Ritz de Moscou, Rússia, em julho de 2010.

Angelina Jolie concede autógrafos na première de *Kung Fu Panda 2*, realizada no Grauman's Chinese Theatre, em Hollywood, Califórnia, em maio de 2011.

Finalmente, me dirigi à ala de emergência, onde havia alguns recepcionistas atrás das mesas. Havia uma fila; por isso, me sentei na sala de espera. Após alguns minutos, um médico veio até mim, um residente, presumi, e me perguntou: "Você está bem?". Eu disse a ele que estava tendo alguns problemas, que não tinha certeza se conseguiria "lidar com as coisas". Ele me disse que eu estava no lugar certo e que deveria preencher alguns formulários quando chegasse a minha vez, e que eles iriam "cuidar" de mim. Quando chegou a minha vez, uma mulher, que não me pareceu ser uma enfermeira, me entregou alguns papéis para ser preenchidos. Quando eu perguntei a ela sobre a parte do formulário que pedia o número de usuário, ela me perguntou como eu iria pagar. Eu disse que era canadense e que não achava que estava coberto pela seguradora. Quando perguntei se poderia pagar em dinheiro, ela disse que sem plano de saúde seria muito caro — "milhares de dólares" — se eu fosse internado. Ela me deu um número para ligar, dizendo que seria muito mais barato fazer uma consulta. Finalmente, fui embora, prometendo ligar para a minha companhia de seguro de viagem e me informar sobre a cobertura. Mais tarde, descobri que, a menos que eu fosse levado até lá por uma ambulância sob circunstâncias especiais, provavelmente não estaria coberto pelo seguro.

Eu estava planejando fazer um documentário para acompanhar o meu livro, mas percebi que precisaria de imagens do hospital, assim como cenas de mim mesmo dentro da unidade, pedindo informações. Essa não era uma tarefa fácil, dado que eu havia visto avisos por todo o hospital proibindo câmeras no local. Havia também uma Lei de Privacidade do Estado da Califórnia, que previa penalidades duras a qualquer pessoa que publicasse fotos ou vídeos mostrando o rosto de pacientes de hospital. Ainda assim, eu precisava de algumas imagens. Isso significava que eu teria que conseguir trazer um cinegrafista na minha próxima visita. Eu tinha um amigo que era um excelente operador de vídeo, assim como fotógrafo. Eu já havia pedido a sua ajuda em vários outros projetos como este. Ele é um ator que já teve um bom papel num filme feito para a televisão, onde interpretava um famoso comediante, mas agora estava passando por um período difícil, e eu sabia que o trabalho seria bem-vindo. Por sorte, ele havia iniciado recentemente o desenvolvimento do piloto de um *reality show*, no qual os participantes recebiam pequenas câmeras de vídeo — do tamanho de um cartão de crédito — para gravar suas experiências. Ele concordou em me acompanhar em minha próxima visita, depois que eu disse ser seguro.

Nós retornamos cinco dias depois. Inicialmente, ele parecia achar que passar o dia disfarçado no hospital era uma grande aventura. Mas não demorou muito para, depois que eu consegui fazer com que entrássemos lá, começasse a ficar nervoso. Ele estava fazendo o papel de meu irmão, que me acompanhando por eu estar agindo de forma estranha, e ele tinha medo que eu me machucasse. Uma vez lá dentro, ele pareceu se dar conta de que aquele era um lugar que poderia manter uma pessoa internada ali contra a sua vontade por semanas ou mesmo meses.

Novamente, fomos direcionados para o departamento de emergência. Mas eu estava decidido a dar uma olhada no piso onde ficavam os pacientes internados, ver o que se passava por lá e conseguir algumas imagens para o meu documentário. Ambos estávamos nervosos, especialmente porque alguns dos seguranças estavam armados. Pouco depois, conseguimos entrar numa ala do hospital para onde, imagino, eu teria sido enviado, se fosse admitido no programa de 72 horas de observação. Ali, os pacientes pareciam, em sua maioria, estar "cada um na sua", preferindo paz e silêncio. Cada um dos pacientes usava as suas próprias roupas. Não havia a sensação de estar numa ala típica de um hospital. Num salão, nos sentamos próximos a um paciente chamado Roy. Sua história foi a mais impressionante que eu encontrei desde que cheguei.

Ele me contou que havia passado anos num manicômio do estado, no início dos anos 90, antes de ser finalmente liberado. Agora ele vinha aqui para consultas regulares e tratamentos. Ele não tinha vergonha de conversar sobre as suas experiências. "Eu recebi eletrochoque no hospital estadual", disse. Eu achava que essa prática havia sido abandonada há anos. Tinha a vaga impressão de que eletrochoque era similar a sangrias com sanguessugas, coisa do passado, mas ele desfez a minha impressão. "Eles ainda praticam o eletrochoque, mesmo hoje em dia. É mais seguro do que costumava ser, mas, ainda assim, mexe com a sua cabeça. Você precisa consentir com o tratamento. Eles lhe dizem que irá ajudá-lo, mas pedem que você consinta enquanto não estiver em condições de tomar decisões. Eu sofri mais perda de memória e dano mental do que antes de ser admitido lá".

"Aqui é completamente diferente. Eles não fazem esse tipo de coisa. Eles se preocupam genuinamente com o bem-estar dos pacientes. Eu gostaria de ter podido estar num lugar como este naquela época. Aquele lugar acabou comigo. Eles te enchem de remédios; é dessa forma que mantêm os pacientes sob controle. Aqui é voluntário; você tem o direito de recusar os remédios".

Quando, finalmente, chegamos à emergência, a recepcionista novamente me pediu para preencher um formulário. Eu disse a ela que não poderia fazê-lo, pois estava me sentindo um pouco tonto. Ela pediu a um atendente para cuidar de mim. Dois minutos depois, eu estava deitado numa maca em uma área pequena e estreita, ao lado da ala de emergência.

Enquanto fiquei deitado lá por 45 minutos, pude observar e ouvir o que se passava. Tudo parecia bastante calmo para um chamado manicômio. Era um ambiente completamente diferente do que eu imaginava. Em determinado momento, ouvi um médico conversando com outro funcionário sobre um paciente que seria liberado naquele dia. Para a minha surpresa, o médico ficou falando que o paciente não precisava mais de remédios e que estava pronto para voltar à sociedade.

Enquanto isso, eu estava morrrendo de vontade de sair daquela maca e explorar um pouco mais. Finalmente, um atendente veio onde eu estava e me perguntou como me sentia. Eu disse que me sentia muito melhor. Não havia sido permitido que meu "irmão" me acompanhasse à área de descanso, mas ele conseguiu ir até lá brevemente para me ver quando eu já estava saindo, possibilitando que fizesse algumas cenas de mim lá. Novamente, eu disse à recepcionista que não possuía plano de saúde. E novamente recebi um número para o qual deveria ligar e me preparei para sair do hospital.

Em todos os lugares para os quais consegui ir dentro do hospital, tentei colocar Angelina Jolie na conversa. Menos da metade das pessoas com quem conversei sabia que ela, algum dia, já esteve lá, embora quase todo mundo soubesse da estada de Britney Spears, e muitas pessoas me contaram que um ator de televisão do qual eu nunca havia ouvido falar, e cujo nome esqueci de anotar, esteve lá recentemente e atraiu alguma atenção.

Pouco antes da minha terceira visita planejada ao hospital, uma luz finalmente pareceu se acender para mim, graças a um dos meus primeiros contatos. Ele sabia que eu estava à procura de informações sobre a internação de Jolie e disse haver encontrado alguém disposto a falar, uma funcionária que já trabalhou no que eles chamam de "unidade de tratamento psiquiátrico intensivo". Previ que o nosso encontro seria uma operação arriscada, já que, há pouco tempo, um funcionário do mesmo hospital fora processado por acessar e vender os registros médicos de celebridades a um veículo de comunicação nacional por 4.900 dólares. Eu não tinha certeza do que faria se alguém me oferecesse os registros médicos de Jolie, mas 4.900 dólares me parecia uma barganha.

No dia e local do encontro, a funcionária me encontrou na área externa de um prédio chamado Centro Médico Ronald Reagan, situado no mesmo complexo. Quando nos encontramos, tentei puxar conversa sobre como, certa vez, fui dublê num filme sobre Ronald Regan feito para a televisão. Sem se mostrar impressionada, ela começou a me dizer que tinha uma história para mim sobre Jolie, quem, para a minha decepção, ela não havia conhecido.

"Estava assistindo ao programa *Larry King* com outra funcionária que havia estado na unidade quando Angelina foi paciente aqui", disse ela. "De repente, King pergunta a Angelina sobre o período em que esteve aqui. Então ela começou a contar toda a história sobre o seu namorado Billy Bob Thornton e sobre como não podia viver sem ele, pois tinha pensado que o havia perdido. A minha amiga se virou para mim e disse: 'Essa é a história ficcional. Ela é ótima atriz. Nada disso foi verdade'. Ou algo mais ou menos assim. Me lembro que ela usou a palavra ficcional. Acho que perguntei que parte não era verdade, mas foi tudo o que ela disse. Isso foi há anos". Ela concordou em me fornecer o nome da mulher, que agora trabalhava em outro hospital, também na Califórnia. Tentei entrar em contato, mas ela não retornou as minhas ligações.

Minha chamada operação secreta decididamente havia logrado menos êxito do que a de Nellie Bly. Agora eu tinha uma ideia sobre os motivos que levaram Jolie a ser internada. Mas sem ler os registros médicos, provavelmente jamais saberemos com certeza.

Entretanto, se eu tivesse que adivinhar as causas mais prováveis, baseado em minha própria investigação, usaria como base os momentos em que ela pareceu baixar a guarda durante as entrevistas que concedeu nos meses que se seguiram ao seu casamento com Billy Bob Thornton. Durante esse período, ela declarou publicamente estar mais feliz do que jamais havia estado. Durante uma entrevista a Chris Heath, da *Rolling Stone*, em julho de 2001, por exemplo, ela parecia confirmar o que pessoas próximas haviam dito sobre o período que se seguiu ao beijo do Oscar, quando o *incestogate* estava fugindo ao controle e todos que estavam ao seu redor diziam que ela precisava se distanciar do irmão para salvar sua carreira: "Foi um período difícil para a minha família", disse Jolie. "Não falo com Jamie há meses. Acho que ele... e não tenho certeza... mas de alguma forma ele tomou a decisão de... de...", ela faz uma pausa e começa a chorar, "não ficar tão próximo de mim, assim não teríamos que responder a perguntas ridículas".

Alguns dos detalhes sobre a história oficial simplesmente não batem. Se ela estava namorando Thornton em segredo há meses e eles estavam perdidamente apaixonados, como ela afirmou, é perfeitamente compreensível que tenha mantido a novidade em segredo para o resto do mundo. Mas seu próprio irmão, que ela sempre afirmou ser a sua força, a quem contava tudo desde que eram crianças, afirmou que não tinha ficado sabendo do romance ou mesmo do casamento até Jolie ligar para ele e contar a novidade após ter feito os votos de casamento. "Perguntei se ela estava feliz", relatou ele, "e ela disse, 'Sim, é para sempre'".

Ainda mais estranha é a afirmação de Jolie de que ela foi direto para o hotel de Thornton após a festa do Oscar e conversou com ele no jardim. "Ele estava de pijama e havia acabado de colocar as crianças para dormir", disse ela à *Rolling Stone*. Mas Liz Smith, do *New York Post*, me contou que ela estava na mesma festa e que viu Jolie aproveitando a balada até bem depois das duas horas da manhã. Outras pessoas que estiveram presentes tinham a mesma lembrança, e um grande número de relatos da mídia dizia que ela ficou lá até as primeiras horas da manhã, agarrada à estatueta do Oscar o tempo todo. Jolie tinha que estar no aeroporto às quatro horas da manhã para voar para o México, onde deveria retomar as filmagens de *Pecado original* naquele mesmo dia; por isso, os horários que ela menciona em seu relato não se encaixam na cronologia.

Além disso, ela também disse à *Rolling Stone* que, "logo depois disso", seu irmão a havia ajudado a arrumar as malas para que pudesse viajar e se casar. Mas James Haven, é claro, sempre afirmou que não fazia a mínima ideia sobre o casamento até depois que ele aconteceu.

Parece que o relato de seu relacionamento secreto pré-Oscar com Billy Bob Thornton, com meses de duração — revelado apenas depois que os rumores de incesto começaram a fugir ao controle —, está cheio de lacunas não preenchidas. Por outro lado, talvez Angelina Jolie tivesse realmente encontrado a sua alma gêmea e a felicidade verdadeira, como ela, repetidamente, afirmou durante o ano que se seguiu. Certamente, parecia ser isso, ao menos por algum tempo.

Lara Croft Tomb Raider: A Origem da Vida, Angelina Jolie.

SEXO, SANGUE E LARA CROFT

Antes que alguém tivesse a chance de recuperar o fôlego, o novo casal parecia estar em todo lugar, professando seu amor eterno um pelo outro. "Eles eram como Romeu e Julieta de tatuagens", escreveu um jornal. Realmente, os americanos não pegavam um jornal ou revista sem ler sobre os novos pombinhos de Hollywood.

"Me sinto tão viva", declarou Jolie à NBC. "Durante toda a minha vida eu pensei que estava apenas parcialmente viva. Pensava que era louca. Metade do tempo eu achava que era louca. Então conheci Billy Bob e pensei 'talvez eu seja louca'. Mas ele também é. Tenho tanto orgulho de ser a esposa dele; é tudo o que eu sou. Sempre estive muito, muito solitária, e sentia que estava sobrevivendo daquela forma, era contida, tinha meu próprio mundo particular dentro da minha cabeça e ninguém nunca conseguiu realmente conectar-se comigo. Então eu o conheci e passei a amar a vida. O conheci e, de repente, tudo sobre o que eu pensava fez sentido, tudo o que eu queria na vida e tudo o que eu desejava que a vida fosse... eram coisas possíveis".

Declarando que Thornton era sua "alma gêmea", Jolie disse a outro repórter: "Ele é a pessoa mais maravilhosa que já conheci. É um espírito verdadeiramente livre, corajoso, extremamente forte, apaixonado, selvagem e todas essas coisas. Mas ele também é uma pessoa bondosa, um amigo muito especial... nunca me senti tão segura na minha vida... De repente, me sinto mais alegre, mais viva e minha vida ganhou sentido. Ele é a minha força. Agora, estando centrada e a salvo, me sinto mais viva do que nunca e verdadeiramente livre". Chamando Thornton de "a criatura mais sexy que já viveu", ela declarou: "Estou perdidamente apaixonada por este homem e estarei até o dia em que eu morrer".

Parecia que eles simplesmente não conseguiam parar de falar sobre sua vida sexual. Depois que Thornton contou a um entrevistador que tinha que se conter para não apertar a esposa enquanto ela dormia, até que morresse, dizendo ainda que o sexo era quase "demais" para eles, Jolie dividiu suas próprias impressões. "Sabe quando você ama tanto alguém que é capaz de quase matá-lo? Eu quase fui morta na noite passada e foi a melhor coisa que alguém já fez comigo", disse ela.

"Há um 'sexto sentido' enquanto fazemos amor", disse Thornton a outro repórter. "Estávamos conversando outro dia sobre comprar um daqueles monitores de batimentos cardíacos, porque estou convencido de que terei um ataque cardíaco no meio do ato". Jolie respondeu: "Ele me beijou outro dia e eu quase desmaiei. Juro pela vida da minha família".

Como se pressentindo o ceticismo mudo, ambos aproveitavam todas as oportunidades para garantir publicamente que o amor entre eles iria durar. "A verdade é que eu não posso provar a você que ficaremos juntos para sempre, mas nós ficaremos. Se eu me encontrar com você novamente daqui a cinco anos, você vai poder me dizer 'Como estão as coisas? Como está a sua esposa?' e eu vou responder: 'Ótima'. A diferença é que, no passado, eu não estava no lugar certo".

Quando apenas as palavras deixaram de ser suficientes para aplacar o ceticismo, eles começaram a mencionar como a vida sexual dos dois era maravilhosa, incluindo algumas demonstrações ao vivo. Durante o MTV Music Awards de 2000, por exemplo, eles foram parados por um repórter enquanto entravam pelo tapete vermelho: "Billy Bob e Angelina! Qual a coisa mais excitante que vocês já fizeram dentro de um carro?". Thornton parou, pensou por um momento, e, então, respondeu com seu sotaque do Arkansas: "Acabamos de transar no carro".

Quando o *New York Daily News* relatou que muitas pessoas estavam apostando que o relacionamento deles iria desmoronar, Jolie respondeu: "Pode ser. Mas irá desmoronar de sexo". "Ele é um amante maravilhoso e conhece o meu corpo", revelou. Em outra ocasião, ela disse aos repórteres que havia sofrido queimaduras como resultado de fazer sexo em cima da mesa de bilhar do casal. Para um jornal inglês, revelou que Thornton era tão garanhão na cama que ela não conseguia andar depois de fazer sexo. "Antes que eu me dê conta, estou num canto do quarto com a respiração ofegante", disse ela, "e não sei o que aconteceu, tento voltar para a cama, mas não consigo andar".

Ao responder se o seu amor recém-encontrado significava que ela havia descartado as mulheres, disse: "Quando eu tinha 20 anos, me apaixonei por alguém que, por acaso, era outra mulher. Eu queria estar com ela porque era apaixonada por ela. A verdade é que eu amo pessoas. Se Billy fosse uma mulher, então eu seria lésbica. Simples. Se eu fosse homem, seríamos um casal gay".

Enquanto Jolie havia ganhado, em relacionamentos anteriores, certa reputação pela sua inclinação pelo sexo fora do comum, nunca havia falado minuciosamente sobre detalhes de sua vida sexual e não era conhecida por demonstrações públicas de afeto. Também havia expressado frequentemente seu desconforto em ser retratada como objeto sexual. Em fevereiro de 2000, apenas três meses antes de se casar com Thornton, disse à revista *Esquire* que havia chorado durante um ensaio fotográfico para a capa da revista *Rolling Stone*, porque haviam tentado forçá-la a usar uma camisola de lacinhos, que ela considerava ser "praticamente lingerie". Sua "expressão glamorosa" na foto de capa, explicou ela, não foi resultado de maquiagem, mas de lágrimas. "A capa... eu estava com o rosto completamente vermelho por ter chorado. Porque eu me sentia uma prostituta". Ela, frequentemente, expressou consternação às tentativas da mídia de explorar sua *persona* sexual, embora tenha atraído isso para si mesma ao admitir abertamente o sadomasoquismo, bissexualidade e uso de facas durante jogos sexuais.

Ainda assim, em praticamente todas as suas aparições públicas e entrevistas à mídia, falava sobre sua vida sexual com Thornton em detalhes. Ela fazia questão de dar a praticamente todos os repórteres e fotógrafos uma demonstração visual. "Eles se beijam e, enquanto conversam, discutindo os detalhes do dia, ela passa os dedos distraidamente para cima e para baixo do zíper das calças dele", descreveu um perfil sobre uma tarde passada na casa de Thornton e Jolie.

Em eventos públicos, os dois estavam quase sempre em cima um do outro, fazendo gestos sugestivos e insinuando que mal podiam esperar para fazer sexo. Durante o Globo de Ouro, o *Los Angeles Daily News* relatou que o casal "se acariciou enquanto passava pelo tapete vermelho". Após se apalparem na frente dos repórteres durante a estreia de *60 segundos*, a autora, Robin Gorman Newman, que é conhecida como a "Técnica do amor", falou a um jornal, desaprovando: "Eu penso que os casais que têm uma vida sexual maravilhosa não são os que se comportam assim". Newman provavelmente sabia do que estava falando. Após o término do relacionamento, Thornton deu uma entrevista, na qual insinuou que sua vida sexual com Jolie não era tudo aquilo que ele fez parecer na época: "O sexo não precisa ser com uma modelo para ser bom", disse ele pouco depois de Jolie receber da revista *Esquire* o título de pessoa mais sexy do mundo. "Algumas vezes, com a modelo, a atriz ou a 'pessoa mais sexy do mundo', pode ser literalmente como foder um sofá".

Na época, contudo, ninguém podia deixar de pensar que estavam se esforçando demais para ser o estereótipo do casal que tinha uma vida sexual maravilhosa. "Parecia tão calculado", disse um repórter de entretenimento que segue Jolie há anos. "É como se quando as câmeras, especialmente a televisão, estavam ligadas, eles começassem a encenar um show pornográfico, mas quando estavam longe delas, praticamente ignoravam um ao outro. Literalmente, havia apostas entre os jornalistas sobre quanto tempo esse relacionamento iria durar".

Os paparazzi estavam animadíssimos com as fotos, mas a maioria deles se perguntava o que estava acontecendo. "Jolie nunca nos deu esse tipo de foto antes com seu marido. Ela sempre foi bastante digna, especialmente considerando sua reputação. E, então, subitamente, ela começa a praticamente transar com Billy Bob na nossa frente", disse um fotógrafo inglês *free lance* que cobre Hollywood para um jornal de Londres. "Você tinha que se perguntar o que diabos estava acontecendo entre aqueles dois. Acredito que talvez ele tenha libertado a exibicionista que existia dentro dela".

Mesmo que Hollywood estivesse cética a respeito das constantes encenações de sexo, isso trazia boas vendas e ninguém ousava colocar suas dúvidas por escrito nos jornais ou revistas. Na Inglaterra, por outro lado, a mídia era um pouquinho mais franca e não tinha receio de gozar das persistentes carícias trocadas em público pelo casal. "Quanto mais duas estrelas insistem em proclamar que o seu relacionamento é forte, mais perto eles estão de se separar",

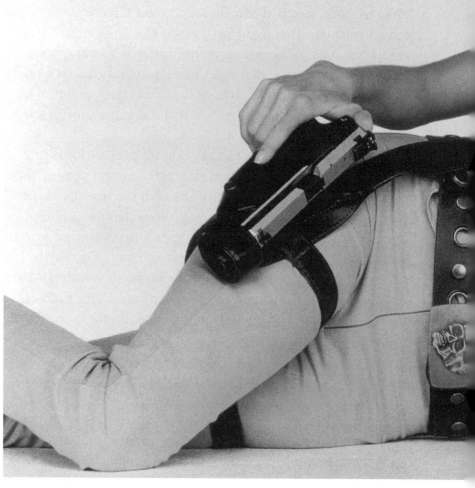

Angelina Jolie, a deusa de Hollywood e estrela do filme *Lara Croft: Tomb Raider*, dirigido por Simon West.

escreveu o *Evening Standard*, de Londres. "Veja Pamela Anderson e Tommy Lee, Jennifer Lopez e Puffy ou a queridinha da América, Julia Roberts, que declara sua eterna devoção a tudo o que se mexe e a algumas coisas que não. Enquanto isso, casais de celebridades que evidenciam permanência, como Tom Hanks e Rita Wilson, tendem a não conduzir entrevistas com suas pernas entrelaçadas ao redor da cabeça um do outro". O jornal chamou o embuste de Jolie e Thornton de "casamento enquanto arte performática".

Para causar mais efeito, os dois às vezes lançavam mais detalhes bizarros para apimentar mais as coisas para os repórteres. Primeiro, Jolie revelou que Thornton frequentemente usava suas calcinhas para mantê-la perto dele. Ele posteriormente confessou que alguns empregados o flagraram malhando na academia usando as calcinhas dela. Então o casal anunciou que usavam amuletos contendo o sangue um do outro ao redor dos pescoços. "Nós trocamos nosso sangue o tempo inteiro", confessou ele. "No meu aniversário, ela me deu um testamento com nossos túmulos próximos um do outro. Isso é ótimo, não?" Jolie foi ainda mais longe: "E ele assinou um contrato com sangue com um tabelião, dizendo que estaremos juntos pela eternidade". E, então, completou: "Algumas pessoas acham que diamantes enormes são muito bonitos. O sangue do meu marido é a coisa mais linda do mundo para mim".

Em determinado momento, Thornton chegou a chamar uma enfermeira para o set em que estava filmando na Louisiana, *Behind the sun*, e pediu que ela tirasse duas ampolas de seu sangue e adicionasse um agente anticoagulante. Ele explicou que queria escrever uma carta de amor para Jolie usando o próprio sangue. "Não sou muito ligada em joias, mas amo o sangue dele", disse Jolie aos repórteres em outro evento, acariciando o pendente de vidro em forma de globo, que continha a hemoglobina do seu marido. "Se eu pudesse beber o sangue dele, se eu pudesse devorar cada pedaço seu, eu o faria. Ele é a minha alma".

Talvez porque tivessem fugido, privando os repórteres da chance de ouvir detalhes sobre a sua noite de núpcias, decidiram se casar novamente, dessa vez na mansão em Beverly Hills, que haviam comprado por 3,8 milhões de dólares do guitarrista dos Guns n' Roses, Slash. "Queremos nos casar em diferentes países, de diferentes maneiras, com diferentes costumes", disse Jolie ao *L.A. Times.* "Nós amamos casar", completou Thornton.

Os repórteres estavam ansiosos em saber se Jon Voight aprovava o novo companheiro da filha, que havia estrelado com ele em 1997, no filme de Oliver Stone, *Reviravolta.* "Meu pai gosta dele", disse Jolie. "Eu não tinha certeza de como seriam as coisas. Quero dizer, eles são colegas. Mas meu pai me ama tanto e nunca me viu tão feliz; então, é claro que gosta dele. Eles trabalharam juntos, sabe? Acho engraçado que ambos tenham feito *Reviravolta* e que ambos tenham tido um papel tão estranho no filme. Nós fazemos piadas a respeito. 'Pois é, essa é a minha família nesse filme, as duas pessoas mais estranhas.'"

Mais de um membro cético da mídia queria saber se Thornton conseguiria fazer o casamento dar certo, considerando seus quatro divórcios anteriores. "Em termos de relacionamento, essa pode ser a primeira vez na minha vida que não falhei", respondeu ele. "Angelina é tudo para mim como ser humano, atriz e companheira".

Mas mesmo no início do casamento houve rumores, falsos ou verdadeiros, de que nem tudo era como parecia ser na superfície. Logo no verão de 2000, o *New York Daily News* reportou que Jolie e Thornton já estavam falando sobre divórcio. Ao mesmo tempo, o jornal citava uma testemunha que havia visto Jolie emergindo de um clube sadomasoquista, Hellfire, no qual ela e Jenny Shimizu eram conhecidas por frequentar no auge do seu romance.

Enquanto isso, Jolie fora escalada para aparecer num filme de ação, adaptação do *videogame* popular *Lara Croft: Tomb Raider*, fazendo o papel-título. De acordo com um relato apócrifo, foi

Lara Croft quem havia ficado entre ela e seu primeiro marido, Jonny Lee Miller. A história diz que ele se tornou tão viciado em jogar Tomb Raider em seu Playstation, que não dedicava mais tempo à esposa. "Quando eles me ligaram para falar a respeito de fazer o papel de Lara Croft, eu disse 'Oh, meu Deus, ela não'", relatou Jolie. E embora o *videogame*, provavelmente, tenha tido pouco a ver com o fim do seu primeiro casamento, pode ser dito que, de fato, foi Lara Croft quem levou ao término do segundo.

* * *

Quando Jolie estava na quinta série, frequentando a escola fundamental El Rodeo, em Beverly Hills, a escola passou por uma crise financeira e anunciou que seria forçada a demitir nove professores. Um dos que faziam parte da lista era o professor de educação física favorito de Angelina, o técnico Bill Smith. Jon Voight, posteriormente, descreveu a campanha organizada pela sua filha, então com dez anos de idade, para fazer com que a escola voltasse atrás em sua decisão. "Angie e os amigos se reuniram e decidiram que iriam lutar por ele e iniciaram a campanha 'Salvem nosso Smith'", lembra Voight.

O próprio Smith se lembra muito bem do papel de Angelina. "Ela fazia piquetes, andava pela rua com um cartaz". "Eles tiveram a ideia de organizar uma venda de biscoitos e bolos para angariar fundos e pagar o meu salário. Parecia um pequeno exército. Estavam decididos a fazer algo de bom para alguém". A cruzada deu certo. Dos nove professores que estavam na lista de demissões, apenas Smith manteve seu emprego.

"Acho que talvez isso tenha sido o começo de algo que mostrou a ela como poderia transformar as coisas, que ela poderia fazer a diferença", disse Voight, que também é envolvido em várias causas políticas, incluindo os direitos dos índios americanos e dos veteranos do Vietnã.

Jolie chegou ao Camboja no outono de 2000, para fazer as fotos de locação para *Tomb Raider*. Mas o que poderia ter sido um simples passeio em um paraíso tropical, acabou expondo-a a algo que ela mais tarde chamou de "as terríveis profundezas do sofrimento humano". Ao retornar a Hollywood, achou difícil olhar para a sua vida da mesma maneira novamente. Agora ela havia, como mais tarde declarou, "encontrado um propósito".

© Frank Trapper/Sygma/Corbis (DC)/Latinstock

Brad Pitt e
Jennifer Aniston
na estreia de
um filme.

BRAD E JENNIFER

Enquanto a vida sexual de Angelina Jolie e Billy Bob Thornton inundava os jornais ao longo do ano 2000, outro casal de celebridades também fazia manchetes, ainda que, decididamente, de maneira muito mais digna. Em julho, apenas dois meses após Jolie fugir para Las Vegas com sua nova alma gêmea e jurar que ficaria com ele "para sempre", Brad Pitt e Jennifer Aniston se casaram em Malibu. Comentou-se que a cerimônia, cheia de pompa, com vista para o Oceano Pacífico, custou mais de um milhão de dólares. "Ótima localização, ótimo roteiro, elenco magnífico", escreveu a revista *People*, declarando que o casamento possuía todos os elementos de uma produção de Hollywood.

O casal foi visto em público pela primeira vez num jantar, pouco mais de dois anos antes, em março de 1998. O evento foi agendado pelos agentes de ambos, o que não é tão incomum em Hollywood; a maioria dos encontros públicos na cidade é elaborados pelos agentes de publicidade para ter a foto de seus clientes na mídia impressa e gerar boatos mutuamente benéficos. Incomum foi que ambos se deram bem logo de cara. "Ele era simplesmente um rapaz doce do Missouri", declarou Jennifer posteriormente.

Pitt telefonou para Aniston no dia anterior à viagem dela para Londres, para filmar o episódio do casamento entre Emily e Ross do seriado *Friends*, durante a primeira semana de abril. Ele deixou uma mensagem na secretária eletrônica se oferecendo para levar um café e ajudá-la a arrumar as malas, mas ela não ligou de volta. "Eu fiquei tão nervosa que não liguei de volta para ele", disse Aniston para Oprah Winfrey. "Eu fingi ter ouvido a mensagem tarde demais. Quando voltei da Inglaterra, tivemos um encontro". Após o primeiro encontro de verdade, quando ficaram ouvindo música na casa de Pitt em Los Feliz, Aniston afirma que se apaixonou. "Nós dois soubemos [imediatamente]... foi estranho", lembrou ela. "A primeira vez que [ele] me beijou, eu parei de respirar. Ele literalmente tirou o meu fôlego".

Eles passaram os próximos meses juntos, bem antes da mídia saber sobre o seu romance. Jogavam pôquer, assistiam televisão e aproveitavam a companhia um do outro, no que ela, mais tarde, descreveria como um "ninho de amor". "A partir do segundo encontro, nós simplesmente juntamos nossas coisas numa casinha", lembra ela. "Acabamos sentados no sofá e pedindo comida, bife e purê de batatas. Foi assim que tudo começou. Foi um daqueles sentimentos estranhos, quando você, simplesmente, sabe. Você sente como se estivesse acompanhada do seu amigo. Havia algo de bastante familiar naquele sentimento. Era algo predestinado a acontecer". Aniston também disse que soube que eles estavam destinados a ficar juntos porque seu cachorro, Norman, adorava Pitt.

Não foi até meados de junho de 1998 que o público ficou sabendo do seu romance, quando os dois foram vistos se beijando nos bastidores do Tibetan Freedom Concert, em Washington, D.C. No dia seguinte, o *Washington Post* publicou que os dois eram "todo carinhos" um com o outro. E embora seus porta-vozes insistissem que eles eram apenas "bons amigos", o *Post* disse que uma descrição mais apropriada seria "amigos coloridos".

Com o segredo divulgado, os tabloides e revistas semanais fizeram a festa contemplando o romance entre os dois atores. Quando Aniston finalmente confirmou o relacionamento, seu entusiasmo era como o de uma adolescente que havia se apaixonado pelo zagueiro do time de futebol da escola. "Brad é o cara mais fofo da face da terra, e ele é tão profundo e espiritual", ela teria dito a um repórter. "Eu amo estar em seus braços. Eu quero ser a mãe do filho dele". Não demorou muito para que a mídia começasse a especular a data do casamento. Após filmar *Sete anos no Tibet*, a história de um montanhista australiano que se torna próximo do Dalai Lama, Pitt mergulhou no budismo tibetano, e houve relatos de que queria se casar em uma cerimônia budista. "Ele quer seguir todas as tradições tibetanas, celebrar o casamento no topo de uma montanha, em trajes tradicionais com o Dalai Lama observando", disse um amigo de Pitt ao *Sunday News*, de Auckland, Nova Zelândia.

Pitt, finalmente, pediu Aniston em casamento em novembro de 1999, e os dois começaram a planejar uma grande cerimônia de Verão. Quatro meses mais tarde, o casal foi à festa pós-Oscar, promovida pela revista *Vanity Fair*, onde Joan Rivers se aproximou da futura noiva e exigiu ver o anel. Pitt mostrou a mão de Aniston, levando Rivers a anunciar prontamente: "Melhor impossível". A alguns metros de distância, Jon Voight olhava para saber o motivo de toda aquela comoção. Próximo a ele estava a sua filha, Angelina Jolie, agarrada ao Oscar que havia ganhado mais cedo.

* * *

Assim como Angelina Jolie, Jennifer Aniston nasceu numa família de atores. E assim como sua futura rival, sua infância foi marcada pelo divórcio e por um pai mulherengo. Aniston nasceu em Sherman Oaks, subúrbio de Los Angeles, em fevereiro de 1969. Seu pai, nascido Yannis Anastassakis, em Creta, em 1933, teve o nome mudado para John Aniston quando a família se mudou para os Estados Unidos, quando ele tinha dois anos de idade. Ele iniciou carreira na Broadway no final da década de 50. Em 1962, ele já havia se mudado para Hollywood, onde sua beleza étnica lhe rendeu alguns papéis. Quando apareceu como o "Grego número 2" num episódio de 1964, chamado drama da Segunda Guerra Mundial, *Combat*, fez amizade com outro jovem ator de descendência similar à sua, Telly Savalas, que era um ator convidado na série. Aniston e o futuro astro de Kojak ficaram amigos, e Savalas foi padrinho da bebê Jennifer quando ela nasceu, cinco anos mais tarde.

Naquela época, John Aniston havia conhecido e se apaixonado por uma aspirante a atriz chamada Nancy Dow, que era divorciada e tinha um filho de três anos. Quando eles, finalmente, se casaram, Savalas foi o padrinho do noivo. Nem Aniston nem a esposa eram, particularmente, um sucesso como atores, porém, cada um deles conseguia trabalhar em pequenos papéis em seriados e dramas criminais. Quando Jennifer nasceu, em 1969, o melhor momento da carreira de Dow, provavelmente, havia sido uma aparição no seriado *Beverly Hillbillies*, em 1966, enquanto Aniston continuava a fazer personagens gregos em programas como *I Spy* e *Missão impossível*.

Assim como Marcheline Bertrand com Jolie, Dow devotou-se a criar sua filha e apoiar a carreira do marido. Após vários imprevistos profissionais, Aniston decidiu mudar de carreira e se tornar médico. Embora tenha passado nos exames pré-qualificatórios, não conseguiu ser aceito nas escolas de medicina dos Estados Unidos por causa de sua idade avançada, 41 anos, e decidiu estudar no exterior. Vendeu a pequena casa da família em San Fernando Valley e se mudou para sua terra natal, a Grécia, onde foi aceito no programa de medicina da Universidade de Atenas.

Após um ano de curso, entretanto, seus planos foram atrapalhados quando a Turquia invadiu o Chipre, forçando o fechamento da Universidade da ilha e causando um êxodo de estudantes gregos de volta a Atenas, onde receberam tratamento preferencial nas admissões. Os estudantes estrangeiros foram orientados a deixar o curso por um ano, e a família Aniston foi forçada a se mudar de volta para os Estados Unidos. Por sorte, quase imediatamente após Aniston começar a fazer audições novamente, recebeu um papel permanente na novela diária *Love of Life*, que era filmada em Nova York.

A família começou a morar em Manhattan, onde, pela primeira vez na sua carreira, Aniston tinha um salário fixo e sua filha Jennifer se tornou uma verdadeira nova-iorquina. Sempre que Telly Savalas voava para Nova York a trabalho, visitava os Aniston em seu apartamento no Upper West Side, onde ensinou a pequena Jennifer a jogar pôquer e, mais tarde, a fumar charutos — qualidades que a tornaram ainda mais querida a Pitt, anos depois. A despeito da proximidade com seu padrinho, Jennifer havia visto o suficiente durante a breve estada da família na Grécia, para prometer que jamais se casaria com um grego. "As mulheres ainda são cidadãs de segunda categoria", explicou ela, posteriormente, "grávidas na cozinha, enquanto os homens se sentam bebendo ouzo e fumando cigarros após o jantar, ao invés de ajudar com alguma tarefa. E os gregos são famosos por serem namoradores". O pai dela, ao que tudo indica, não era exceção.

Diferentemente de Angelina Jolie, que era jovem demais para se lembrar da separação dos pais, Jennifer Aniston possui memórias vívidas do dia em que voltou do aniversário de uma amiga, quando tinha nove anos de idade, e a mãe lhe disse que o pai ficaria algum tempo sem aparecer. John Aniston havia se apaixonado pela sua colega de elenco em *Love of life*, Sherry Rooney, e havia pedido o divórcio. Dow ficou arrasada. Embora tenha tentado esconder da filha, que não viu o pai por quase um ano, não demorou muito para Jennifer entender o que estava acontecendo.

"Foi terrível", relatou. "Eu me senti completamente responsável. É tão clichê, mas eu realmente pensei que foi porque eu não era uma criança boa o suficiente... Ela não disse que ele se fora para sempre... mas eu apenas me lembro de ter ficado sentada, chorando, sem entender que ele havia ido embora". De sua parte, John Aniston reconheceu o efeito que seu romance teve em Jennifer. "Eu sabia que o divórcio estava sendo difícil para ela", disse ele posteriormente. "Tenho certeza de que eu poderia ter feito um monte de coisas para tornar tudo mais fácil, mas foi muito duro".

Após John ir morar com Rooney, Jennifer ia visitá-lo nos finais de semana na casa deles em Nova Jersey, do outro lado do rio Hudson. Mas enquanto a maioria dos pais de final de semana preenche a visita dos filhos de atividades interessantes, John tinha um estilo diferente. Jennifer, mais tarde, relatou que ele a mandava ir para o seu quarto quando tinha 12 anos de idade, por não ser interessante o suficiente. "Meu pai me falava que eu não tinha nada para dizer", lembra. "Ele me fazia deixar a mesa".

Na verdade, Jennifer tinha bastante a dizer. Sua mãe a havia matriculado numa cara escola Waldorf — dedicada aos princípios do filósofo austríaco Rudolf Steiner —, que encorajava o lado artístico das crianças e nutria sua imaginação. John pagou a taxa anual de 15 mil dólares e Jennifer evoluía a cada dia no ambiente criativo.

Quando tinha apenas nove anos, uma das pinturas da pequena Aniston foi selecionada para ser exibida numa mostra no prestigioso Metropolitan Museum of Art, de Nova York. Pouco depois disso, sua mãe a levou a uma matinê de *Children of a Lesser God*, na Broadway, e Aniston decidiu, na hora, que queria ser atriz. Quando se matriculou na Waldorf School, aos 11 anos, em 1981, entrou para o clube de teatro da escola, onde sua primeira performance foi como anjo, numa peça da 8ª série, sobre a natividade. Em 1984, aos 15 anos, dedicou-se a uma das poucas vagas na Escola de Artes Performáticas de Nova York, conhecida como PA, a escola que inspirou o filme de Alan Parker, *Fama*, alguns anos antes. Três mil crianças de Nova York estavam competindo por apenas sete vagas. Após um rigoroso processo de seleção, ela foi aceita.

Mas, diferentemente de Jon Voight, que ficou emocionado pela escolha de carreira feita pela filha, John Aniston foi contra Jennifer seguir os seus passos. "Meu pai não queria que eu entrasse para essa indústria", disse ela, mais tarde. "É tão cheio de rejeição". John Aniston não nega a recordação da filha. "Bem, eu não estava extremamente feliz", disse ele, logo após a filha ficar famosa. "Não acho que um pai que conheça algo sobre esse negócio ficaria feliz de ter uma filha nele".

Após Jennifer se formar na PA, em 1987, fez aulas de interpretação para refinar suas técnicas para o que ainda achava ser uma carreira de palco, já que a PA, normalmente, prepara seus estudantes para uma carreira na Broadway e não para Hollywood. Ela também fez um curso noturno de psicologia, pensando que gostaria de ser psicóloga, se a carreira de atriz não desse certo.

Indo a audições durante o dia, logo ela conseguiu seu primeiro papel numa peça off-Broadway chamada "*Dancing on Checker's Grave*". Entre as audições, trabalhou como mensageira e garçonete para pagar o aluguel do apartamento no West Village, para o qual havia se mudado quando tinha 18 anos. Logo conseguiu seu segundo papel profissional, também numa produção off-Broadway chamada *For Dear Life*, que durou 46 apresentações. Não parecia que a Broadway fosse a sua vocação.

Finalmente, em 1989, decidiu abandonar suas ambições de palco e ir para Hollywood, para onde seu pai havia se mudado recentemente, para fazer um novo personagem, um vilão grego para a novela popular *Days of Our Lives*. Embora ela nunca tenha se vestido numa fantasia de galinha, seus primeiros anos na cidade foram extremamente parecidos com os de Pitt. Enquanto esperava por algum progresso em sua carreira como atriz e vivia com o pai e sua segunda esposa, Aniston trabalhou como garçonete e teve outros trabalhos mal remunerados, como operadora de telemarketing, recepcionista e mensageira. Seu primeiro papel de verdade em Hollywood foi num filme feito para a televisão, chamado *Cucamonga — um acampamento muito louco*, estrelando John Ratzenberger, famoso pelo seriado *Cheers*. Ela também foi selecionada para fazer um piloto de um seriado chamado *Molloy* e um papel em *Ferris Bueller*, a continuação para a televisão do filme de sucesso *Curtindo a vida adoidado*, estrelando Matthew Broderick. Durante uma festa acontecida neste período, Aniston foi apresentada a um jovem ator ainda desconhecido, chamado Matthew Perry, que mais tarde faria o papel de Chandler no seriado *Friends*, e os dois ficaram amigos imediatamente.

Quando não estava trabalhando, o que era a maior parte do tempo, Aniston gostava de ficar em casa assistindo televisão e comendo sanduíches de maionese. Logo esse hábito começou a pesar em sua aparência que, como notaram aqueles ao seu redor, estava ficando mais roliça. Certa vez, ela descreveu sua aparência como resultado de sua descendência: "Sou uma mulher grega e a marca das mulheres gregas é peitos e bundas grandes". De acordo com ela, foi nesse momento que seu agente a chamou para uma conversa de canto e a informou que o motivo pelo qual ela não estava conseguindo mais papéis era o seu peso. Ela, prontamente, começou a fazer dieta, cortou os sanduíches de maionese e, quase imediatamente, perdeu 13 quilos. Essa história pode ter sido bastante exagerada, mas não há dúvida de que, repentinamente, ela apareceu com o corpo que é a sua marca registrada e que vira cabeças quando passa, mesmo depois de completar 40 anos.

"Eu era feliz da mesma maneira antes de ficar magra", disse. Mas os agentes logo notaram a mudança e ela, rapidamente, começou a receber ofertas de papéis, como no filme de horror chamado *Leprechaun — o duende*, e, então, numa série de comédia chamada *The Edge*, da rede de televisão Fox, durante a temporada 1992-1993 e, posteriormente, numa série chamada *Muddling Through*, que foi ao ar por uma temporada.

Quando ela ficou sabendo, pelo seu amigo Matthew Perry, de um programa para o qual ele estava fazendo audição, chamado *Six of One*, Aniston pediu ao seu agente que conseguisse marcar um teste para ela. Era uma série em elaboração, que seria formada por três homens e três mulheres. Os papéis de duas das mulheres, Monica e Phoebe, já haviam sido preenchidos, mas o último, Rachel, ainda estava em aberto. Embora ninguém pudesse saber que o programa seria um enorme sucesso, diversas jovens atrizes queriam o papel desesperadamente. Entre elas estavam a futuras estrelas Elizabeth Berkley, Denise Richards e Tea Leoni. Mas quando Aniston leu os diálogos no dia da audição, imediatamente passou à frente de suas rivais; seu equilíbrio e seu talento natural para a comédia impressionaram tanto o diretor, que duas horas após sua audição recebeu um telefonema do produtor dizendo que o papel era dela.

Antes de o piloto ser rodado, alguns meses depois, no verão de 1994, o título do show havia sido alterado para *Friends Like Us*, e, depois, apenas para *Friends*. O episódio piloto não foi bem recebido pelos espectadores, pontuando fracos 41 de 100 no "relatório de teste do programa", e durante algum tempo houve dúvidas de que a NBC iria filmá-lo.

Naquele primeiro relatório, foi apenas Monica quem atraiu reações favoráveis dos espectadores. Esperava-se que Courtney Cox, já conhecida por seu papel como namorada de Alex Keaton na série *Caras e caretas*, seria a estrela da série. "Nenhum dos demais personagens atingiu níveis ao menos moderados com o público-alvo", dizia o relatório.

Antes do final da primeira temporada, entretanto, Aniston havia sido escolhida como a estrela-revelação da nova série. Ela preferia pensar que tinha a ver com seu talento e personalidade, mas, ao invés disso, parecia ter algo a ver com seus cabelos. Na metade da temporada, seu penteado havia sido mudado, com mechas que adornavam seu rosto de forma original, diferente de tudo que já havia sido visto anteriormente na televisão. "Ficava horrível em mim", disse ela, posteriormente. Mas milhões de mulheres norte-americanas que logo correram aos salões pedindo o corte "Rachel" pareciam discordar.

O sucesso de *Friends* transformou Aniston na Namoradinha da América, cujo pé no chão e sinceridade atraíram a simpatia de milhões de admiradores. Ela não tinha nenhum namorado fixo e, sendo uma pessoa caseira, conseguiu manter sua vida particular fora dos tabloides. Sua única bagagem visível, parecia, era um pai afastado — mais uma coisa que ela e Angelina Jolie parecem ter em comum.

Em 1996, a mãe de Aniston, Nancy Dow, concedeu entrevista a um programa de televisão, ostensivamente sobre a pedagogia utilizada nas escolas Waldorf. Mas quando o programa foi ao ar, não havia menção alguma filosofia educacional de Rudolf Steiner. Ao invés disso, Dow conversou sobre sua filha famosa e seu sucesso em *Friends*. Naquela noite, Aniston ligou para a mãe, furiosa pela sua "traição". As duas pararam de se falar. Então, para piorar as coisas, Dow lançou em 1999 uma espalhafatosa e tendenciosa "autobiografia" chamada *From Mother and Daughter to Friends*. O livro não era particularmente negativo com relação à filha, embora contenha alguns episódios embaraçosos sobre sua infância, mas depreciava os amigos de Aniston — a quem Dow se referiu como "grupo da bagunça" — por sua linguagem e pelo comportamento desordeiro. O livro deixou Aniston ainda mais irritada, e qualquer esperança de reconciliação parecia ter sido derrubada.

Quando *Friends* já estava no ar há três temporadas e Aniston se tornara uma superestrela, ela estava solteira há bastante tempo. Logo após o programa ir ao ar pela primeira vez, ela namorou o cantor do grupo Counting Crows, Adam Duritz, mas o romance deles foi breve. Em 1997, ela teve um encontro com o ator Tate

Donovan, cuja ideia de uma noite romântica, de início, pareceu bastante fora do comum. "Ele disse que iríamos sair para jantar e eu arrumei os cabelos", lembrou ela mais tarde. "Usei um vestido bonito. Então, ele me levou para a área de alimentação de um shopping aberto. Mais tarde, Tate me disse que havia feito isso para ver se eu era uma dessas garotas esnobes".

Donovan não conseguiu suportar a vida dentro da redoma de vidro que acompanhava o namoro com uma estrela classe A, que era seguida em todo lugar pelos paparazzi. Ele desmanchou o namoro um mês mais tarde, mas os dois logo reataram o romance, e Aniston percebeu que ele era diferente da maioria dos homens com os quais havia saído em Hollywood. "Ele é um cara legal, bom", disse sobre Donovan. "Cheguei naquele ponto em que não vou mais tolerar os caras safados".

Eles namoraram por mais de dois anos e ela chegou até a arranjar um papel para ele como ator convidado em *Friends*, interpretando Joshua, um namoro passageiro de Rachel. Quando os episódios já haviam sido filmados, entretanto, o relacionamento deles estava um pouco instável na vida real e, mais tarde, Donovan revelou um pouco sobre o estilo de vida de Aniston naquele ponto de sua carreira.

"Nós estávamos brigando bastante no período em que eu estava filmando *Friends*", revelou ele, em 2003. "Já estávamos, aos poucos, desmanchando o namoro. Nossa separação não aconteceu de forma repentina. Já estava rolando há algum tempo. Ela gosta mais de hotéis caros e de luxo; eu gosto mais de hotéis simples e de andar de bicicleta. Essa é a versão mais simplória da separação, mas indica a diferença de personalidade entre nós". Entretanto, essa explicação não soa como verdadeira, e pode ter sido mais baseada em amargura pelo final do romance do que na realidade. Aqueles na indústria, normalmente, descrevem Aniston como pé no chão e acessível, não uma diva de Hollywood apegada a bens materiais.

Pode ter havido outros motivos para a amargura pós-final de romance de Donovan. Os episódios em que Donovan aparece em *Friends* foram ao ar em abril de 1998, o mesmo mês em que Aniston havia retornado de Londres e teve o seu primeiro encontro de verdade com Brad Pitt.

* * *

Tendo saído da obscuridade com seu papel em *Thelma e Louise* em 1991, Pitt já era uma verdadeira estrela de cinema quando começou a namorar Jennifer Aniston em 1998. Em 1992, Robert Redford o dirigiu como um dos dois irmãos em *Nada é para sempre.* Naquele filme, Pitt realizou o que o *Los Angeles Times* chamou de "uma performance que vai definir sua carreira", um grande elogio ao talento dramático de alguém que poderia facilmente ter baseado sua carreira em sua aparência. "É como jogar tênis", disse Pitt sobre trabalhar com Redford. "Quando você joga com alguém que é melhor do que você, seu jogo fica melhor".

Dois anos mais tarde, Pitt estrelou ao lado de Tom Cruise no filme de 1994, *Entrevista com o vampiro.* "Detestei fazer esse filme", disse ele posteriormente ao *USA Today.* "Detestei. Amei assisti-lo. Detestei completamente fazê-lo. Meu personagem é deprimido do início ao fim do filme". Ele também detestou trabalhar com Tom Cruise, que tentara recrutar o colega para sua igreja polêmica, mas Pitt não estava disposto a nada daquilo. "Ele achou que Cruise era um idiota vazio", disse um antigo membro da equipe, dez anos mais tarde. "Ele não fazia a menor questão de esconder o seu desdém e jamais socializava ou ficava com Cruise quando não estavam filmando".

O produtor de *Entrevista com o vampiro*, David Greffer, normalmente não é dado a hipérboles, mas arriscou um prognóstico na época: "Brad é um dos homens mais atraentes e talentosos do planeta. Ele vai ser um dos melhores atores de sua época". De fato, naquele ano, Pitt teve sua primeira indicação ao Oscar, pela sua interpretação de um paciente com problemas mentais em *Os 12 macacos*.

Naquele mesmo ano, se apaixonou pela atriz Gwyneth Paltrow, então com 22 anos de idade, que fez o papel de sua esposa decapitada no empolgante *Seven — os sete crimes capitais*. Ela disse que no começo resistiu às investidas dele, pensando que ele era mais um dos garanhões de Hollywood. "E então eu comecei a me apaixonar por ele", disse ela ao *L.A. Times*. "Eu pensei: 'Você está doida? Você não pode se apaixonar por Brad Pitt. Se controle.'"

Pitt, por sua vez, parece ter ficado entusiasmado pela atriz desde o começo. Quando venceu o Globo de Ouro em 1996, por sua performance em *Os 12 macacos*, agradeceu a Paltrow como "meu anjo". Após um longo namoro, durante o qual foram o casal mais querido de Hollywood, Pitt propôs casamento, em dezembro de 1996, enquanto filmava *Sete anos no Tibet*, na Argentina, e os dois tiveram um longo noivado público. "Brad é o melhor e eu o fisguei", se vangloriou Gwyneth. "Cara, eu mal posso esperar", disse ele à *Rolling Stone*. "Andar em direção ao altar, usar o anel, beijar a noiva. Oh, vai ser maravilhoso".

Mas em junho de 1997, de forma tão abrupta quanto começou, o romance terminou. Pitt desmanchou o noivado. Nenhuma explicação foi dada, mas, pelo que parece, não houve nenhuma outra mulher envolvida no término. "Não é por causa de nenhum evento específico", disse seu agente publicitário na época. Aparentemente, Pitt simplesmente deixou de amá-la.

Quando Pitt e Aniston começaram a se envolver mais seriamente, ambos haviam acabado de sair de relacionamentos duradouros. Isso não parecia atrapalhar a paquera dos dois, possivelmente porque os amigos de ambos, conforme todos os relatos, pareciam pressentir que eles haviam sido feitos um para o outro.

"Você acompanha diversos relacionamentos diferentes dos seus amigos, mas eu nunca havia tido tanta certeza como eu tive com Brad", lembrou uma amiga próxima de Aniston, Kathy Najimy, estrela de *Veronica's Closet*, sobre o momento em que ela soube que Pitt era o homem certo para Aniston. "Eu pude ver o quanto ele a amava. Fui para casa e estava toda emocionada por causa disso. Jennifer era 100% ela mesma com ele, e é isso que eu desejo para os meus amigos".

Antes do casamento, o próprio amigo de Pitt, o diretor James Gray, de *Fuga para Odessa*, falou à revista *People* sobre o jantar que teve com os noivos quando Pitt estava tentando parar de fumar. "Eles terminavam as frases um do outro; eram a parte que faltava do outro", relatou ele. "Jennifer dizia para ele usar o adesivo. Estava tentando fazer com que ele não fumasse, mas ela mesma fuma. Ele diz: 'Você deveria fumar também, querida!'. E ela diz: 'Bom, você deveria parar primeiro!'. Eles são perfeitos juntos". "Se casar com Jennifer foi o pináculo para ele", juntou-se ao coro Marcia Gay Harden, colega de Pitt em *Encontro marcado*. "Ser sexy não tem a ver com o fato de ele ser solteiro e bonito. Há algo de maravilhoso no comprometimento dele".

Depois que os dois se casaram em 2000, os amigos continuaram a elogiar publicamente a força do relacionamento dos dois. "Eles simplesmente faziam um ao outro muito felizes, e era completamente óbvio", disse à *Rolling Stone* a amiga de longa data de Pitt, Catherine Keener. O único período em que ficaram separados foi quando Pitt teve que viajar para fazer um filme. A separação, de acordo com aqueles que a presenciaram, foi difícil para ambos. Quando Pitt passou cinco semanas em Real de Catorce, México, filmando *A mexicana*, com Julia Roberts, o produtor do flme, Lawrence Bender, disse a um repórter sobre a tristeza do astro no set. "Ele ficava dizendo 'preciso voltar e ver a minha garota'. Eles são dois pombinhos. Não há nada mais a dizer".

Os colegas de Aniston em *Friends* também eram entusiastas do seu casamento com Pitt, que visitava os sets constantemente e até estrelou num episódio fazendo um antigo colega de escola que odeia Rachel. "Jennifer é uma pessoa bem mais calma agora, como uma mulher que está num bom relacionamento", disse Lisa Kudrow a um repórter. "Não há muito que dizer a respeito deles porque eles não têm problemas. Ambos estão anos à frente. Sabe quando os seus avós têm uma certa perspectiva acerca da vida? Eles têm isso agora, enquanto jovens".

Embora os esforços filantrópicos de Aniston na época não possam ser comparados àqueles de sua futura rival, ela estava fortemente envolvida em causas sociais muito antes de conhecer Pitt, incluindo obras de caridade para crianças e igualdade para gays e lésbicas. Pitt também estava começando a se transformar num ativista durante seu casamento, envolvido ativamente na campanha presidencial de 2004, apoiando o democrata John Kerry.

Normalmente eles mantinham suas causas separadas, mas em 2004 o casal concordou em emprestar seu status de celebridade a um movimento internacional chamado *One Voice*, uma campanha destinada a unir israelenses e palestinos e trabalhar em busca da paz no Oriente Médio. Logo após se juntarem à campanha, Pitt e Aniston publicaram uma declaração conjunta sobre o seu comprometimento com a causa. "Os últimos anos de conflito significam que mais uma geração de israelenses e palestinos crescerá no ódio. Não podemos permitir que isso aconteça". Eles disseram à mídia que acreditavam que a maioria das pessoas na região queria a negociação de um acordo, pondo fim à violência, e que imaginavam que apelando às "pessoas comuns" poderiam ajudar a trazer paz entre as partes.

Pessoalmente e profissionalmente, as coisas estavam indo muito bem para eles quando 2004 começou. Só faltava um bebê.

Angelina Jolie, Embaixadora da Boa Vontade do Alto Comissariado das Nações Unidas para Refugiados, na Rússia.

O DESENTENDIMENTO

No seu brilhante ensaio, escrito em 2006, "The Many Faces of Celebrity Philanthropy[10]", Joseph Epstein relata uma velha piada sobre um jovem astro de Hollywood buscando ornamentar sua fama em ascensão com uma causa de caridade. Ele instrui o seu agente a encontrar uma obra de caridade com a qual possa se associar. "Morty", diz ele ao seu agente, "você precisa me conseguir a minha própria obra de caridade. Bob Hope e Bing Crosby possuem seus próprios torneios de golfe voltados à caridade. Doris Day trabalha protegendo os animais. Danny Thomas tem o Hospital Infantil St. Jude. Jerry Lewis, a Distrofia Muscular. Funciona para eles, Morty, vai funcionar para mim também. Trabalhe nisso imediatamente". Uma semana depois, o agente liga para ele. "Encontrou minha obra de caridade?", pergunta o jovem astro. "Não foi fácil", responde o agente, "quase tudo já estava tomado". "O que sobrou para mim?", pergunta o astro,

---
[10] Numa tradução livre, *As Muitas Faces da Filantropia das Celebridades.*

com esperança na voz. Após um breve silêncio e um breve pigarrear, finalmente o agente responde: "Acne".

Epstein explica que a piada tenta mostrar a artificialidade da caridade feita pelas celebridades, "o vazio que é isso tudo, reduzindo algo grande a uma simples manobra em prol da carreira. Será injusto? Claro que é. Eu, por exemplo, não estou pronto para afirmar que Doris Day não ame os cachorros abandonados de verdade. Tampouco estou pronto a brincar, como fez o comediante Lenny Bruce, que Jerry Lewis faz bem em trabalhar pela causa da distrofia muscular, já que ele mesmo a causou (Bruce, nesse ponto, fecharia o punho e faria "pow, pow").

Realmente, como qualquer agente de publicidade de uma celebridade dirá a você, a filantropia de Hollywood — associar um ator ou atriz a uma causa humanitária — é um dos métodos mais efetivos de reparar ou transformar uma imagem manchada. Portanto, não foi surpresa quando a revista *Time* publicou uma nota em tom de piada ao ser divulgado, em agosto de 2001, que Angelina Jolie havia sido apontada como Embaixadora da Boa Vontade das Nações Unidas. "Ria se você quiser — é certamente compreensível —, mas Angelina Jolie, atualmente, recebeu o título de Embaixadora da Boa Vontade do Alto Comissariado das Nações Unidas para Refugiados", escreveu a revista, dizendo que um bebê em Serra Leoa havia recentemente gritado de terror ao ver a atriz, supostamente por causa de sua pele branca. "Certamente não poderia ter sido por causa do pingente com o sangue de Billy Bob Thornton ao redor do seu pescoço", escreveu a *Time*. Mas a piada não durou muito tempo. As pessoas logo começaram a perceber que Jolie não era apenas uma celebridade fingindo se importar. Ela parecia genuinamente estar apoiando uma causa que era importante para ela.

Tudo começou quando ela voou ao Camboja no final de 2000 para filmar *Lara Croft: Tomb Raider*. Enquanto esteve lá, foi levada para ver a condição dos refugiados na fronteira entre a Tailândia e o Camboja, onde expressou choque ao ver as condições enfrentadas por eles. "Tendo crescido nos Estados Unidos, estudei a história americana e isso foi tudo", disse ela à *Scotsman*. "Eu foquei no que estava nos afetando, não no que afetava o resto do mundo".

Jolie há muito tempo admirava Audrey Hepburn, cuja reputação como uma lenda das telas de cinema foi cimentada no final de sua honrada carreira ao ser apontada como Embaixadora da Boa Vontade da Unicef pelas Nações Unidas. Hepburn, então, viajou incansavelmente, dedicando os últimos anos de sua vida a ajudar crianças miseráveis das nações mais pobres do mundo.

A diferença significativa entre a indicação de Hepburn e a de Jolie é que as Nações Unidas convidaram Hepburn a se tornar embaixadora por causa do seu conhecido comprometimento com as crianças, enquanto Jolie ofereceu os seus serviços às Nações Unidas. Jolie afirmou que meramente entrou em contato com as Nações Unidas para pedir informações e que então eles a convidaram a fazer parte da Organização. Outros, inclusive a própria direção das Nações Unidas, afirmaram que foi a própria Jolie quem se ofereceu para se tornar embaixadora.

Há também um número de histórias conflitantes sobre como ela se tornou inicialmente interessada nas condições dos refugiados. A princípio, ela afirmou que sua viagem ao Camboja abriu os seus olhos ao problema. Mas, em 2003, quando estava promovendo seu recém-lançado filme, *Amor sem fronteiras*, deu uma entrevista à revista *Newsweek* em que oferece uma versão diferente. Ela afirmou que seu interesse começou em 1998, quando o filme sobre voluntários de ajuda internacional estava sendo desenvolvido, mas lutava para encontrar financiamento:

> Há cinco anos, li o roteiro de *Amor sem fronteiras* e fiquei tão emocionada com o conteúdo e curiosa acerca daquele mundo

sobre o qual eu nada sabia. Senti que tinha a responsabilidade de começar a me instruir da melhor forma que podia, assim como todos nós deveríamos fazer, pois isso nos faz crescer. Quando descobri que o filme não seria feito, fiquei muito triste, porque eu queria fazer aquela jornada e entender tudo aquilo. Então eu percebi que eu poderia me instruir e viajar para aqueles lugares do mundo e ver, por mim mesma, o que estava acontecendo. Li muitos livros diferentes de organizações diferentes e diversos capítulos das Nações Unidas. E fiquei chocada quando li sobre como vinte milhões de pessoas estão refugiadas atualmente. Eu não podia entender como aquilo era possível. Eu liguei [para o escritório das Nações Unidas] em Washington e, na época, estava acompanhando as notícias sobre Serra Leoa, então aquele foi o primeiro lugar sobre o qual discutimos que eu iria, para que pudesse observar e aprender.

Seja qual for a motivação inicial, logo ficou óbvio que o seu interesse recém-encontrado nas questões humanitárias era sincero, especialmente quando ela colocou dinheiro do próprio bolso, doando um milhão de dólares e viajando a lugares perigosos da África e Ásia para conhecer os problemas.

No passado, as Nações Unidas haviam escolhido apenas celebridades não polêmicas para o posto de Embaixador da Boa Vontade — pessoas como Danny Kaye, Richard Burton, Sophia Loren e Muhammad Ali. Agora eles explicam que a escolha de celebridades como Jolie e outra recém-escolhida embaixadora, a ex-Spice Girl Geri Halliwell, teve como intuito apelar a um novo grupo demográfico: adolescentes. "As Nações Unidas são frequentemente vistas como chata e burocrática pelos jovens", explicou um porta-voz.

Durante a cerimônia em que foi indicada formalmente como embaixadora, Jolie explodiu em lágrimas ao descrever os seus encontros com refugiados afegãos no Paquistão durante uma viagem recente. "Ainda é muito difícil falar a respeito. É a pior situação, acho, pois não há uma previsão de término para as necessidades dessas pessoas", disse ela com emoção. "Mas eu me surpreendi ao sentar com essas mulheres e suas crianças e conversar com elas, e elas eram tão bondosas, ternas, engraçadas, generosas, trabalhadoras e gratas por qualquer pouquinho de ajuda que pudessem receber, e estão vivendo numa situação em que não acredito que ninguém neste auditório pudesse sobreviver por mais do que alguns dias".

Considerando que um ano antes Jolie falou incansavelmente à mídia sobre a sua vida sexual com Thornton, ela agora estava dedicada a outro tópico. As constantes entrevistas sobre sexo, sangue e lingerie haviam sido incrivelmente eficientes em mudar o foco do assunto de incesto, mas ela havia se transformado quase que numa caricatura. Não estava mais recebendo ofertas de papéis sérios como os que lhe renderam três Globos de Ouro consecutivos. Ao invés disso, recebia ofertas de filmes de ação medíocres, de pessoas que queriam lucrar em cima da nova imagem que ela criou para si mesma no sucesso de bilheterias *Lara Croft: Tomb Raider*. Seu agente estava preocupado que ela tivesse perdido a sua força, e diversas pessoas da indústria relataram que ela estava ávida por mudar sua imagem ou, ao menos, dar um basta no comportamento embaraçoso com Thornton.

Enquanto parecia não haver dúvidas de que tinha uma preocupação genuína com sua causa, ela agora falava sobre sua nova paixão em praticamente todas as entrevistas. Publicamente, começou a rejeitar os valores materiais de Hollywood e a falar sobre como poderia direcionar sua fama em prol de ajudar ao próximo, ao invés de obter retorno financeiro. Ela discutiu sobre como suas viagens ao exterior a haviam ajudado a ter uma nova perspectiva a respeito da sua fama: "Sabe, o engraçado é que eu achava que poderia voltar com muita raiva e muito distanciamento", disse ela a respeito de suas primeiras viagens internacionais representando as Nações Unidas. "Mas ao invés disso, senti pena das pessoas que eram focadas em coisas materiais ou fama. Apenas desejava que elas pudessem perceber que isso tudo não importa, e que ajudar ao outro importa".

Ao retornar de uma viagem pelas Nações Unidas à África, em 2001, ela disse aos repórteres que havia sofrido uma transformação. "Eu havia deixado de estar numa selva africana e estava sentada num voo de primeira classe de volta para casa", relatou. "Embora eu estivesse coberta de terra, me sentia verdadeira e no auge da minha beleza. E, de repente, eu estava rodeada de pessoas que me conheciam como atriz. Acho que a minha aparência foi desagradável para todas elas, com seus ternos e maquiagens, folheando revistas. Fiquei enojada, porque comecei a folhear os artigos sobre festas, classificações de filmes, quem tem isso, quem é o mais sexy. Senti que não queria retornar àquele mundo".

A mídia também começou a notar que ela e Thornton estavam passando menos tempo juntos. Quando eles, de fato, apareciam juntos, o assunto da vida sexual dos dois não era mais discutido, para desagrado dos colunistas de fofocas e dos paparazzi. No passado, sempre puderam contar com o casal para dar alguma notícia picante para eles.

Thornton, mais tarde, lamentou que logo que retornou de sua filmagem de *Tomb Raider* Jolie era uma pessoa diferente daquela jovem rebelde com quem havia se casado. Ela, mais tarde, descreveu a atitude circunspecta dele quanto ao que ele achava ser um *hobby* dela. "Ele dizia: 'Por que você vai fazer essas coisas? O que você acha que vai conseguir realizar?'". Não foi apenas o seu marido que estava se perguntando sobre o que ela estava fazendo. "Parecia maluco para alguns dos meus amigos que eu quisesse deixar o conforto e a segurança da minha casa. Mas eu precisava acreditar que era capaz de realizar alguma coisa. Eles perguntavam: 'Por que você não pode simplesmente ajudar daqui? Por que você tem que ir até lá para ver?'. Eu não sabia como responder".

Enquanto isso, Thornton estava dedicando cada vez mais tempo ao seu próprio *hobby*, a banda de Blues-and-roots rock, com a qual ele gravava nos finais de semana, passando mais tempo com seus companheiros de banda do que com a esposa. Ambos pararam de usar os infames amuletos com o sangue um do outro ao redor do pescoço.

Os pais de Jolie, ambos com forte consciência social, deram mais apoio ao que ela estava fazendo. Eles também estavam profundamente preocupados com a segurança dela, especialmente antes de sua primeira viagem a Serra Leoa e Tanzânia, em fevereiro de 2001. Antes de sua viagem à África ser marcada, Jon Voight ligou para o escritório nos Estados Unidos do Alto Comissariado das Nações Unidas para os Refugiados e tentou persuadi-los a cancelar a viagem dela. No diário que ela manteve durante a viagem, mais tarde publicado como uma autobiografia intitulada *Notes of My Travels*, Jolie relatou sua reação quando ficou sabendo da manobra do pai nos bastidores. "Fiquei com raiva dele", escreveu ela, "mas eu disse a ele que sabia que me amava e que, como pai, estava tentando me proteger do perigo. Nos abraçamos e sorrimos um para o outro".

Bertrand não ficou menos preocupada, admitiu Jolie em seu diário: "Minha mãe olhou para mim como se eu fosse sua menininha. Sorriu para mim através de seus olhos cheios de lágrimas. Ela estava preocupada. Enquanto me dava um abraço de despedida, me passou uma mensagem específica de meu irmão, Jamie. 'Diga a Angie que eu a amo, e que ela se lembre que se algum dia estiver assustada, triste ou brava, olhe para cima, para o céu noturno, encontre a segunda estrela à direita e siga a estrela até o amanhecer'. Isso é de *Peter Pan*, uma de nossas histórias favoritas". Seja porque as suas viagens estavam causando tensão em seu casamento, seja porque ela, simplesmente, estava tentando se distanciar dos comportamentos malucos encenados pelo casal no ano anterior, Jolie raramente era vista em público com Thornton, exceto durante eventos importantes. Agora, ao invés de falar aos repórteres sobre suas aventuras sexuais juntos, ela começou a falar sobre como estava passando bastante tempo com os filhos de Thornton. "Billy Bob tem duas crianças maravilhosas", disse ela a uma revista. "Eles estão acabando de completar sete e oito anos. Ainda são pequenos e vivem com a mãe... ela é maravilhosa, permitindo que eu os conheça, pois passam bastante tempo com a gente e nós queremos passar mais e mais tempo com eles".

A mídia começou a morder a isca. A conversa sobre seus "afilhados" implorava a óbvia pergunta: ela queria ter seus próprios filhos? Foi uma pergunta que começou a ser feita por praticamente todo repórter. Inicialmente, ela se mostrou reservada, mas, então, começou a insinuar uma futura adoção. "Nós já somos uma família", disse ela a um jornalista. "Mas quando eles ficarem mais velhos, acredito que iremos adotar algumas crianças".

Em julho de 2001, após ter assinado o contrato para fazer Lara Croft pela segunda vez, o correspondente da *E! News Daily*, Greg Agnew, perguntou se *Tomb Raider* estava se tornando uma "franquia". Sua resposta foi dizer "Eu tenho um ano e meio ou dois anos entre eles, caso eu... fique grávida". Quando Agnew questionou se ela estava considerando uma gravidez, respondeu: "Não, eu nunca quis engravidar. Sempre tive vontade de adotar". Ele pressionou, curioso para saber se ela adotaria nos Estados Unidos ou se iria para algum país estrangeiro. Jolie não quis comentar. "Nós conversamos bastante sobre isso e tenho certeza de que você vai ficar sabendo. Todos vão ficar sabendo", respondeu, misteriosa.

A pergunta esteve na sua mente durante esse período. De acordo com um amigo de Thornton, Jolie havia pesquisado a possibilidade de adotar nos Estados Unidos, mas disseram que suas chances eram pequenas, dado seu passado polêmico. "Acho que em determinado momento ela chegou a consultar um advogado", revelou ele. "Ela queria um recém-nascido, não uma criança mais velha, e foi dito que ela e Billy poderiam ter dificuldades em ser aceitos como pais em potencial por causa de seus problemas".

De fato, quando Jolie contemplou a adoção publicamente pela primeira vez, foi apenas um ano depois de ter passado 72 horas numa clínica psiquiátrica. Thornton também tivera alguns problemas de saúde mental no passado e ambos haviam admitido terem utilizado substâncias químicas. Acima de tudo isso, Thornton havia sido acusado pela ex-esposa de ter praticado violência física e psicológica. Talvez eles não fossem os candidatos ideais para ser pais adotivos.

Ainda assim, eu fiquei curioso em saber se tais problemas iriam, de fato, desqualificá-los em um processo adotivo. Por isso, decidi verificar por mim mesmo. Fazendo as vezes de um pai que queria adotar uma criança com a minha esposa, por causa de problemas de fertilidade, me dirigi a uma organização com base na Califórnia, chamada Adoption Network Law Center[11], que se especializa em "assistência a adoções legais".

Ao conversar com uma agente chamada Robin Elcott, que é especializada em adoções de recém-nascidos e adoções de bebês americanos, disse que meu nome era Billy Bob Jackson e que eu e minha esposa queríamos adotar, mas que temíamos que alguns de nossos problemas pessoais pudessem nos desqualificar. Eu disse a ela que havia estado recentemente numa clínica psiquiátrica por 72 horas, tendo ficado sob observação por conta de alguns problemas de natureza mental, e que tanto eu quanto minha esposa havíamos nos envolvido com drogas e álcool no passado,

---

[11] Centro Legal da Rede de Adoção.

mas que agora estávamos livres de vícios. Esses problemas nos desqualificariam?

"Com certeza, posso afirmar que as suas chances serão menores", explicou ela. "Você teria que passar por uma pesquisa, que visa obter diversos detalhes sobre vocês, financeiramente, fisicamente e emocionalmente". Entretanto, ela enfatizou que não seríamos imediatamente desqualificados. "Se você tivesse sido preso, aí sim seria diferente", explicou. "Mas depende de cada caso, e eles iriam verificar as circunstâncias atuais antes de fazer uma avaliação".

Eu perguntei se teria mais chances adotando no exterior. "Não necessariamente", disse ela, "depende do país. Em alguns países estrangeiros, ter problemas mentais é oficialmente motivo de exclusão; por isso, você teria mais chances adotando aqui do que nesses países". Mesmo para uma adoção em algum país estrangeiro, explicou ela, a pesquisa seria realizada.

Em agosto, Jolie apareceu no show carro-chefe da CNN, *Larry King Live*, quando lhe perguntaram a respeito dos órfãos. Novamente, ela insinuou que estava pensando em adotar, mas, dessa vez, ela se referiu aos órfãos, insinuando que estava pensando em um país estrangeiro, onde, diferentemente dos Estados Unidos, os orfanatos ainda existem:

KING: Você quer construir uma família?
JOLIE: Sim.
KING: Está trabalhando nisso? Gostaria de ter filhos logo? Já pensou sobre quando gostaria de tê-los?
JOLIE: Bem, eu sempre quis adotar. Sempre senti que era...
KING: Você não quer engravidar?
JOLIE: Não é isso. É que eu, simplesmente... Acredito que algumas pessoas têm uma vocação na vida. Talvez algumas pessoas tenham sido feitas para engravidar e dar à luz, e isso é maravilhoso. E outras pessoas... desde que consigo me lembrar, após

ouvir sobre diferentes crianças que precisam de um lar ou órfãos, ou, sabe, não necessariamente um bebê, mas crianças pequenas... eu sempre soube que eu amaria [uma criança adotada] como se fosse o meu próprio filho. Então eu seria uma ótima candidata a adotar uma criança.

Um dos países que não exclui automaticamente os candidatos por causa de problemas de natureza mental é o Camboja, onde Jolie havia filmado *Tomb Raider*. Ela afirmou que durante aquelas semanas passadas no set havia se apaixonado pelas pessoas de lá. Logo ficou aparente que estava pensando em adotar um órfão do Camboja. Inicialmente, Thornton deu a entender que a apoiava e que gostava da ideia. Até chegou a acompanhar a esposa, em setembro de 2001, para preencher os documentos requeridos pelo Serviço de Imigração e Naturalização dos Estados Unidos, para começar o processo de adoção internacional.

O casal passou pela pesquisa necessária e anunciou aos amigos que iria viajar ao Camboja, para visitar um orfanato e escolher seu novo bebê. "Alguém me disse que se você vai adotar um órfão, deveria adotar num país que você ama, pois essa é a única história que você vai partilhar com eles", explicou Jolie mais tarde sobre a sua decisão de adotar no Camboja.

Mas o Camboja também possuía outro apelo, pelo menos naquele momento: seu critério de adoção relativamente frouxo. De acordo com a respeitada organização não governamental de direitos humanos no Camboja, LICADHO, corrupção e pobreza recentemente transformaram o país em um "ímã para estrangeiros ricos e sem filhos", com cerca de mil adoções acontecendo anualmente, a maioria para os Estados Unidos.

Quando Jolie visitou o Camboja, em novembro de 2001, as Nações Unidas anunciaram que o propósito da sua viagem era visitar refugiados na fronteira entre o Camboja e a Tailândia. Mas, de acordo com o fotógrafo local, Chor Sokunhea, "todos nós sabíamos por que ela estava aqui: para adotar um bebê num orfanato que ela havia visitado quando fez o filme". Ela, de fato, havia feito uma visita a um orfanato em Battambang, e, ao final de sua visita de duas horas, Jolie soube que havia encontrado seu filho. Ele foi a última criança que ela viu, um menino de três meses, chamado Rath Vibol, que ela disse ser de uma "vila muito pobre". "Eu entrei no orfanato e decidi que não iria escolher a criança mais fofinha, mas procurar por aquela que se conectasse comigo", relatou Jolie. "Ele estava dormindo, então, acordou e sorriu para mim. Assim que o vi sorrir, senti que aquela criança não ficaria desconfortável comigo. Ele parecia bem em meus braços".

Antes que a adoção pudesse ser completada e os pais pudessem trazer o menino — rebatizado Maddox Chivan por Jolie — com eles para os Estados Unidos, ainda havia diversos aspectos legais a serem resolvidos, incluindo conseguir o visto necessário. Esse processo, de repente, se mostrou bastante complicado em dezembro, quando foram divulgadas as primeiras reportagens sobre redes ilegais do Camboja que estavam comprando recém-nascidos de mães desamparadas e vendendo-os a orfanatos. "O motivo principal é dinheiro", explicou Naly Pilorge, diretora da LICADHO. "Os americanos pagam entre dez mil e vinte mil dólares por criança num país em que a média de salário anual é de duzentos e cinquenta dólares... Isso soma algo em torno de sete milhões e meio de dólares por ano, tudo sob o manto de ajuda humanitária".

As notícias levaram o governo americano a banir as adoções de órfãos cambojanos pelos americanos. Entretanto, uma exceção foi feita para processos iniciados antes de dezembro; estes seriam decididos caso a caso. Isso significava que Jolie e Thornton ainda eram elegíveis.

Menos de três meses depois, Jon Voight, que acabara de ser nomeado ao Oscar por sua interpretação de Howard Cosell no filme biográfico *Ali,* participou de um almoço em honra aos indicados ao prêmio. Depois do almoço, ele deixou a notícia vazar. "Angelina adotou um bebê cambojano. Hoje eu sou avô", disse ele. De fato, as autoridades cambojanas haviam, subitamente, aprovado a adoção, e o bebê Maddox foi trazido para uma extática Jolie, que estava na Namíbia filmando *Amor sem fronteiras.*

Enquanto isso, para a frustração dos novos pais, a embaixada dos Estados Unidos no Camboja ainda não havia emitido o visto que Maddox precisava para poder entrar nos Estados Unidos. "Tenho certeza de que Thornton e Jolie sabem que... precisam finalizar os procedimentos legais de acordo com as leis americanas antes de trazer a criança para os Estados Unidos", disse o embaixador dos Estados Unidos no Camboja, Kent Wiedeman.

Finalmente, no final de abril de 2002, a unidade de investigações especiais da embaixada aprovou a adoção e Maddox foi liberado para viajar para a sua terra adotiva. Então, após Jolie finalmente retornar com o bebê Maddox e iniciar seu novo papel como mãe, foi subitamente tragada por um escândalo relativo às adoções que estava balançando o Camboja. Em junho, as agências de direitos humanos em Phnom Penh, a capital do Camboja, acusaram Maddox de não ser um órfão e sim de ter sido "comprado" de sua mãe miserável. Igualmente alarmante, eles afirmaram que a adoção havia sido apressada após "propinas de valor substancial" terem sido pagas a altos oficiais do governo. "Tenho certeza de que esta criança não é um órfão de verdade e que não foi abandonada", disse o Dr. Kek Galibru, chefe da LICADHO ao *Daily Mail,* de Londres. Havia uma alegação de que a mãe biológica de Maddox havia recebido aproximadamente cem dólares para entregar o filho, uma pequena fortuna para uma pobre cambojana.

A adoção de Maddox havia sido facilitada pela mulher de negócios americana Lauryn Galindo, uma ex-dançarina profissional de hula do Hawaí, que tem trabalhado como agente de adoção em

Phnom Penh desde o início de 1990. Foi Galindo que trouxe Maddox pessoalmente do orfanato cambojano para Walvis Bay, na Namíbia, em março, onde ela o entregou para Jolie. Galindo, mais tarde, negou ter pago por crianças ou estar envolvida em qualquer prática ilegal. "Quando as pessoas me perguntam o que eu faço, eu não respondo que trabalho com adoção, eu digo trabalho humanitário", disse ela ao jornal *Cambodia Daily*. "Não vim aqui para roubar crianças. Vim aqui para fazer o que eu puder para ajudar". Ao ser pressionada, admitiu que metade do valor de nove mil dólares que ela cobra aos americanos para processar a adoção foi paga a oficiais do governo. Ela negou que isso fosse a mesma coisa que pagar propinas. "Acho que não há problema em dar gorjetas", explicou ela. "Não vejo problemas, porque eles não conseguem sobreviver com os salários que ganham... fico feliz em distribuir a riqueza". Questionada pelos repórteres sobre a polêmica, Jolie insistiu que a adoção foi legal e manteve que ela e Thornton haviam contratado detetives particulares para determinar a linhagem de Maddox. Entretanto, ela jamais divulgou os resultados de tal investigação, nem qualquer documentação que tenha recebido sobre as origens de Maddox.

Por trás dos bastidores, Jolie imediatamente contratou um time de advogados para lutar contra qualquer tentativa de devolver Maddox ao Camboja, após o governo dos Estados Unidos ter insinuado que isso poderia acontecer. "Eu jamais roubaria uma criança de sua mãe", insistiu ela. "Posso apenas imaginar o quão terrível seria isso. Maddox é o meu bebê, ele está comigo o tempo inteiro e sinto que posso dar tanto a ele. Não consigo mais imaginar viver sem ele, assim como não imagino parar de respirar". Seus esforços pareciam ter tido um sucesso e nenhuma ação foi tomada.

Dois anos mais tarde, entretanto, quando as alegações já haviam sido esquecidas, a agente de adoção utilizada por Jolie, Lauryn Galindo, silenciosamente se declarou culpada na corte federal dos

Estados Unidos, por fraude e lavagem de dinheiro na falsificação de documentos para obter vistos para crianças cambojanas, pretensamente órfãs. Até hoje, é incerto se Maddox foi ou não um desses órfãos, cujos papéis ela falsificou, mas Jolie nunca foi formalmente implicada no caso.

A acusação formal contra Galindo, de fato, se referia apenas a adoções processadas entre 1997 e 1999, mais de dois anos antes de ela ajudar Jolie a obter Maddox. Mas, realmente, fornece um dado revelador com relação ao seu *modus operandi*. Em um dos casos de 1998, de acordo com as acusações, Galindo enviou à sua irmã, via fax, os dados médicos de uma criança que seria adotada com o manuscrito: "Pai morto, mãe extremamente pobre". Quatro meses depois, ela confessou ter dito aos pais adotivos que dessem cem dólares à mãe biológica e fizessem uma doação de três mil e quinhentos dólares ao orfanato que havia abrigado a criança.

Isso pode ser significativo, dado que na época da adoção de Maddox, Jolie anunciou que estava fazendo a doação de uma quantia generosa ao orfanato. "Antes de adotar Maddox, decidi que, financeiramente, deveria fazer algo para ajudar o orfanato como um todo", explicou ela na época. "Não posso trazer todas aquelas crianças para casa, mas posso assegurar que a vida seja melhor para um grupo delas". Agora as pessoas se perguntavam se a contribuição foi exigida como condição de adotar Maddox.

O que esse escândalo de compra de bebê faria à nova imagem de Jolie como humanitária e mãe? Apenas quatro dias após o primeiro jornal americano, *Boston Globe*, relatar o escândalo de adoção e o papel que Galindo tinha nele, Jolie mudou o foco novamente, subitamente anunciando à mídia que ela e Thornton haviam se separado.

"É preciso tirar o chapéu para ela", disse rindo, recentemente, uma agente de publicidade de Nova York. "Com certeza, existe um monte de coincidências envolvidas nesse casamento. Ele começou quando ela estava sendo acusada de transar com o irmão e terminou quando ela estava prestes a ser acusada de ter comprado o bebê. Ela conseguiu sair de ambos os episódios cheirando a rosas e a mídia comeu na sua mão em ambas as ocasiões. É como na mágica, quando o segredo do truque é mudar o foco da atenção. Angelina é mestre em mágica. Eu gostaria de ter metade do seu talento na minha profissão. Ela é provavelmente a mais talentosa consultora de imagem do planeta".

Entretanto, a agente de publicidade não deu o crédito apenas a Jolie. "Minha intuição é que o verdadeiro cabeça disso tudo é Geyer", especulou ela. "Esse é o departamento dele. Ele cuida muito bem dela. Ela se gaba de não ter um agente de publicidade, mas ela não precisa de um. Ela tem Geyer". Ela estava se referindo ao agente de Jolie de muitos anos, Geyer Kosinski — uma das pessoas a quem ela agradeceu na noite do Oscar — que a ajudou a navegar por diversas crises diferentes, ao mesmo tempo em que agia como seu guardião, porta-voz e especialista no controle de crises.

Quem quer que tenha sido responsável por não deixar que o escândalo da adoção manchasse a imagem de Jolie, certamente é muito habilidoso. A não ser por uma única manchete no *New York Post* — "Terá Angelina Jolie comprado seu bebê?" — a história foi praticamente ignorada nos Estados Unidos e a maioria dos americanos ainda desconhece que ela estava prestes a ser engolida por um escândalo devastador.

Enquanto isso, apareceram inúmeros detalhes de seu rompimento com Thornton. Parecia que Jolie iria emergir de mais uma com sua imagem impecável, enquanto Thornton seria retratado como um grosseirão insensível, que não apoiava suas tentativas de salvar o mundo. Inicialmente, Jolie explicou que os dois simplesmente haviam escolhido caminhos diferentes. "O que deu errado ou não, mas que não estava predestinado a durar, foi ele ficar focado em sua música, enquanto eu ficava no quarto, lendo. Eu passei por um período de mudança na minha vida e comecei a prestar mais atenção aos noticiários e a aprender sobre outros países, e me tornei mais ativa politicamente. Eu estava dizendo: 'Muito bem, você vai terminar essa música e eu vou para Washington e nos vemos na segunda-feira'; então eu voltava e não conversávamos sobre o que ele escreveu no estúdio nem sobre o que eu havia aprendido em Washington. Duas semanas mais tarde, eu dizia: 'Certo, então agora eu vou para Serra Leoa e para a Tanzânia...'"

Logo, entretanto, suas acusações se tornaram mais duras e ela acusou o ex de não apoiar as suas atividades humanitárias. "Ele nunca esteve num campo de refugiados", disse à *US Weekly* em 2002. "Eu pedi que ele viesse, mas ele escolheu não ir. Você descobre como uma pessoa é, de verdade, observando o seu comportamento. E às vezes o que a pessoa faz te machuca".

Apesar dos relatos de Thornton de que ele planejava criar Maddox com Jolie, ficou claro que tudo não passou de uma cortina de fumaça quando foi divulgado que ela havia colocado apenas o seu nome nos papéis de adoção. Era uma pista de que o casamento já havia terminado há algum tempo. Quando surgiram as notícias de sua separação, os dois haviam sido vistos juntos em público apenas quatro vezes nos últimos cinco meses, embora Thornton tenha acompanhado Jolie ao Camboja para escolher Maddox e, depois, à Namíbia, onde eles receberam o bebê. A última vez em que ela viu o marido, revelou à *US Weekly*, foi em 3 de junho, o dia anterior ao seu aniversário de 27 anos. Eles tiveram uma briga séria. "Foi bem feio", disse ela. Desde então, não se falaram mais. Jolie deu entrada no divórcio oficialmente em 17 de julho de 2002.

* * *

Menos de um mês depois do final do seu relacionamento, o mundo de Jolie foi novamente virado de ponta-cabeça por outro homem que ela amava. No começo de agosto de 2002, Jon Voight entrou em contato com os produtores do programa *Access Hollywood* e perguntou se poderia aparecer no programa e mandar uma mensagem para a filha. Na noite seguinte, ele chocou a América com o que tinha a dizer. Se debulhando em lágrimas, um Voight emotivo declarou: "Tenho tentado entrar em contato com a minha filha e ajudá-la e falhei. Sinto muito, de verdade. Eu não me pronunciei sobre os sérios problemas mentais sobre os quais ela falou tão candidamente à imprensa nos últimos anos. Mas, por trás das câmeras, tenho tentado de todas as formas. Pode ter certeza de que esse é o meu objetivo. Ela tem muitos sintomas de problemas de verdade... de uma doença verdadeira. Não quero olhar para trás e dizer que não fiz tudo o que poderia ter feito".

Então ele descreveu um incidente que ele diz ter acontecido enquanto Jolie estava filmando *Garota, Interrompida*. "Fui até Nova York, sabe, fui com a mesma missão de estar com ela e tentar ajudá-la. Ela disse 'Você não pode me ajudar! Você não pode ajudar a minha dor!' E eu vi, sabe, e disse: 'Angie, nós podemos. Nós podemos buscar ajuda para isso'".

Ele culpou as pessoas o redor por falharem em conseguir a ajuda de que ela precisava tão desesperadamente: "Quando o trem do dinheiro está andando, todos querem estar a bordo e ninguém quer fazer ajustes, e fico irritado com isso. E estou especialmente irritado com o seu agente, que tem estado com ela e tem visto tudo. Eu implorei a ele muitas vezes para que me ajudasse, e, todas as vezes, ele jogou Angie contra mim".

Ele estava se referindo, é claro, a Geyer Kosinski, que em julho havia ordenado aos guarda-costas de Jolie que impedissem Voight de se aproximar de Angelina e lhe dar um abraço quando ambos estavam presentes a um evento de gala celebrando o 90º aniversário da Paramount Studios. Num esforço para desacreditá-lo, alguém, posteriormente, vazou uma história falsa, dizendo que os guarda-costas haviam impedido que Voight agarrasse a filha agressivamente, embora numerosas testemunhas tenham dito que ele não havia feito nada de impróprio.

Voight finalizou a chocante entrevista dizendo que a sua maior dor era não poder ver seu neto Maddox e saber que a entrevista, provavelmente, colocaria em risco seu futuro relacionamento com o garoto. "Claro que eu não quero nada", disse ele, novamente chorando. "Não quero nada além de segurar meu bebê nos meus braços e protegê-la... ao menos ela sabe que existe alguém tentando ajudá-la".

No dia seguinte, Jolie divulgou uma nota sucinta em resposta: "Não quero tornar públicos os motivos do meu relacionamento ruim com meu pai", disse. "Após todos esses anos, decidi que não é saudável estar perto de meu pai, especialmente agora que sou responsável pelo meu próprio filho". A mãe de Jolie, imediatamente, saiu em defesa da filha. "Estou chocada", disse Bertrand. "Não há nada de errado com a saúde mental de Angelina. Mental e fisicamente, ela é magnificamente saudável".

Muitas pessoas, incluindo aqueles que conheciam bem a família, ficaram surpresas pelo súbito drama familiar em público. Um amigo de Voight, que disse ter ajudado o ator em seu trabalho para a caridade, relatou, em 2007, que Voight sempre se recusou a falar sobre o que inflamou o desentendimento entre eles. "Não parecia haver um único incidente responsável por dar início àquilo, como se, de repente, acontecesse algo que os fizesse brigar. Sei que Angie ficou aborrecida com o pai por ele ter vazado para a imprensa a notícia da adoção de Maddox antes que ela tivesse a chance de fazer o anúncio ela mesma, mas isso foi apenas uma briguinha. Eles sempre se alfinetaram e, às vezes, ela o repreendia, mas, por Deus, eles se davam muito bem. Nós [amigos dele] sempre especulamos que ele descobriu alguma coisa sobre ela que o deixou pirado, mas nunca conseguimos saber o que foi. O que o fez ficar triste. Ele amava tanto os filhos e, então, perdeu ambos. Jamie não aceitou o que aconteceu. E Jon estava tão empolgado para conhecer o neto. Ele ficava falando sobre trocar as fraldas [de Maddox] e sobre como esperava que não tivesse perdido a prática".

O desentendimento foi ainda mais surpreendente para aqueles que seguiam de perto a carreira de Jolie. Eles sabiam muito bem que, ao contrário do que diziam os relatos recentes da mídia, Jolie e o pai nunca haviam se afastado antes. As consistentes declarações públicas dela ao longo dos anos demonstravam amplamente que ela e o pai eram muito próximos. Ela falava repetidamente sobre o quanto o amava, e o chamava de ótimo pai em entrevistas. Ela sempre havia deixado claro que não gostava de comentar ser filha de Jon Voight porque não queria ser comparada ao pai; mas nunca deixou de dizer o quanto o admirava.

Eles brigavam às vezes e ela parecia se ressentir das constantes declarações do pai condenando seu comportamento em público, mesmo a forma como ela se vestia, mas isso era uma coisa normal entre pai e filha. Desde a infância, não houve nenhum período longo durante o qual os dois não tenham estado em contato, exceto quando o trabalho de ambos os levava a lugares diferentes por um longo período. A mídia parece ter acreditado na mitologia pós 2002, criada por Jolie e seu irmão, sobre o relacionamento deles com o pai. Atualmente, é comum ler descrições da vida familiar de Jolie afirmando que ele "abandonou" a mãe dos seus filhos quando se divorciaram e que Jolie se afastou do pai desde então. É praticamente impossível encontrar referências ao fato de que Bertrand e Voight tinham a guarda conjunta e que as crianças foram, por anos, criadas tanto pelo pai quanto pela mãe. É ainda mais raro encontrar qualquer menção de que, por anos, Voight viajou uma vez por mês cruzando o continente, após Bertrand se mudar para Nova York, para ficar algum tempo com as crianças.

Atualmente, Jolie gosta de dizer aos repórteres que ela e o pai "nunca foram próximos". Mas uma enxurrada de suas próprias declarações ao longo dos anos nega isso, notavelmente o que ela disse a um entrevistador em 2001: "Eu não me lembro de um momento em que tenha precisado do meu pai e ele não estivesse presente". E, é claro, houve o discurso quando ela recebeu o Oscar, na frente de um bilhão de espectadores, em março de 2000, quando disse: "Pai, você é um ótimo ator, mas é um pai melhor ainda".

Em outra reviravolta estranha, após o desentendimento começar, era James Haven quem, frequentemente, mostrava-se ofensivo durante entrevistas para depreciar o pai, embora tenha sido ainda mais chegado a Voight do que a irmã. Em 2007, Haven disse à revista *Marie Claire* que havia se dedicado à causa das mulheres que sofreram abuso após assistir a "anos de abuso mental praticado contra a mãe". Ele disse também que Voight havia falhado em prover ajuda financeira para Bertrand e as crianças. E, ainda assim, a própria Jolie deu entrevistas ao longo dos anos afirmando que Voight e sua mãe permaneceram "melhores amigos", mesmo depois do divórcio. Em 2001, apenas um ano antes, ela falou abertamente sobre o quanto se divertia com o pai quando, a seu pedido, ele interpretava o pai de Lara, Lord Croft, no primeiro filme *Tomb Raider*.

Amigos da família, tanto de Voight quanto de Bertrand, confirmaram muitas vezes que todos se davam muito bem ao longo dos anos e que eles nem mesmo pareciam ser uma família divorciada. Em entrevistas, Bertrand afirmava que Voight era um excelente pai e um bom amigo. "Nada significa mais para Jon do que as crianças", disse ela à revista *People* em 1993.

De acordo com um amigo de Voight que testemunhou a cruel hostilidade ser encenada, "Jon estava muito magoado pelas coisas que as crianças estavam dizendo sobre ele. Sabia que eles sabiam não ser verdade. Mas o que ele esperava depois do que disse sobre Angie na televisão? A mim, parece que ele foi longe demais. Nesse caso, ele provavelmente deveria ter mantido a roupa suja escondida".

Veneza: Angelina Jolie e Brad Pitt participam da première de *O Assassinato de Jesse James pelo covarde Robert Ford* no 64º Festival Internacional de Cinema de Veneza.

BRAD E ANGELINA

A única vez em que encontrei Brad Pitt foi em 8 de dezembro de 2004. Eu estava filmando um documentário em Hollywood e tentava fazer algumas imagens de George Clooney. Com a ajuda do meu agente publicitário, eu havia traçado um plano para entrar de penetra na *première* do seu filme, *Doze homens e outro segredo*, marcada para 8 de dzezembro no Grauman's Chinese Theater. Eu havia adquirido dois passes falsos, um para mim e outro para o cinegrafista. Eles diziam "Acesso apenas ao Tapete Vermelho", o que queria dizer que eu não poderia assistir ao filme, mas poderia estar presente quando o elenco chegasse.

Quando as estrelas começaram a chegar em suas limusines, estávamos a postos, embora agentes de publicidade e organizadores ficassem nos acotovelando e nos empurrando para trás, para abrir espaço para os seus clientes entrarem. Quando Clooney chegou com a mãe e a namorada, foi imediatamente cercado pelas câmeras de televisão de vários programas de entretenimento e por redes locais, todas com prioridade nesses eventos.

Por isso, eu não consegui me aproximar o suficiente para conversar com ele.

Fiquei lá de pé por um momento, frustrado. Então, vi outro astro do filme, Brad Pitt. Ele estava parado de pé um pouco mais longe, mantendo-se a uma distância segura das câmeras e da multidão. Todos os cinegrafistas, inclusive o meu, estavam sendo empurrados, mas, graças ao meu passe forjado, eu tinha a permissão de permanecer onde estava. Depois de algum tempo, tendo assistido à maioria dos demais astros do filme passarem pelo tapete vermelho, me vi a cerca de 60 metros de distância de onde Pitt estava. Ele acenava para a multidão e se recusava a conversar com a mídia, que estava atrás de um cordão de isolamento. Aproveitando minha chance, me apresentei rapidamente como um aspirante a ator que havia acabado de fazer um pequeno papel no filme de Martin Scorsese, *O aviador*, que estava para ser lançado. Pitt comentou que adoraria trabalhar com Scorsese e parecia bastante disposto a continuar conversando comigo. Sem ter nada específico para conversar, perguntei se ele tinha algum conselho para um ator como eu. Sua resposta foi imediata e soou um pouco mecânica: "Faça aulas de interpretação, trabalhe duro e, se não tiver conseguido sucesso até os 35 anos, desista". Então, ele olhou para mim mais uma vez. Sua expressão mudou para um sorriso. "Oh, acho que você já tem mais de 35 anos", disse ele, afavelmente, e, então, deu de ombros. "O que eu posso dizer?"

Eu deveria ter feito outra pergunta. Enquanto conversava com ele, durante todo o tempo em que ele ficou no tapete vermelho, os fãs ficaram gritando "Cadê Jen?". Mas alguns integrantes da mídia gritavam outra pergunta: "Cadê Angelina?"

Quando os astros e estrelas finalmente entraram para ver o filme, perguntei a um fotógrafo da *Splash* o que estava acontecendo. "Ele está transando com Jolie há meses", respondeu.

Quando perguntei como ele sabia disso, disse que havia estado no Festival de Cinema de Cannes no último mês de maio, quando o romance de Pitt era tudo o que se falava, mesmo que Aniston tenha voado de última hora para estar ao lado do marido. Ele disse que havia conversado com todo tipo de pessoas que teriam presenciado os dois "em cima um do outro". Quando começaram a filmar [*Sr. e Sra. Smith*], comentou o paparazzo, ela era vista entrando no *trailer* de Pitt e ficava lá por horas, saindo com uma cara de "acabei de transar". Em uma ocasião, eles foram vistos de mãos dadas em público; foi essa a história que deu início aos primeiros rumores. Ele disse que os dois haviam "dado um tempo" em determinado momento, mas não sabia dizer se era porque o romance havia terminado ou porque os dois haviam decidido manter distância um do outro depois que os rumores começaram a circular.

Um mês após essa conversa, Pitt e Aniston anunciaram formalmente a separação, embora levasse ainda diversos meses até que Pitt tornasse oficial o seu relacionamento com Angelina Jolie.

* * *

Aniston encontrou-se com Jolie apenas uma vez. Foi no local de filmagem de *Friends*, logo antes de Pitt iniciar as filmagens de *Sr. e Sra. Smith*, a história de marido e mulher assassinos, contratados para matar um ao outro. "Brad está superanimado de trabalhar com você", disse ela à nova colega do marido. "Espero que vocês se divirtam bastante". Naquele momento, não havia indícios de qualquer problema no paraíso. Aniston e Pitt eram constantemente indagados sobre o seu relacionamento e as respostas de ambos sempre soavam bastante sinceras, até um pouco melosas demais. "Brad e eu estávamos dirigindo e vimos outro casal dirigindo", disse Aniston a uma revista. "A senhora estava ao volante e as mãos dela tremiam. Ele tocou as mãos dela e pareceu dizer 'Eu a amaria por sete mil anos e ainda a amo'. Espero que seja assim comigo e Brad".

Por sua parte, Pitt parecia comprometido em fazer com que isso acontecesse. "Eu nunca pensei que ser casado pudesse me fazer sentir dessa maneira", disse ele a um repórter. "É um sentimento maravilhoso. Eu olho para Jen e penso... ela é minha esposa... casamento é maravilhoso. Me faz sentir muito bem fazer esse tipo de jornada com uma mulher maravilhosa que quer dividir a vida comigo".

De acordo com amigos e colegas de trabalho, a única vez em que ela e Pitt não concordaram foi sobre arquitetura e design. Pitt era fanático por design moderno, particularmente o Arts and Crafts, enquanto Aniston era mais tradicionalista, talvez mantendo a sua herança grega. Isso provocou alguns desentendimentos engraçados, até certa tensão, vez ou outra, enquanto reformavam a enorme mansão de 14 milhões de dólares em Beverly Hills, que haviam comprado juntos e que estava em obra por mais de um ano. Mas, no geral, os amigos dizem que pareciam ser o casal ideal.

Pitt e Aniston haviam formado uma companhia de produção juntos, Plan B Entertainment, e acabavam de conseguir os direitos da autobiografia de Mariane Pearl, intitulada *O Preço da coragem*, sobre como o seu marido Daniel, um repórter do *Wall Street Journal*, havia sido assassinado por terroristas. Aniston faria o papel de Mariane naquilo que parecia ser o veículo perfeito para lançar uma carreira mais séria.

Em 2003, Pitt disse a um jornal australiano que ele e Aniston estavam começando a pensar em ter filhos. "Jen e eu estamos na fase de negociação", disse ele. "Ainda estamos praticando. Mas está indo tudo bem e estou ansioso pelo futuro". À pergunta se preferia menino ou menina, a resposta foi imediata: "Não tenho a menor dúvida sobre isso. Amo meninas. Quero uma pequena versão de Jennifer. Esse é o meu sonho".

E, claramente, era o sonho de Aniston também. Ela já havia escolhido um espaço enorme e iluminado na casa do casal em Beverly Hills para ser o quarto do bebê. Aniston se referia ao espaço como "o quarto" e supervisionou a transformação do começo ao fim durante o longo processo de reforma, que teria custado algo em torno de trezentos mil dólares.

Um dos funcionários que trabalhou na reforma confirmou que Aniston tinha ideias bastante específicas para o que ela chamava de o quarto do bebê: "Brad metia a mão na massa para fazer a reforma. Ele tinha todo tipo de ideias e gostava de fazer as vezes de arquiteto. Mas a Lady Pitt supervisionava o quarto, que deveria ser construído para caber no espaço que ela queria. Não seria apenas um quarto onde você coloca um berço e um móbile. Era bastante elaborado e ela tinha ideias muito específicas a respeito".

"Pelo menos até onde eu sei, eles nunca decoraram o quarto", explicou o funcionário. "Estamos falando de 2003, acho. Talvez eles estivessem esperando para saber se seria menino ou menina".

* * *

Surgiram muitos rumores ao redor do relacionamento e da separação de Brad Pitt e Jennifer Aniston. Um desses rumores é que, próximo ao final de *Friends*, Aniston sofreu um aborto espontâneo durante o início da gravidez. Outro diz que, naquele momento, em 2003, Aniston havia parado de fumar por um longo período porque estava grávida, embora outra versão desse mesmo boato indicasse que ela parou de fumar porque estava "tentando" engravidar. Ela também estaria tomando, naquele período, um suplemento de ácido fólico diariamente, comumente usado para prevenir defeitos congênitos no bebê quando a mulher está tentando engravidar ou mesmo quando já está grávida.

Em junho de 2004, a MSNBC divulgou que uma fonte próxima a ela havia revelado que Aniston estava grávida e que um anúncio era esperado para o final do mês. Isso foi um pouco mais de um mês depois que ela voou para Cannes para encontrar Pitt. "Isso é algo que Brad e Jen querem", disse a fonte. Mais significativamente, o porta-voz de Aniston se recusou a negar o boato, como seria esperado se não fosse verdade. Em vez disso, ele apenas disse: "Já me disseram desse boato". Mas o anúncio jamais foi feito.

Os bebês estavam na mente de Jennifer mesmo antes de ela se casar com Pitt. "Eu amo tudo sobre eles. As costas, o pescoço, o perfume, tudo sobre eles", disse ela à revista *Cosmopolitan,* em 1997. "Também quero ser uma mãe jovem". Em 2001, ela disse à revista que queria três filhos. Brad queria sete, disse ela, mas isso estava fora de cogitação. "Ao menos que ele consiga uma noiva por correspondência", brincou. "Mas darei a ele todo o resto. Espero que eu seja uma boa mãe. Eu amo crianças".

Em diversas outras ocasiões, Jennifer deixou claro que ela e Pitt teriam filhos assim que o seriado *Friends* terminasse. Isso foi planejado para acontecer após o término da nova temporada, em 2003. Quando um repórter da revista *Vogue* perguntou quando ela e Pitt planejavam iniciar uma família, ela rebateu, rindo: "Vocês querem estar lá quando nós concebermos? Vai acontecer assim que *Friends* terminar". Mas no meio do que era esperado para ser a última temporada, os produtores subitamente anunciaram que o elenco havia concordado em filmar mais uma temporada. Mas havia um porém: a décima temporada teria apenas 18 episódios, em vez dos 24. No período, vazou um boato de que foi Aniston que inssistira para encurtar a temporada. A mídia pegou o boato e entendeu que ela queria terminar a série para poder embarcar numa carreira cinematográfica.

De acordo com um antigo funcionário de Pitt, os filmes não haviam sido o motivo que levou Aniston a ficar ansiosa por deixar sua "família" de *Friends*. Ela já havia prometido parar após a nona temporada, para que eles pudessem começar uma família. Mas os outros atores do elenco estavam empolgados para filmar mais uma temporada e pressionaram Aniston para que aceitasse. Ela aceitou relutantemente, mas apenas por 18 episódios, um acordo ao qual ela chegou com Pitt, que não queria de jeito nenhum que ela fizesse uma décima temporada.

Parte do motivo pelo qual a mídia especulava que Aniston queria uma carreira no cinema deu-se porque ela já havia assinado vários projetos futuros mesmo antes de *Friends* terminar. Isso parecia ser o sinal de que se estabelecer como estrela do cinema estava em primeiro lugar nos seus planos e que ela não tinha qualquer intenção imediata de fazer uma pausa na carreira e começar uma família. Mas a mídia não estava necessariamente certa.

"Isso é algo que todas as atrizes fazem", disse um amigo de Pitt. "Um filme pode ser feito em algumas semanas, dependendo da complexidade da produção. Não é como uma série de televisão, que o deixa comprometido com meses de filmagem. E se você der uma olhada nos contratos de filmes que ela fez, todos tinham uma cláusula que a permitia abandonar o filme se ficasse grávida antes do início da produção. As empresas de produção possuem seguros contra essa possibilidade. A ideia de que Jenny havia decidido deixar o bebê de lado em favor de uma carreira de cinema é um monte de bobagem. Ela queria ter filhos. Era visível. Ela dizia que não podia adiar por muito mais tempo ou poderia ser tarde demais".

* * *

Logo antes de Pitt iniciar as filmagens de *Sr. e Sra. Smith*, Aniston disse a um entrevistador: "Tive um período na minha vida, quando eu era mais jovem, em que eu era ciumenta, mas não me sinto dessa forma agora". *Friends* estava marcado para filmar o último episódio de seus dez anos no ar em janeiro de 2004. Por volta dessa época, Aniston foi entrevistada por Diane Sawyer no programa *Primetime Live*, da rede de televisão ABC, que lhe perguntou sobre ter filhos. Ela disse que, "definitivamente, adoraria ter dois" filhos agora, que *Friends* estava terminando. "Eu gostaria de trabalhar nesse momento", disse ela a Sawyer. "Mas também sinto que, provavelmente, este será o trabalho mais importante que eu jamais farei: ter um bebê. Isso requer tempo, assim como a minha carreira requer tempo".

Mas no set de *Sr. e Sra. Smith*, fagulhas começaram a voar entre Pitt e sua nova colega praticamente desde o início das filmagens em L.A., em novembro de 2003, de acordo com aqueles que estavam presentes no set. "Ambos foram atrás um do outro", disse um membro da equipe de filmagem a Mara Reinstein e Joey Bartolomeo, escritores sênior da *US Weekly*. "Ela não estava indo atrás dele e seduzindo-o. Eles queriam um ao outro. Era bastante óbvio".

Após uma filmagem num restaurante em L.A., em fevereiro, o elenco e o time de produção de *Sr. e Sra. Smith* festejou no terraço do elegante Standard Hotel. Pouco depois disso, surgiram relatos de que os funcionários do hotel haviam presenciado Pitt e Jolie se beijando muito depois que a filmagem já tinha terminado e a equipe ido embora. Reinstein e Bartolomeo, mais tarde, confirmaram esses boatos. "Eram apenas os dois no terraço, próximos ao jardim", disse um funcionário aos repórteres. "Eles queriam ficar sozinhos e a equipe arrumou um espaço para eles. Sei, com certeza, que eles se beijaram".

Os representantes de Jolie negaram que qualquer comportamento antiprofissional houvesse acontecido, mas os boatos já estavam chegando a Aniston, que começou a entrar em pânico diante da possibilidade de perder o marido. Para o público, entretanto, ela adotou a pose de ignorar os boatos e acreditar que eles haviam sido "fabricados". Aniston se juntou a Pitt em Cannes, em maio. Pouco tempo depois, os representantes de Pitt teriam enviado uma mensagem a Jolie, para que ela mantivesse distância por enquanto.

Enquanto isso, Pitt fazia o público saber de sua admiração por Jolie. "Nunca vi alguém tão mal compreendido pela mídia", disse ele a repórteres em abril. "Jolie é um ser humano realmente encantador, mãe dedicada e bastante normal. Ela é dedicada ao seu trabalho com as Nações Unidas. Na verdade, há certa leveza nela".

Os boatos surgiam a todo o momento, enquanto os colunistas de fofocas eram atraídos pelos inúmeros relatos do suposto flerte entre Pitt e Jolie. Assim como acontece com todos os casais de Hollywood, histórias de romances, separação iminente e divórcio sempre rondaram Aniston e Pitt, desde que eles se casaram, mas agora havia mais um elemento na conspiração: a "outra mulher" era Angelina Jolie.

A própria Jolie era bastante cautelosa com relação à situação em que se encontrava. Apenas três anos antes ela havia roubado Billy Bob Thornton de sua noiva de longa data, Laura Dern, e sua carreira havia sofrido. Seus esforços cuidadosos para reconstruir sua imagem estavam apenas, lentamente, começando a dar frutos. Ela não podia colocar isso em risco. Se Dern havia sido uma vítima que atraía a simpatia do público, com Aniston isso seria ainda mais intenso. Um caso com seu marido supostamente feliz no casamento mancharia a imagem de Jolie novamente como "destruidora de lares", talvez prejudicando permanentemente sua estimada base de apoio de fãs feminina. Ela teria que jogar com muito cuidado para proteger sua imagem cuidadosamente construída de humanitária e mãe amorosa.

As primeiras pistas que indicavam como Jolie planejava fazer isso logo surgiram. "Pessoas próximas afirmam que o desejo de Pitt de iniciar uma família e a relutância de sua mulher em abrir mão da carreira causaram 'pressões intoleráveis'", escreveu um jornal. Muitas histórias na mesma linha começaram a surgir ao longo do ano, todas citando "pessoas próximas" e todas insinuando que Aniston estava negando, de forma egoísta, a família que o marido tão desesperadamente desejava.

Sr. e Sra. Smith teve uma pausa nas filmagens de abril até o final de julho de 2004, para que Pitt pudesse filmar *Doze homens e outro segredo*. Após as filmagens serem retomadas em agosto, a equipe voou para a Itália para filmar as cenas europeias. Enquanto estiveram lá, os repórteres filmaram o quanto Pitt estava se divertindo, brincando com Maddox no Hotel Santa Caterina, em Amalfi. Mas Jolie se manteve consistente em negar os rumores, e em novembro ela concedeu entrevista à revista *Allure*. "Eu não dormiria com um homem casado", insistiu ela. "Eu tenho amantes o suficiente. Não preciso de Brad".

Entretanto, seis semanas depois, em 7 de janeiro de 2005, Pitt e Aniston se separaram. "Gostaríamos de anunciar que, após sete anos juntos, decidimos nos separar formalmente", iniciou a nota enviada à imprensa. A decisão foi o resultado de "bastante consideração" e não foi causada por "nenhuma das especulações relatadas nos tabloides", insistiu o casal, assegurando ao público que iriam permanecer "comprometidos e amigos com muito amor e admiração um pelo outro".

Logo que a separação foi anunciada, o apoio do público, especialmente das mulheres, ficou quase que completamente do lado de Aniston. A butique de Hollywood Kitson relatou que no verão seguinte suas camisetas "Time Aniston" estavam vendendo mais do que as "Time Jolie", numa proporção de 25 para um. A pontuação Q de Jolie começou a cair; suas avaliações negativas, em particular, eram muito mais altas do que haviam sido seis meses antes. Na pesquisa anual "Red, White and Blue", feita no dia 4 de julho pelo programa *Entertainment Tonight*, pedindo aos americanos que escolhessem as suas celebridades favoritas, Aniston apareceu no topo, com uma enorme margem de diferença em relação aos demais. Jolie foi selecionada o número oito, enquanto Pitt ficou no final do ranking, como o número dez.

Entretanto, o contra-ataque de Jolie estava preparado. Um dia depois do anúncio da separação, o *New York Post* publicou a primeira de uma série de histórias, todas com o mesmo tema e nenhuma delas apresentando uma única fonte, supostamente revelando a verdade por trás do rompimento do casal de ouro de Hollywood. "O motivo são filhos", um "amigo" do casal haveria dito ao *Post*. "[Aniston] simplesmente não quer ter filhos agora e ele quer filhos". Cada vez que a história era contada, havia sido uma pessoa "próxima" que assegurara a informação ao repórter ou um "amigo" do casal. "Um amigo disse que Aniston não quer dar uma pausa na carreira para ter filhos e que não quer sofrer os efeitos que a maternidade terá em seu corpo sexy", disse outra reportagem. "Três motivos principais culminaram no rompimento: a recusa de Aniston de ter um filho, o romance entre Pitt e Angelina Jolie e a obsessão de Aniston com a sua carreira", completou outra reportagem.

Por sua parte, Pitt foi fotografado por paparazzi andando de mãos dadas com Angelina numa praia africana. Ao mesmo tempo, relatos cuidadosamente vazados começaram a aparecer sobre o ótimo relacionamento de Pitt com o filho pequeno de Jolie. "Com os paparazzi fora de vista, Pitt assumiu o que parecia ser um papel paterno com o filho cambojano adotivo de Jolie, Maddox", relatou a revista *Vanity Fair*.

Pitt ainda não confirmava se ele e Jolie eram um casal. Ele continuava dizendo que ela não havia sido um fator no seu divórcio e negou que os dois tivessem dormido juntos enquanto ainda era casado. Jolie contou a mesma história. Entrevistada pela revista *Marie Claire* em março de 2005, Jolie tentou silenciar os boatos persistentes de que ela e Pitt estavam tendo um caso que começara meses antes da separação dele e Jennifer Aniston. "Fazer sexo com um homem casado, quando meu próprio pai traiu a minha mãe, não é algo que eu poderia perdoar", disse ela. "Eu não poderia, não poderia me olhar no espelho pela manhã se fizesse isso".

Quando Aniston concedeu uma entrevista cheia de lágrimas à *Vanity Fair*, em setembro de 2005, estava na defensiva. A edição bateu todos os recordes de venda da revista. Nela, Aniston censura as histórias que estiveram circulando, chamando-as de sexistas e cruéis. "Um homem se divorciando jamais seria acusado de escolher a carreira no lugar dos filhos", disse ela. "Isso me irritou profundamente. Eu jamais disse na minha vida que não queria ter filhos. Eu quis, eu quero e eu terei! As mulheres que me inspiram são aquelas que possuem filhos e uma carreira; por que eu iria querer me limitar? Sempre quis ter flhos e jamais abriria mão dessa experiência em nome de uma carreira. Eu quero ter os dois".

A repórter da *Vanity Fair*, Leslie Bennetts, foi atrás da maioria dos amigos do casal para tentar determinar o que, de fato, havia acontecido. A maioria deles disse que Pitt "praticamente abandonou" o casamento assim que começou a trabalhar com Jolie. "Ele foi embora", disse um amigo a Bennetts. Eles também negaram o mito de que Brad era obcecado pela ideia de ter filhos, enquanto Aniston ficava protelando. "Quando Brad e Jen estavam casados, ter um bebê não era a prioridade dele — nunca foi", disse outro amigo. "Para ele, ter filhos era um desejo abstrato, enquanto para Jen era algo muito mais imediato. Então será que há alguma parte de Brad que é diabólica? Será que ele pensou 'preciso sair desse casamento, mas quero sair cheirando a rosas, por isso vou deixar Jen assumir o papel de ultrafeminista enquanto eu vou assumir o papel do pobre marido que não conseguiu ter um filho e seguiu com a vida'"?

Mas há algo mais que pode ter sido um fator relevante para ambas as partes. Acredita-se que Jennifer Aniston tenha estado grávida duas vezes recentemente, em 2003 e no final da primavera de 2004. Os rumores dizem que em ambas ela sofreu abortos espontâneos. Seria Aniston incapaz de ter filhos ou estaria a sua insistência em manter uma aparência magérrima diante das câmeras interferido nos seus esforços de ter um bebê? Tais fatos trazem uma pressão enorme aos casamentos. É difícil dizer, mas talvez Pitt estivesse vulnerável naquele momento, incapaz de resistir à força da natureza conhecida como Angelina Jolie.

Pitt, de fato, parece não ter sido cúmplice no que estava provando ser uma campanha cruel, mas eficiente, de colocar a opinião pública contra Aniston. Jolie, entretanto, era. A essa altura, ela era uma veterana tarimbada no que um agente de publicidade chamou de "mudar o foco da atenção" — desviar o foco de uma crise mudando o foco do assunto — e ela parecia ter usado tais habilidades para ganhar vantagem mais uma vez. "Foi Angelina que inventou toda a história sobre Jennifer não querer ter filhos", disse, em fevereiro de 2009, uma fonte ligada ao departamento de publicidade da 20th Century Fox, que produziu *Sr. e Sra. Smith*. "Ela estava convencida de que era uma história que faria sentido para todas aquelas mulheres que a enxergavam como uma megera destruidora de lares".

De acordo com um jornalista que trabalhou para o programa *Hollywood Reporter*, histórias a respeito de Jolie, mesmo as mais inócuas, vinham do escritório do agente de Jolie, Geyer Kosinski, ou do irmão dela, James Haven, que há algum tempo se tornou um defensor fervoroso dos interesses da irmã na imprensa. Seus dias de distanciamento da irmã para evitar rumores de incesto tinham acabado há muito tempo. "Essa é a maneira como as coisas são feitas nessa cidade", disse o jornalista. "Não há nada especialmente errado com isso. Diferentemente dos tabloides, precisamos saber de onde vem a informação antes de divulgá-la, precisamos saber o quão confiável ela é. Se nos referimos a "alguém próximo", sabemos quem é a pessoa, e se eles, genuinamente, estão ligados à pessoa em questão. Todas as celebridades possuem autoridades confiáveis, que usam para fazer com que suas informações cheguem até nós ou às colunas de fofoca, como a Página Seis do *New York Post*".

E estava funcionando. Enquanto 2005 chegava ao fim, a pontuação Q de Jolie começava a subir novamente. Milhões de mulheres agora acreditavam que Pitt havia abandonado Aniston porque ela havia escolhido colocar a carreira em primeiro lugar, antes dos filhos. *Vanity Fair* chamou essas histórias de misóginas e falsas e afirmou que diversos amigos mútuos acreditavam que Pitt poderia ter feito mais para refutar tais rumores. "Para alguns, isso parece ser pura hipocrisia", repreendeu a revista. Outros desaprovaram o fato de Pitt continuar a charada de que não havia traído Aniston enquanto era casado, embora a amiga de Aniston e colega de elenco, Courtney Cox, tenha escolhido dar a ele o benefício da dúvida. "Não acho que ele tenha começado o romance fisicamente, mas acho que ele se sentiu atraído por ela", disse ela à revista.

Outros ficaram atordoados pelo recente ensaio fotográfico publicado pela revista *W*, em que Pitt e Jolie aparecem como um casal em fotos no estilo do início dos anos 60. As fotos foram tiradas em março, o mês em que Aniston deu entrada no divórcio. "Está faltando a ele o chip da sensibilidade", disse Aniston com relação à exibição constante do relacionamento com Jolie feita por Pitt.

Um antigo funcionário de Pitt conta uma versão diferente, defendendo as constantes negações de Pitt. "É claro que ele estava dormindo com Angelina na maior parte daquele período, mas ele não escondeu o fato por ser um canalha", disse o homem. "Ele escondeu o fato porque foi um cara muito legal. Ele não queria magoar Jen. Ele ainda a amava e não queria ter que contar a ela. Na verdade, durante algum tempo, ele, genuinamente, pensou em terminar o romance com Angelina e voltar para Jen. Não tenho certeza do que aconteceu finalmente ou por que ele decidiu terminar o casamento, mas você acha que teria sido melhor se ele fizesse o mesmo que Billy Bob fez com Dern? Ele foi covarde por não ter contado para Jen desde o começo? Provavelmente. Mas o que você teria feito nessa mesma situação? Não foi fácil para ele. Duvido que ele se perdoe até hoje".

Pitt, há muito, suspeitava que as histórias sobre Jen estavam sendo vazadas por sua nova namorada e ele estava, conforme afirmam as minhas fontes, furioso, mandando que Jolie desistisse de sua campanha por trás dos bastidores. Ele ainda estava visivelmente irritado quando a revista *GQ* perguntou-lhe, na sua edição de junho de 2005, sobre os rumores de que Aniston não queria ter filhos. "Essa foi uma versão, e, a propósito, uma completa baboseira", respondeu ele energicamente. Numa entrevista naquele mês ao programa *Primetime Live*, da ABC, Diane Sawyer fez a ele a mesma pergunta. Dessa vez ele foi ainda menos ambíguo, desmentindo os relatos como "uma baboseira ridícula" e "completamente inventada". Entretanto, a essa altura, o dano já havia sido causado.

Brad e Angelina passeiam em Mumbai com os filhos Zahara e Maddox. O tabloide britânico *Sun* informou em novembro de 2007 que Mentewab Dawit, mãe biológica de Zahara, adotada na Etiópia, quer a filha de volta.

UMA NOVA IMAGEM

Em 8 de janeiro de 2005, um dia depois de Brad Pitt e Jennifer Aniston anunciarem publicamente sua separação, uma garotinha chamada Yemasrech nasceu na pequena cidade etíope de Awassa. Seis meses depois, com Pitt ao seu lado, Angelina Jolie voou para Addis Ababa onde a garota — agora sua nova filha — lhe foi entregue pelas autoridades responsáveis pela adoção. A revista *People* conseguiu uma entrevista exclusiva com Jolie e anunciou a notícia com uma reportagem de capa, afirmando que a garota havia sido feita órfã pela AIDS. "O nome dela é Zahara Marley", disse Jolie à revista. "Maddox e eu estamos muito felizes em ter uma nova adição à família".

Um mês antes, em junho de 2005, Jolie apareceu na CNN descrevendo a primeira vez em que ela viu a morte de uma criança num campo de refugiados. "Eu o vi morrendo", lembrou ela. "E, sabe, foi a minha primeira viagem, meu primeiro momento, e sendo americana e com um pouco de dinheiro, pensei, 'bem, vamos voar e levá-lo ao hospital. Eu posso resolver isso num segundo.'

E, então, você, subitamente... foi aquele momento em que você olha ao redor e percebe que existem, sabe, centenas e milhares de pessoas naquela mesma situação e que muitas dessas crianças irão morrer. E então eu fui para casa e pensei, 'eu deveria ao menos ter trazido uma daquelas crianças comigo'."

Ela disse que Maddox, ultimamente, a havia ajudado a decidir por uma nova adoção. "Meu filho está apaixonado pela África, então, ele vem pedindo um irmão ou irmã da África", disse ela. Anteriormente, Jolie havia declarado publicamente que queria criar uma "família arco-íris". "Quer dizer, crianças de diferentes religiões e culturas, de diferentes países", explicou. "Na verdade, eu adoraria ter sete, um pequeno time de futebol".

Por algum tempo, parecia que a primeira cor a se juntar a Maddox no arco-íris da família seria branca, não negra. O *Daily Mail* de Londres publicou, em dezembro de 2004, que ela estivera "percorrendo" orfanatos russos no mês anterior, procurando por uma criança. "Foi dito que ela queria uma criança com aparência eslávica", disse um dos diretores da "Casa de Bebês 13", um orfanato nas redondezas de Moscou. "Ela queria um bebê de cabelos loiros e olhos azuis". Os responsáveis pelo orfanato disseram que Jolie havia escolhido um bebê de cabelos loiros e olhos azuis chamado Gleb. "A senhorita Jolie o pegou em seus braços e o beijou", disse o diretor do orfanato. "Então, ela pediu ao seu tradutor que dissesse aos funcionários: 'Encontrei meu filho'".

Mas antes que a adoção se tornasse oficial, ela também visitou outro orfanato russo, "Casa de Bebês 22". A médica do centro, Natalia Kostyushina, narrou uma história semelhante. "Assim como os chefes de outros orfanatos, sabíamos que Jolie estava interessada apenas em garotos com uma aparência eslávica", disse ela ao jornal. "Pelo que eu entendi, no primeiro dia de visita, ela queria ver a maior quantidade de crianças possível e, no segundo dia, ela planejava tomar uma decisão. Uma de nossas crianças estava brincando com seus brinquedos no cercadinho quando Angelina entrou. Ela olhou para ele e ele sorriu, como se a reconhecesse. Ela, então, correu para o cercadinho, pegou o menino, apoiou-o em seu quadril e começou a girar com ele. Ambos riram e parecia uma mãe feliz com seu amado filho. Foi uma cena bastante comovente. Depois disso, não tínhamos dúvida de que ela faria do nosso garotinho o seu filho. Mas, para nossa decepção, isso não aconteceu".

Um padrão estava emergindo, reportou o *Daily Mail*. Quando o jornal falou com o diretor de outro orfanato, ouviu história semelhante. "Ela também mostrou interesse por uma de nossas crianças, mas a maioria foi julgada como não sendo de interesse para ela", revelou o diretor. "Foi um circo o que aconteceu, como se devêssemos largar tudo porque essa rica e famosa mãe solteira americana precisava de outra criança. Existem mais de quatro milhões de crianças na Rússia, muitas das quais são abandonadas pelos pais, mas existem regras para tornar difícil aos estrangeiros adotar apenas bebês 'saudáveis'. Ao invés disso, eles são encorajados a adotar aqueles portadores de doenças graves ou com alguma deficiência física".

No final das contas, Jolie deixou a Rússia sem uma criança, mais tarde explicando que ela não achava que Maddox estava pronto para ter um irmão. "Eu ia adotar outra criança na Rússia, mas não deu certo; por isso, pode ser que eu adote outra daqui a uns seis meses", disse ela na época. De fato, há rumores de que Jolie ficou sabendo que lidar com a burocracia russa significava meses de formalidades em excesso antes de poder finalmente levar o bebê para casa e, por isso, abandonou o plano. Estaria ela esperando que ao adotar outro bebê naquele momento iria conseguir distrair a imprensa da separação entre Pitt e Aniston?

Quando, finalmente, adotou Zahara mais de seis meses depois, aqueles que acompanharam o processo ficaram impressionados com a rapidez com que ela conseguiu a aprovação do governo da Etiópia, um processo que, geralmente, leva entre seis meses e um ano. A adoção de Zahara foi aprovada uma semana depois de Jolie preencher a documentação, de acordo com Hadosh Halefom, chefe da agência de adoção controlada pelo estado.

Dr. Tsegaye Berhe, diretor médico do orfanato Addis Abeba, disse a um jornal britânico que Pitt estava com Jolie quando ela chegou para receber o bebê e que eles pareciam casados. "Eles eram como qualquer outro casal olhando para o seu filho pela primeira vez. Angelina enxugou uma lágrima de seus olhos", lembra ele. "Eles estavam tão felizes. Então, eles viraram para mim e disseram: 'Isso nos faz uma família completa.'"

Zahara havia sido descrita como uma "Órfã da AIDS" em todos os relatos da mídia sobre a adoção da criança. A própria Jolie chamou Zahara de "Órfã da AIDS" em 23 de junho, durante uma entrevista com Anderson Cooper, da CNN. Mas em agosto de 2005 novos detalhes emergiram sobre a situação do bebê, que trouxeram à mente a controvérsia ao redor de Maddox, que não era um órfão, como inicialmente afirmado.

O maior jornal de língua inglesa da Europa, o *Sun*, descobriu que a mãe do bebê não estava, de fato, morta, e que Zahara não era, de forma alguma, uma órfã da AIDS. Girma Degu Legesse, funcionário do *Wide Horizons for Children*, a agência privada que facilitou a adoção, admitiu ao jornal que sabia que a mãe biológica de Zahara estava apenas "desaparecida" e não morta. Na tentativa de justificar a enganação, ele alegou que "alguns etíopes acreditam que desaparecido e morto são a mesma coisa".

O *Sun* conseguiu encontrar a mãe biológica, Mentewab Dawit, que descreveu as circunstâncias por trás do nascimento de Zahara. Ela explicou que estava morando com a avó numa pequena vila, chamada Shone, enquanto frequentava a escola. Certa noite, quando sua avó havia saído a trabalho, ela voltava para casa no escuro, após um dia de trabalho vendendo cebolas num mercado local, quando um homem se aproximou e a atacou.

"Ele puxou um punhal e colocou uma das mãos sobre a minha boca, para que eu não pudesse gritar. Então, ele me estuprou e desapareceu", disse ela posteriormente à *Reuters*. Quando descobriu que estava grávida, afirmou, inicialmente não contou a ninguém. "Eu temia as consequências de ser estuprada numa comunidade onde o estupro é considerado tabu, mesmo se o que aconteceu foi à força", disse ela.

Sua filha nasceu em 8 de janeiro, que na Etiópia é o dia depois do Natal. Ela recebeu o nome de Yemasrech, que significa "boas-novas", embora, posteriormente, tenha tido seu nome trocado para Tena Adam, o nome de uma erva local. Quando a mãe de Mentewab, Almaz, ficou sabendo que a filha havia tido um bebê, foi se encontrar com ela e a trouxe com o bebê de volta para Awassa, uma pequena cidade a cerca de três horas ao Sul da capital. Lá, Mantewab trabalhou como mão de obra para uma empresa de construção, mal conseguindo sobreviver com o baixo salário. "Algumas vezes, tudo o que eu comia era um pedaço de pão o dia inteiro", disse ela, explicando que o tio, com o qual estavam morando posteriormente, pediu que elas fossem embora. "Meu bebê chorava o tempo inteiro, porque tinha fome. Eu achei que ela fosse morrer, por isso, fugi", disse ela.

A avó, Almaz, afirmou que, logo depois, ela levou o bebê ao conselho local e disse-lhes que a filha havia fugido e deixado o bebê com ela. "Ela era extremamente magra. Eu achava que ela iria morrer", alegou Almaz. "Eu disse a eles: 'Por favor, fiquem com o bebê antes que morra'".

Nesse ponto, os detalhes ficam obscuros. Almaz foi apresentada a um "arranjador" local, que organizava adoções para uma agência local, e ele "concordou em levar o bebê". "Ele prometeu que manteria contato. E disse que traria o bebê de volta para visitar, após cinco meses, e que me mandaria uma foto", afirmou Almaz. "Ele também prometeu me apresentar à família que iria adotá-la". Ela disse que nunca disse ao arranjador e nem às autoridades que a sua filha havia morrido ou que o bebê era órfão. "Mas, então [o arranjador], veio até mim e disse que o bebê havia sido adotado e levado para fora do país", disse ela. "Ele disse: 'Jornalistas virão até você e você deverá negar toda a história e dizer que não é sua neta'". "Ele trouxe uma mulher que afirmou que Tena Adam (Zahara) era sua filha. Ele tentou de tudo para me fazer dizer que ela não era minha neta. Até chegou a me ameaçar, dizendo que iria me colocar na cadeia e fazer com que me torturassem".

Quando o *Mail on Sunday* chegou as credenciais do arranjador, descobriram que ele afirmara trabalhar para a agência que intermediou o processo de adoção feito por Jolie, Wide Horizons for Children, e que havia chegado mesmo a distribuir cartões de visita afirmando que representava a agência. Mas quando a história foi revelada, a agência disse que ele não era seu funcionário, mas que, na verdade, trabalhava para um orfanato em Awassa. A agência não negou que foi o arranjador quem originalmente levou Zahara até eles. "O que ele fez foi o equivalente a um sequestro", disse Mentewab a um jornal. "Ele levou a minha filha e, simplesmente, desapareceu com ela, afirmando que eu estava morta".

Quando a reportagem foi publicada, causou um grande rebuliço, com alguns veículos afirmando falsamente que a mãe biológica estava exigindo que Zahara retornasse à Etiópia. Mas foi dito que Mentewab ficou emocionada quando soube que foi Angelina Jolie quem havia adotado sua filha. "Ela terá uma vida melhor com Angelina", disse ao *Daily Mail*. "Se ela tivesse ficado comigo, poderia ter morrido. Fico feliz em ver minha filha tendo uma vida melhor, num lugar melhor. O que me deixa irritada é que Angelina está dizendo que estou morta. Eu estou viva e nunca tive AIDS". Ela também expressou o desejo de que Jolie trouxesse sua filha para visitar sua família e o local onde nasceu. "Ela deve conhecer o seu país, deve conhecer sua família, é onde está a sua identidade", completou.

Até os dias de hoje, Jolie aparentemente não levou Zahara para conhecer a mãe biológica ou para visitar a cidade onde nasceu, embora a tenha levado à Etiópia em mais de uma ocasião.

Considerando-se as controvérsias que cercam o nascimento de Maddox e Zahara, foi um pouco estranho pegar o jornal em janeiro de 2007 e ler Jolie criticando Madonna por ter adotado ilegalmente um bebê do Malauí. A cantora ocupava há meses o centro de uma tempestade causada pela mídia, depois de anunciar que ela e o marido, Guy Ritchie, planejavam adotar um garoto do Malauí, cuja mãe havia morrido no parto. Grupos de ajuda dentro do país e no exterior criticaram a estrela por, subitamente, anunciar que estava planejando adotar uma criança africana. O Malauí, como se ficou sabendo depois, normalmente requer 18 meses de residência antes que uma criança possa ser adotada, fazendo parecer que Madonna estava, de alguma maneira, burlando a lei ou que a adoção estava sendo "agilizada".

Apesar da censura de Jolie, entretanto, não havia nada de ilegal no processo de adoção iniciado por Madonna. Os procedimentos estavam sendo monitorados de perto pelas cortes do Malauí, para assegurar o cumprimento das leis do país. Em janeiro, o juiz da Suprema Corte do Malauí, Andrew Nyirenda, divulgou uma "ordem interina" permitindo que a cantora e seu marido levassem o jovem garoto, David Blanda, de volta para a Inglaterra, onde eles teriam que passar por um exame médico minucioso antes que a adoção pudesse ser finalizada. Dois anos depois, a adoção finalmente foi aprovada. O relatório oficial emitido à corte pelo oficial da Assistência Social da Criança descrevia Madonna como a "mãe perfeita" para David.

Diversos relatos da mídia afirmaram que não houve reação semelhante quando Angelina Jolie adotou Maddox e Zahara. "Eu

Angelina Jolie chega ao Aquário de Londres, Inglaterra, com seus filhos Shiloh, Knox, Vivienne e Zahara no dia 25 de julho de 2011.

Brad Pitt e Angelina Jolie na Lee's Art Shop de Nova York com os filhos Vivienne Jolie-Pitt e Knox Jolie-Pitt em 4 de dezembro de 2010.

acho que as adoções de Angelina Jolie foram processadas diferentemente porque ela sempre demonstrou interesse por crianças e por fazer o bem no mundo. Assim, as pessoas acharam que Madonna, simplesmente, tomou um avião e, de repente, conseguiu uma criança", disse Anastasia de Waal, do grupo de direitos humanos Civitas, à agência de notícias Cox. "O que irritou as pessoas no Reino Unido é que a atitude de Madonna pareceu excêntrica e que ela aparentava estar burlando as leis".

Na verdade, não houve nada de excêntrico ou ilegal com relação à decisão de Madonna de adotar no Malauí. Durante meses, ela esteve viajando em silêncio ao país, em nome de uma organização que ela havia fundado, chamada Raising Malawi, dedicada a "oferecer soluções duradouras aos órfãos do Malauí". Ela havia escolhido focar os seus esforços no Malauí quando ficou sabendo que era uma das nações mais pobres do mundo, com mais de um milhão de órfãos num país de apenas doze milhões de pessoas e onde a malária, falta de chuva, pobreza e a AIDS haviam dizimado a população.

Meses antes, a estrela pop havia anunciado planos de arrecadar três milhões de dólares para construir centros e cuidar das crianças, orfanatos e projetos de ajuda social no país dominado pela pobreza. Ela já estava trabalhando de perto com especialistas em ajuda internacional, como o economista Jeffrey Sachs, da Universidade de Columbia, assim como com oficiais de desenvolvimento do Malauí, sobre quais seriam as formas mais eficientes de ajudar as pessoas. Muito antes de Madonna anunciar seus planos de adoção, de fato, um repórter da *Associated Press* visitou a vila de Mphandula e entrevistou os moradores locais sobre os esforços dela. "O líder da vila aqui jamais ouviu falar de Madonna, a estrela pop", relatou a AP, "mas ele ouviu falar de Madonna, a filantropa".

Madonna chegou mesmo a dedicar 100% dos direitos autorais de um livro infantil que havia escrito para o seu projeto no

Malauí. O livro, *As rosas inglesas*, se tornou um recordista internacional de vendas. Ela prometeu doar um dólar de seu próprio bolso para cada dólar doado pelo público, colocando seu próprio dinheiro na causa, assim como Jolie. Diferentemente de Jolie, entretanto, Madonna não tornou seus esforços públicos previamente. Ela escolheu viajar sem uma equipe de mídia ou fotógrafos, enquanto visitava o país, e viajava para vilas remotas da África. Ela não parecia precisar dos serviços de um certo Trevor Neilson.

* * *

Seja na tentativa de não parecerem muito gananciosos ou por um sentimento de obrigação por terem nascido ricos, há uma longa tradição de filantropia entre os milionários americanos. Durante mais de um século, muitas das grandes universidades da nação, hospitais, museus e organizações voltadas ao bem-estar social tem contado com a generosidade de benfeitores ricos do mundo dos negócios.

Durante a década de 1990, enquanto a Microsoft liderava o mercado de software e Bill Gates se tornou conhecido como o homem mais rico do planeta, algumas pessoas começaram a notar que, embora tivesse construído uma fortuna de muitos bilhões de dólares, o empreendedor não dava muito do seu dinheiro para os necessitados. Ele, de fato, constribuía com numerosas obras sociais, mas suas contribuições eram relativamente insignificantes comparadas à sua fortuna.

As críticas atingiram o ápice em 1998, quando Ralph Nader censurou Gates severamente numa carta pública, solicitando que ele fosse o padrinho da conferência sobre a "Distribuição desigual da riqueza" nos Estados Unidos. Na carta, Nader afirmava que Gates valia mais do que a riqueza somada dos 40% dos americanos mais pobres, excluindo o valor de seus carros. "Sua riqueza é altamente comentada", disse Nader a um entrevistador. "Porém, sua responsabilidade social ainda precisa ser desenvolvida".

A resposta da conselheira filantrópica de Gates, Rose Berg, foi apenas momentaneamente tranquilizadora. Berg disse que Gates e sua esposa Melinda estavam "apenas começando sua filantropia e planejavam dar uma parte maior do seu dinheiro a obras de caridade". Realmente, o bilionário e sua esposa haviam criado uma fundação e estavam ocupados fazendo planos para distribuir enormes somas de dinheiro. Ainda assim, aos olhos do público, ele estava sendo retratado como um capitalista ganancioso, o que é uma posição desastrosa para alguém que está sob escrutínio do governo dos Estados Unidos por práticas de negócios monopolistas. Gates precisava mudar sua imagem.

Foi aí que entrou Trevor Neilson. Vindo diretamente da Casa Branca, onde trabalhou no departamento que organizava as viagens ao exterior do presidente Bill Clinton, Neilson era um democrata bem relacionado. Isso foi, definitivamente, considerado um ponto positivo, dado que na época a Microsoft estava sendo investigada pelo Departamento de Justiça dos Estados Unidos. Mas Neilson também tinha talento para as relações públicas, empregando-o agressivamente depois de ser nomeado Diretor de Relações Públicas e Diretor de Projetos Especiais da Fundação Bill e Melinda Gates.

Pouco tempo depois de Neilson ser nomeado, começaram a aparecer na mídia perfis lisonjeiros sobre os esforços filantrópicos de Gates e sua esposa, e não demorou para que todo americano já tivesse ouvido falar que Gates planejava doar a totalidade de sua fortuna antes de morrer. Quando Neilson deixou a Microsoft para trabalhar com Angelina Jolie como seu "conselheiro filantrópico", a Fundação Gates era a maior fundação filantrópica do mundo, e Gates havia doado mais dinheiro do que qualquer outra pessoa na história.

A especialidade de Neilson não era decidir onde os dólares seriam empregados mais eficientemente; era aconselhar os benfeitores sobre como usar seus esforços filantrópicos para melhorar a sua imagem pública. Isso ficou claro quando Jolie lançou sua artilharia pesada contra Madonna, sob um fino véu, ao comentar sobre a adoção do bebê David. Falando à mídia que estava "horrorizada" pelos ataques feitos à cantora, Jolie procedeu para enfiar a faca. "Madonna sabia da situação no Malauí, onde David nasceu", alfinetou ela. "Naquele país, não há um procedimento estruturado para a adoção. Pessoalmente, eu prefiro ficar ao lado da lei". É claro, Madonna, na verdade, havia adotado o bebê legalmente e não havia burlado as leis do Malauí, conforme Jolie insinuou. Então por que ela parecia querer minar os esforços filantrópicos de outra celebridade? A resposta é: Trevor Neilson.

"Neilson é um gênio", disse outra conselheira filantrópica de Hollywood. "Lembre-se que esse é o mesmo cara que transformou Bill Gates de Scrooge[12] a Albert Schweitzer[13]. Ele praticamente criou Brangelina. Pitt e Jolie podem detestar o termo Brangelina quando é utilizado pelos tabloides para fazer fofoca sobre suas vidas", explicou ela, "mas o termo se tornou uma marca muito, muito poderosa. É praticamente sinônimo de bondade na mente do público". Ela credita a Neilson o fato de entrelaçar a filantropia do casal com sua carreira, o que, ela diz, é outro exemplo de sua genialidade. "A filantropia deles é a fonte do seu poder", explicou ela. "Não vi um fenômeno como esses em toda a minha carreira, e olha que eu estou no ramo desde os anos 80".

Quanto ao aparente ataque de Jolie à Madonna, em 2007: "Foi a maneira de Angelina dizer 'Não há espaço o suficiente nesse

---

[12] N. da T.: Ebenezer Scrooge é o personagem principal da história *Conto de Natal*, de Charles Dickens. Ele é avarento, ganancioso e sem coração.
[13] N. da T.: Teólogo, músico, filósofo e médico alemão. Dedicou sua vida inteira a ajudar ao próximo no Gabão (África), em prol dos necessitados.

ramo para nós duas'. Ela estava dizendo "Sai do meu caminho, vadia, você está aparecendo na minha foto"". O ataque a Madonna veio justamente quando Jolie estava solidificando a sua imagem como "Santa" Angelina. "Madonna estava começando a trabalhar em algumas das coisas sobre as quais Angelina achava ter o monopólio. A África era o seu domínio. Acho que Madonna estava começando a ter contato com Bill Clinton e sua fundação, e essa era outra área que Angelina achava ser seu território. Aposto que Neilson teve um dedo nessa história".

Por que será que o mundo inteiro sabia das viagens ao redor do mundo feitas por Jolie durante seus esforços filantrópicos, enquanto Madonna era atacada como diletante? "Isso é fácil", diz ela. "Angelina viaja com a câmera seguindo cada passo seu e não há nada de errado com isso. Ela diz que ao conduzir as suas missões em público, está ajudando a voltar a atenção do mundo a questões muito importantes. Você consegue refutar isso? Você acredita que a maioria dos fãs dela já havia ouvido falar da Namíbia antes dela ir para lá? Você acha que eles já haviam pensado em algo associado a celebridades que não fosse a roupa usada por elas no tapete vermelho?"

Quando perguntei em que extensão ela acreditava que as atividades humanitárias de Jolie se resumiam a melhorar sua imagem pública, a consultora filantrópica respondeu: "Não faço ideia de sua motivação, mas posso lhe falar a respeito dos meus próprios clientes. Eles querem fazer algo de bom, então, doam um monte de dinheiro para obras de caridade. Alguns deles até chegam a trabalhar duro para angariar dinheiro para a causa que defendem no momento, mas nenhum mete a mão na massa como Jolie. Eu poderia matar alguém para tê-la como minha cliente. Será que ela é altruísta? Claro que não, mas quase ninguém em Hollywood é".

A conselheira se recusou a identificar alguns de seus próprios clientes, mas continuou dando o nome de "um monte" de celebridades que ela acredita serem altruístas. Ela disse que David Letterman doou "montanhas" de seu próprio dinheiro a várias obras de caridade ao longo dos anos, e a um monte de pessoas necessitadas. "Ouvi dizer que ele não permite que nenhum dos beneficiados fale a respeito. Eu já tive alguns clientes assim, que não querem reconhecimento. Ainda tenho alguns, mas nenhum deles é famoso".

Ela explicou que cerca de 30% de seus clientes são celebridades indicadas por seus agentes e agentes de publicidade para conseguir uma exposição pública positiva de seus clientes. "Eu diria que quando alguma coisa ofusca a imagem deles, é meu trabalho adornar essa imagem". Ainda assim, ela diz que a maioria dos seus clientes possui o coração no lugar certo e que a maioria das celebridades de Hollywood realmente possui compaixão e quer usar o seu dinheiro para fazer o bem. "Há um motivo para a Fox News sempre reclamar dos liberais de Hollywood", ri ela.

Ela disse que Barbra Streisand é outra celebridade que doa dinheiro longe da atenção do público e cuja fundação é considerada um modelo. Ela descreve Dolly Parton como um "gênio" em usar seu dinheiro para conseguir resultados. "Você já esteve em Dollywood?", perguntou ela. "Dolly Parton praticamente resgatou da pobreza a região de Smoky Mountains. Foi por isso que ela construiu Dollywood". Entre outras celebridades, ela citou Madonna, que tem angariado dinheiro para a luta contra a AIDS e para causas gays praticamente desde a época em que ninguém a conhecia. E quanto a Jolie, disse: "Eu arrebento a cara de qualquer um que diga que as atividades humanitárias de Angelina Jolie são um engodo, ela e Madonna fazem o bem para muitas pessoas".

Da mesma forma, a jornalista inglesa de entretenimento Annette Witheridge, do *Daily Mirror*, que cobriu Jolie extensivamente, acredita que seus esforços sejam sinceros. "Quero acreditar que seu trabalho humanitário é sincero", disse ela. "Não acredito que alguém consiga ver um sofrimento tão terrível sem ser afetado. [O ator] Ruppert Everett certa vez foi numa missão da Oxfarm à África sem estar completamente envolvido. Ele odiou, não via a hora de voltar para casa. E quando voltou, percebeu que a visão de órfãos morrendo de fome o havia transformado. Ele não conseguia tirá-los da cabeça. Não demorou muito, ele já estava em outro avião trabalhando para a Oxfarm e trabalha para eles até hoje. Talvez Angelina tenha se sentido da mesma maneira. Eu, certamente, consigo entender que ela queira que seus filhos se conectem com suas raízes e, a partir daí, assuma mais e mais responsabilidades para a Unicef etc. Antes de Maddox, eu jamais teria imaginado que ela aparecesse como a Madre Teresa servindo aos órfãos. A maternidade, claramente, a transformou".

De fato, individualmente e juntos, Pitt e Jolie parecem estar em todos os lugares atualmente, agindo como benfeitores profissionais. Tanto as colunas de notícias quanto as de entretenimento dos jornais parecem relatar suas atividades quase que diariamente. Num dia ela estava testemunhando diante de um comitê congressional, no outro havia sido convidada a sentar num prestigiado Conselho de Relações Internacionais ao lado de poderosos como Jimmy Carter, Bill Clinton e Condoleezza Rice. Ela estava doando milhões de dólares do seu próprio dinheiro para várias causas e, com a ajuda de Neilson, havia montado uma fundação em conjunto com Pitt, que estava ocupado com suas próprias empreitadas filantrópicas, incluindo o esforço amplamente aclamado para reconstruir casas na Nova Orleans devastada pelo furacão Katrina. Eles estavam de fato ajudando a mudar o mundo, sejam quais fossem suas intenções.

Enquanto isso, parecia que os esforços humanitários de Jolie há muito haviam eclipsado sua carreira cinematográfica, que havia sofrido um pouco nos últimos anos, desde que se juntou a Pitt. *Sr. e Sra. Smith*, talvez capitalizando a publicidade que cercou o romance dos dois fora das telas, foi um grande sucesso, arrecadando quase 200 milhões de dólares nas bilheterias. Mas sua performance seguinte, em *Alexandre* — no papel da mãe de Colin Farrel, muito embora ele seja apenas dez meses mais novo do que ela na vida real —, foi atacada pela crítica e o filme foi um enorme fracasso de bilheterias. Outros fracassos comerciais se seguiram: *O bom pastor*, estrelando Jolie e Robert DeNiro; e *O preço da coragem*, no qual Jolie faz o papel de Mariane Pearl, que, originalmente, havia sido designado a Jennifer Aniston.

"Seria Angelina Jolie um fracasso de bilheterias?", questionou um jornal. Não parecia importar. Um fracasso atrás do outro não parecia ter efeito no seu valor junto aos estúdios, e Jolie rapidamente se tornou a atriz mais bem paga em Hollywood, ganhando entre 15 e 20 milhões de dólares por filme. Pitt ganha ainda mais. Uma pista sobre a habilidade do casal em continuar ganhando tais somas veio de uma pesquisa realizada pela AC Nielsen em 42 mercados ao redor do mundo, que observou que Jolie e Pitt eram agora as "celebridades endossantes favoritas".

O poder que a conselheira filantrópica descreveu como a "marca" Brangelina foi tornado ainda mais claro depois que a pesquisa verificou que, enquanto ela e Pitt eram o Número 1 como casal, individualmente Jolie estava atrás de Jennifer Lopez enquanto endossadora favorita. Estava ficando cada vez mais claro que, enquanto casal, Pitt e Jolie valiam mais do que a soma de suas partes.

Em junho de 2009, a revista *Forbes* nomeou Jolie como a celebridade mais poderosa do planeta, destronando Oprah Winfrey, que estava no posto há anos. O editor da *Forbes* explicou que, embora Oprah ganhe significativamente mais dinheiro, Jolie é de longe a mulher mais famosa do planeta. Um executivo dos estúdios Warner foi ainda mais longe, dizendo que os estúdios pagariam um prêmio para ter Jolie aparecendo em seus filmes. "Sem contar os filmes de ação, que ela é única mulher que consegue fazer convincentemente, os filmes dela têm sido uma decepção em termos de bilheteria, sendo, no máximo, medianos. Ela não consegue, necessariamente, fazer o sucesso de um filme. Mas acredito que os estúdios queiram estar associados a ela por causa do bem que isso traz. Ela agora tem uma aura que ajuda a imunizar Hollywood das sujeiras constantes que vêm no nosso caminho".

Foi trabalho de Trevor Neilson construir uma marca e salvaguardá-la de ameaças. Por anos ele, fez um trabalho excelente, atingindo os mesmos resultados surpreendentes que conseguiu com Bill Gates. Entretanto, em junho de 2007, ele pode ter ido longe demais. Naquele verão, enquanto Jolie estava se preparando para um evento promocional de seu novo filme, *O preço da coragem*, os repórteres que queriam entrevistar a estrela foram subitamente surpreendidos com um contrato a assinar. O contrato começava estipulando que o entrevistador "não irá fazer quaisquer perguntas a Sra. Jolie quanto aos seus relacionamentos pessoais". Ainda mais alarmante era a terceira cláusula do contrato, que proibia que a entrevista fosse utilizada "de uma maneira que deprecie, avilte ou ofenda a Sra. Jolie". Um choque palpável percorreu a comunidade diante dos termos do documento intimidador.

O colunista Roger Friedman, da *Fox On-line*, chamou Jolie de "hipócrita" e um grande número de jornalistas ameaçou boicotar o filme, fazendo com que os responsáveis por Jolie anulassem o contrato e culpassem o "engano" ao "excesso de zelo de um advogado". Entretanto, poucos engoliram a explicação. Mais tarde foi divulgado que as pessoas que trabalhavam com Jolie também haviam insistido que os jornalistas assinassem um contrato restringindo o uso de entrevistas concedidas durante a promoção do filme *Sr. e Sra. Smith*, embora os termos do contrato não fossem igualmente restritivos.

O que fez a tentativa ostensiva de amordaçar a mídia ainda mais paradoxal é que *O preço da coragem* fala sobre a importância da liberdade de imprensa, e a estreia estava marcada para beneficiar a Reporters Without Borders, uma organização que luta contra a censura à imprensa.

A confusão a respeito do contrato proveu um olhar revelador ao aparato existente por trás das cortinas, orquestrado por Neilson, que tentava controlar ou manipular praticamente tudo de significativo que fosse escrito sobre o casal. E enquanto a incômoda imprensa dos tabloides não poderia ser tão facilmente controlada, ao menos poderia ser mantida a distância.

Quando o casal anunciou que Jolie estava grávida de seu primeiro bebê biológico e que era esperado que o bebê nascesse na primavera de 2006, houve o mesmo frenesi de interesse da mídia quando acompanha o parto de outras grandes celebridades. Mas nem todas as celebridades possuem as conexões para fazer um governo estrangeiro trabalhar de acordo com suas vontades. Jolie e Pitt anunciaram que ela daria à luz ao bebê na Namíbia, uma nação ao Sudoeste da África. O desejo de ficar o mais longe possível das lentes dos paparazzi talvez fosse compreensível. Mas quando a Namíbia anunciou que estava recusando fornecer vistos a jornalistas estrangeiros sem a permissão por escrito de Pitt e Jolie, algo mais estava acontecendo. Novamente, a tática trazia o nome de Trevor Neilson.

O mestre do controle de imagem atacou novamente no verão de 2008, quando o casal estava esperando gêmeos, provocando uma guerra de ofertas entre as revistas de celebridades para publicar as primeiras fotos. O dinheiro, anunciaram eles, seria doado para a sua fundação, que continuava a fazer trabalhos ao redor do mundo. Ninguém os poderia acusar de explorar os bebês, sabendo que o dinheiro seria doado para ajudar a acabar com a fome no mundo. Mas era mais do que dinheiro o que Neilson queria dessa vez. De acordo com os termos do acordo proposto por Jolie, a revista que ganhasse seria obrigada a "oferecer uma matéria que não fosse refletir negativamente sua imagem nem de sua família".

A revista *People* venceu a disputa, e as fotos resultantes foram um portfólio bajulador. Notavelmente, o odiado termo Brangelina não apareceu em nenhuma das legendas ou acompanhando o artigo. Ao mesmo tempo, talvez para calar as críticas, a revista publicou uma declaração afirmando que não houve nenhum contrato atrelado à cobertura, e insistiu que a revista *People* "não determina o conteúdo editorial baseado nas exigências de terceiros". Ainda assim, dois anos antes, a *People* também havia negociado com Trevor Neilson sobre a venda das fotos de Maddox, logo após o casal adotá-lo no Camboja. Em tal negociação, Jolie, explicitamente, incluiu a cobertura de seu trabalho filantrópico como parte do pacote de venda, e a *People* parece ter concordado, embora tenha sido dito que as restrições realmente eram por uma boa causa. Num memorando enviado por Neilson, em dezembro de 2006 aos editores que desejassem fazer uma oferta pelas fotos de Maddox, lia-se: "Enquanto Angelina e Brad entendem o interesse em sua família, também esperam que a publicação que venha a comprar as fotos as use de forma a também atrair atenção às necessidades do povo do Camboja".

Em novembro de 2008, motivado pelas constantes histórias sobre como o casal estava manipulando a cobertura de suas atividades, o jornal *New York Times* dirigiu uma investigação intitulada "A Imagem Cuidadosamente Orquestrada de Angelina Jolie". O jornal descreve um incidente particularmente revelador para ilustrar como Jolie e sua máquina sabiamente manipulam o público para enaltecer a sua imagem. De acordo com o artigo do *Times*, após se divorciar de Billy Bob Thornton em 2003, a *US Weekly* perguntou a Jolie se ela concordaria em dar uma entrevista e ser fotografada. De acordo com duas pessoas envolvidas, ela recusou, mas, então, prosseguiu propondo à revista uma oportunidade de foto bastante diferente. Jolie informou à revista o local e horário em que ela iria brincar com Maddox em público. "A foto resultante, cuja origem não foi tornada pública aos leitores da *US Weekly*, apresentava a Sra. Jolie sob uma nova luz: uma jovem mãe tentando ter um momento privado com seu filho, mas sem sucesso", revelou o *Times*.

Ecoando o que muitos publicitários já haviam dito sobre o talento de Jolie de mudar o foco do assunto quando está sob ataque, o *Times* descreve o seu *modus operandi*. "Mudar o foco é uma das melhores manobras da Sra. Jolie, dizem editores de revistas e executivos de publicidade. Quando se envolveu romanticamente com o Sr. Pitt, por exemplo, ela passou por uma crise de relações públicas — sendo retratada nos tabloides como uma predadora que roubou o Sr. Pitt de sua esposa, Jennifer Aniston. Dessa vez, foi o trabalho humanitário da Sra. Jolie que a ajudou a dar uma reviravolta na história. Há muito tempo interessada em trabalhos humanitários internacionais, a Sra. Jolie apareceu no Paquistão, onde visitou campos que abrigavam refugiados afegãos, e chegou até a se encontrar com o presidente Pervez Musharraf. A Sra. Jolie e o Sr. Pitt fizeram uma viagem subsequente à Cachemira, para atrair a atenção às vítimas do terremoto".

O *New York Times* perguntou a um respeitado publicitário e especialista em mídia se ele acreditava que os esforços humanitários do casal eram uma tentativa de refazer a sua imagem. "Instantaneamente, eles saem do escândalo parecendo um casal sério que transformou uma obsessão idiota da mídia em uma tentativa sincera de ajudar os necessitados", diz Michael Levine, CEO da maior firma de relações públicas dos Estados Unidos, LCO-Levine Communications, que representou Michael Jackson, Bill Clinton e Cameron Diaz, entre outras celebridades poderosas.

Mas Neilson rotulou esse tipo de crítica de "bobagem cínica" e retrucou: "As pessoas não percebem a complexidade do que Angie está fazendo. Grande parte do seu trabalho humanitário é feito em silêncio e não na frente das câmeras". A antiga editora da *US Weekly*, Bonnie Fuller, concorda, mas com uma advertência: "Ela é assustadoramente inteligente", disse Fuller. "Mas a esperteza te leva apenas até certo ponto. Ela também possui uma habilidade incrível, talvez mais do que qualquer outra estrela, de saber como formar uma imagem pública".

Angelina Jolie com Brad Pitt na première do filme de animação *Kung Fu Panda* no Festival Internacional de Cinema de Cannes, França.

BRANGELINA

É o verão de 2008 e estou agachado na densa floresta nos arredores de Chateau Miraval, um luxuoso vinhedo do século XVII na região francesa de Provence. Angelina Jolie veio para cá após dar à luz aos gêmeos Vivienne Marcheline e Knox Leon, há uma semana.

Na floresta ao meu redor estão alguns dos maiores paparazzi do mundo, todos eles tentando conseguir a primeira foto dos novos gêmeos. As fotos poderiam valer milhões. Estou acompanhado de um fotógrafo francês, chamado Thierry, que tem pesquisado o local desde antes de Jolie ter os bebês. Ele me mostra quais as áreas de propriedade pública e quais pertencem ao vinhedo, embora fosse difícil determinar onde ficava a fronteira.

"Tenha cuidado", alerta Thierry. "Os seguranças que Monsieur Pitt e Mademoiselle Jolie contrataram são como um pequeno exército. Eles não têm medo de arrebentar essa câmera na sua cabeça". Alguns dias mais tarde, dois fotógrafos realmente seriam abordados pelos seguranças do casal. Uma briga terrível iria acontecer, durante a qual um dos fotógrafos morderia um guarda, o suficiente para arrancar sangue.

Não vejo nenhum dos paparazzi enquanto estou sentado na floresta, observando a distância o local magnífico. Enquanto espero sentado, me sinto sujo, não porque estou em contato com as intempéries, mas porque há algo de mau gosto em estar aqui à espreita, acompanhado do que Jennifer Aniston chama de "os ratos" visando invadir a privacidade de alguém. É um lembrete do que Pitt e Jolie, sem contar todas as demais celebridades, têm que lidar todos os dias.

Eu me convenço de que a minha missão é um pouco diferente da desses espiões profissionais, mesmo que não muito. Por três anos, tem havido constantes rumores de que o relacionamento do casal não anda bem, com relatos praticamente diários de que está se separando ou que o relacionamento não passa de uma fachada. Entretanto, algo chama a minha atenção: se alguém tentar encontrar a origem desses rumores, vai perceber que a maioria deles é falso. Ou as histórias são contraditórias, as datas não batem, ou são logisticamente impossíveis. Ainda assim, o público aceita os relatos sem questioná-los, tão empenhados estão em acreditar nos mais indecentes detalhes sobre o chamado casal perfeito.

Foi por volta desse período que percebi que praticamente tudo o que tem sido escrito sobre o relacionamento do casal é completamente falso. Ainda pior, parece terem sido completamente fabricados pelos tabloides e por revistas menos honradas visando um público ingênuo e faminto por fofocas.

Eu também estava começando a ter a impressão de que, não importa o quão santa se tornou a imagem de Angelina Jolie, um percentual considerável da população a odeia. Isso parece consistir em igual proporção de mulheres que ainda apoiam Jennifer Aniston e consideram Jolie uma destruidora de lares desprezível, e daqueles que simplesmente não suportam a imagem de Santa Angelina e não a engolem nem por um minuto. Muitos suspeitam que estão sendo manipulados por ela — por uma boa causa, como mostrei —, mas parecem se rebelar nesse ódio e aceitar quaisquer notícias que a mostre sob uma ótica negativa. Eles leem todos os tabloides e colunas de fofocas, procurando desesperadamente por aquela peça crítica de evidência que, finalmente, irá "expor a hipocrisia dela".

Posteriormente, em 2008, um videógrafo que trabalhou com Michael Moore, entre outros produtores de documentários, me convidou para jantar e discutir um projeto no qual ele estava trabalhando. Enquanto discutíamos sobre trabalho no seu apartamento em Chelsea, eu disse a ele que estava escrevendo um livro sobre Jolie e Pitt, e mencionei como ela era frequentemente comparada à princesa Diana e Madre Teresa. Ao mencionar a freira, ele ficou bastante animado e insistiu que eu assistisse a um documentário curto que ele possuía em sua coleção, chamado *Hell's Angel*, que foi feito pelo iconoclasta jornalista inglês Christopher Hitchens. Pensei saber onde ele estava querendo chegar.

O filme é uma acusação mordaz à divinização pública de Madre Teresa, a freira albanesa que se tornou sinônimo de virtude. Hitchens apresenta uma investigação bem documentada sobre a carreira da freira e sugere que o que achamos saber sobre Madre Teresa não reflete a realidade. Ele revela que ela festejava com ditadores brutais, viajava em jatinhos particulares luxuosos a maior parte do ano e se recusava a prestar contas das centenas de milhões de dólares que angariava, supostamente para ajudar os cidadãos mais necessitados do mundo. Ele demonstra de forma convincente que as chamadas missões que ela construiu ao redor do mundo eram terrivelmente ordinárias e que os seus motivos, em sua maioria, eram tirar benefício próprio. Hitchens mantém que a Ordem de Madre Teresa investia muito pouco do montante que arrecadava nas missões, preferindo usar os fundos para benefício político dela, baseado em suas crenças religiosas que, entre outras coisas, incluía acabar com o aborto e com as pílulas anticoncepcionais.

Quando acabamos de assistir ao filme, esperei que meu amigo usasse a frequente comparação Madre Teresa-Angelina Jolie para ilustrar que Jolie também era uma charlatã que enganou o público construindo um mito baseado em seus trabalhos humanitários. Ao invés disso, ele me surpreendeu.

"Você viu só? Você pode ver por si só que Madre Teresa era uma farsa, que fez mais mal do que bem", começou ele. "Você acha que Angelina Jolie pertence à mesma laia daquela velha vagabunda religiosa? Você já viu o quanto ela faz pela África? Vá ao Youtube e assista aos vídeos dela trabalhando com aquelas crianças. Você sabe quantas pessoas estão sendo ajudadas pelas suas missões ou seja lá como ela as chama? Provavelmente milhões, e é de verdade; não é simplesmente uma baboseira armada por algum relações públicas, como o que acabamos de assistir. Para mim não tem a menor importância os motivos que a levam a fazer o que ela faz, ou se ela acha que isso ajuda a sua carreira. Eles deveriam transformá-la em santa no lugar de Madre Teresa. Ela faz muito mais coisas boas".

* * *

Meu desafio agora, pelo que eu entendia, era separar os fatos da ficção. E queria discernir o que, provavelmente, acontecia de verdade entre o casal, especialmente a condição do relacionamento entre eles, sem ser levado pela corrente sem fim de histórias falsas, insinuações e fofocas. Eu não queria cair na mesma armadilha que os outros caíram.

O próprio casal não facilita com que sejamos empáticos. Após o *New York Times* reportar o incidente em que Jolie alertou os fotógrafos do exato local e horário em que poderia ser vista brincando com Maddox, comecei a prestar atenção à impressionante quantidade de vezes em que Jolie, Pitt ou ambos foram fotografados levando as crianças à escola, ao McDonald's ou, então, em alguma outra ocasião familiar. A impressão criada é de dois pais que passam tempo de qualidade com seus filhos, apesar de suas agendas lotadas de trabalho e viagens. O que mais surpreende é que nunca há nenhuma babá nas fotos.

Criar seis crianças, incluindo dois bebês, atuar em diversos filmes por ano e viajar constantemente a pontos de conflito internacional: quem cuida das crianças? Não demorou muito para descobrir que Jolie e Pitt empregam um grupo "multicultural" de babás para cuidar de sua prole. De fato, as crianças, frequentemente, passam mais tempo com essas babás do que com os pais, que passam semanas filmando e fazendo viagens em missões humanitárias, algumas vezes acompanhados de uma ou duas crianças, mas nunca com todas elas.

A funcionária do Dorchester Hotel em Londres, que vê muitas celebridades e seus filhos, certa vez ouviu Shiloh, então com três anos, se referir a uma das babás como "mamãe". Ela também observou que as celebridades, muitas vezes, fazem um esforço enorme para parecer famílias felizes. "Algumas vezes há tanta produção envolvida em evitar a foto errada quanto há ao fazer um filme", confessou ela. "As estrelas nunca irão permitir que a babá seja fotografada com os seus filhos. Isso envia a mensagem errada ao público. De fato, arruina a oportunidade perfeita de mostrar o lado humano deles. Algumas vezes você poderá até mesmo presenciar uma babá agachada no banco de trás de um carro. Chega a ser cômico".

Ainda assim, eu não consegui conversar com nenhuma pessoa que trabalhe na indústria que tenha sugerido que Pitt ou Jolie sejam maus pais ou que estejam meramente usando os filhos como vitrine. "Eles amam aquelas crianças", disse enfaticamente o funcionário da empresa de Pitt, a Plan B Productions. "Quem disser o contrário é um idiota ou um mentiroso. Não posso dizer se eles amam um ao outro, mas posso afirmar que eles matariam por aquelas crianças".

* * *

Em 2005, quando começaram os rumores de que Angelina Jolie e Brad Pitt estavam tendo um caso, ela ameaçou a abandonar Hollywood pela primeira vez. Seu objetivo, anunciou subitamente, era "abandonar os filmes, ser uma mãe maravilhosa para Maddox e juntar-se à PTA[14]". Sua declaração servia convenientemente para enfatizar que ela era devotada demais ao filho pequeno para sequer considerar ter um caso com um homem casado.

A próxima vez em que as palavras saíram de sua boca, ela havia acabado de ser criticada por expor seu filho vietnamita recém-adotado, Pax Thien, a uma confusão de mídia, levando o garoto a uma crise de choro. "Ficarei em casa para ajudar Pax a se ajustar à sua nova vida", disse durante uma conferência de imprensa em março de 2007, pouco tempo depois das câmeras flagrarem o garoto chorando. "Eu tenho quatro filhos, e cuidar deles é a coisa mais importante para mim no momento. Sinto muito orgulho e me sinto muito feliz de ser a mãe deles". Ela também fez três filmes no ano seguinte e viajou ao redor do mundo em missões humanitárias.

Em outubro de 2008, pouco tempo antes de assinar um contrato para fazer mais três filmes, Jolie disse à *Vanity Fair*: "As crianças são a minha prioridade, por isso, é possível que de agora em diante eu faça menos filmes. Eu posso até mesmo parar por completo". E, mais recentemente, anunciou: "Brad e eu estamos planejando fazer apenas um projeto por ano, para que possamos dedicar

---

[14] Parents and Teachers Association – Associação de Pais e Mestres.

mais tempo às crianças". Ainda assim, de acordo com a página de Jolie na IMDB (Internet Movie Database), ela possui quatro filmes agendados para ser lançados em 2011, em todos os quais ela trabalhou em 2010. Pitt tem, nada mais, nada menos, do que seis filmes agendados para ser lançados nos próximos dois anos e outros 17 "em desenvolvimento", embora seja possível que diversos nunca sejam feitos e, também, não exista prazo de lançamento para nenhum deles.

Jolie falou publicamente sobre abandonar a carreira no cinema para se dedicar às crianças pelo menos 14 vezes recentemente, mas, ainda assim, está comprometida em projetos de filmes pelos próximos anos. Talvez, conforme admitiu numa entrevista em 2000, ela seja "viciada em trabalho". As pessoas envolvidas em publicidade de estúdio dizem que essa estratégia de prometer abandonar tudo para cuidar das crianças foi traçada pelo seu agente, Geyer Kosinski, para se antecipar a quaisquer críticas ou perguntas sobre como ela pode continuar a manter uma agenda tão atribulada e, ainda assim, dedicar tempo aos filhos.

Entretanto, na primavera de 2009, a agenda lotada de Jolie, inadvertidamente, levantou outra questão séria. Em abril, enquanto estava filmando *Salt*, sobre uma agente dupla da CIA, foi reportado que ela teria desmaiado no set em Nova York. Fontes disseram ao *Chicago Sun Times* que Jolie, subitamente, reclamou que não conseguia respirar, se sentia tonta e desmaiou enquanto filmava uma cena. Após procurar ajuda médica, estava de volta ao trabalho.

Pouco mais de duas semanas depois que Jolie teria supostamente desmaiado, pude passar algum tempo com três membros da equipe de filmagem (que possuem cargos relativamente altos) e fiz algumas perguntas. Cada um deles não tinha nada, além de elogios para ela. Um deles a chamou de "bastante profissional". Um segundo funcionário me disse que ela "gosta de fazer as coisas direito". Perguntei a eles se ela era legal. "Eu não a chamaria de legal", me disse um deles. "Mas ela não é metida". Perguntei se era verdade que ela havia desmaiado no set. Apenas um deles estava presente no momento. "Eu não chamaria de desmaio", disse ele. "Houve um episódio".

Começaram a aparecer fotos tiradas semanas antes no set, mostrando Jolie extremamente magra. Foi reportado que ela estava seguindo uma dieta chamada "desintoxicação líquida", que a estava deixando fraca demais para ficar de pé. "Ela está magra demais, até mesmo para o padrão Angie, que já é ser bem magrinha", disse uma fonte ao *Sun Times* — alguém que estava no set quando Jolie desmaiou. No dia seguinte, um porta-voz da Sony negou que tenha havido um desmaio.

Recebi uma dica de alguém com quem eu costumava trabalhar em filmes, afirmando que o motivo real por trás da súbita perda de peso de Jolie era que ela estava tomando metanfetamina. Cristal de metanfetamina é a droga escolhida pelos atores e atrizes de Hollywood que querem perder peso rapidamente. Um autointitulado "traficante para as estrelas" em Hollywood, certa vez colocou a droga em contexto: "Você sabe todas essas atrizes e cantoras que parecem esqueletos? É metanfetamina. Esse é o segredo. Ela tira o seu apetite por dias a fio e permite que você perca dez quilos rapidamente. Você sempre pode ler nos tabloides sobre como essa ou aquela atriz é anoréxica, pois está tão magra; a verdade é que elas usam cristal de metanfetamina. O engraçado é que os agentes publicitários encorajam os rumores de anorexia, pois não são tão prejudiciais quanto a verdadeira história".

Seria possível que Jolie, que certa vez afirmou ter usado "todas as drogas inimagináveis", teria recorrido à metanfetamina para perder peso rapidamente? Parece algo perigoso para uma ex--viciada, e Jolie afirmou que seus dias como usuária de drogas haviam ficado para trás.

O uso de drogas usadas por Brad Pitt é bastante brando quando comparado ao de Jolie, mas não é irrelevante. De acordo com um reputado jornalista de Hollywood, "[Pitt e Jennifer Aniston] passaram grande parte de seu casamento chapados. Mas enquanto ele ficava relaxado, ela ficava bastante paranóica. Tendo dito que ela, provavelmente, estava certa em ser paranoica, tendo em mente o que aconteceu no set de *Sr. e Sra. Smith*".

O jornalista de entretenimento canadense, Christopher Heard, que entrevistou Pitt ao menos seis vezes, relatou que o assunto maconha frequentemente vem à tona durante as entrevistas. "Na última vez que eu estive com ele em Beverly Hills para entrevistá-lo, ele era um verdadeiro maconheiro", disse Heard. "Entre uma pergunta e outra sobre sua atuação no filme que estava promovendo, ele me fazia perguntas sobre as leis liberais de uso de maconha no Canadá e se nós, realmente, iríamos descriminalizar a maconha. Eu pensei que ele estivesse apenas brincando, mas, mesmo depois do término da entrevista, ele ficou me pedindo para mantê-lo atualizado sobre como as leis seriam reformadas. Ele perguntou se o Canadá iria ficar como Amsterdam. Ele parecia ser completamente obcecado pela maconha".

* * *

Dado o histórico de relacionamentos de Jolie e de Pitt, é apenas natural que se pergunte se eles já traíram um ao outro desde o início de seu conto de fadas. Já havia algum indicativo de que Jolie pode não ter sido inteiramente comprometida com a monogamia desde que começou a se relacionar com Pitt. Há quatro anos, após Jolie estar com Brad Pitt há quase um ano, sua antiga amante, Jenny Shimizu — a mulher com quem Jolie disse que teria se casado se não fosse casada com Jonny Lee Miller — deu uma entrevista ao jornal *Sun* afirmando que ela e Jolie jamais terminaram o relacionamento.

"Ela sempre teve amantes com os quais podia contar", disse Shimizu ao jornal. "Se ela te liga e você pode encontrá-la, então ela dá um jeito em suas necessidades sexuais. Sempre que ela me liga eu a visito. Não é que sempre façamos sexo. Algumas vezes nós vamos para a propriedade dela no Camboja e exploramos a floresta. Com certeza, é mais uma amizade profunda. Ela é a pessoa com quem eu sempre vou me importar, sempre vou ajudar e sempre vou apoiar".

Jolie, de fato, construiu um elaborado complexo no meio da selva do Camboja há alguns anos, tendo prometido, na época da adoção de seu filho Maddox, que ele seria criado tanto nos Estados Unidos quanto no Camboja. Foi dito que ela teria escapado para lá sem Pitt, e é o refúgio perfeito das lentes invasivas dos paparazzi. Entretanto, quando Shimizu — que atualmente é juíza do programa de sucesso na televisão *Make Me a Supermodel* — respondeu a um repórter em 2009 sobre se ela e Jolie ainda estavam envolvidas, disse: "Não. Isso aparece na mídia a cada três anos mais ou menos. Dizer que estamos no Camboja tendo um caso vende revistas".

A história mais persistente que aparece de tempos em tempos envolve Pitt e uma linda modelo sudanesa, Amma, a quem Pitt conheceu durante um evento beneficente para Darfur, no Festival de Cinema de Cannes, em 2007. Ele foi visto acompanhado dela em pelo menos mais uma ocasião, o que, supostamente, seria uma das causas de tensão entre eles.

Se Pitt traiu, com certeza não foi com a ex, ao contrário do que as revistas de fofoca gostariam de fazer o mundo pensar. Uma história surgiu repetidamente nos tabloides, dizendo que Brad Pitt estava se encontrando com Jennifer Aniston em segredo, ao menos "para conversar". Eu, cuidadosamente, investiguei cada um desses relatos, incluindo um no qual, inicialmente, acreditei. Dizia que os dois haviam se encontrado num hotel durante o Festival de

Cinema de Toronto, em 2008. Posso afirmar, com certo grau de certeza, que Pitt e Aniston não estiveram juntos em lugar algum desde a primeira semana de janeiro de 2005. Entretanto, confirmei que Aniston ainda é amiga dos pais de Pitt, seus antigos sogros, e que fala com eles regularmente.

De acordo com a maioria dos relatos, Aniston ainda se ressente do término de seu relacionamento com Pitt e, especialmente, com os comentários subsequentes de Jolie sobre o começo de seu relacionamento com ele, que Aniston descreveu como "não muito legal" à revista *Vogue* em 2008. Jolie disse a um repórter que durante as filmagens de *Sr. e Sra. Smith* ela percebeu que "Não via a hora de ir para o trabalho". Na mesma entrevista, Aniston disse que ela ainda estava "em contato" com Pitt, gerando bastante especulação nos tabloides. Mas não há prova alguma de que isso seja verdade.

Os que odeiam Jolie foram encorajados pelo relato, em abril de 2009, de que o antigo chefe de segurança de Jolie, Mickey Brett, planejava escrever um livro explosivo em que contaria tudo o que viu durante o tempo em que trabalhou com Pitt e Jolie. Brett, que começou a trabalhar para Jolie quando ela ainda era casada com Billy Bob Thornton, foi supostamente demitido por Pitt em 2008 por ser violento demais com os fotógrafos e outros que chegaram perto demais de seus clientes. Em abril, Brett começou a estudar propostas para um livro em que detalharia os sete anos em que trabalhou para Jolie, que seria escrito pelo autor britânico Robin McGibbon. Entre as revelações sensacionalistas supostamente prometidas, Brett afirma que "surpreendeu Angelina transando com Brad em seu *trailer*" três semanas após o início das filmagens de *Sr. e Sra. Smith*.

Ele também teria afirmado que Jolie traiu Pitt diversas vezes durante o relacionamento deles, incluindo um romance com uma famosa cantora pop. "Mickey arranjou ao menos 20 encontros secretos em hotéis com essa mulher para Angie, enquanto Brad estava trabalhando", afirmava a proposta do ex-segurança.

O advogado do casal, Martin Singer, imediatamente agiu para desacreditar Brett, afirmando que ele não era uma fonte confiável e que estava regido por um contrato de confidencialidade. Singer também afirmou que as histórias haviam sido adornadas pelo escritor Robin McGibbon. Mas McGibbon insistiu que escreveu as histórias exatamente como Brett as contou. Um mês depois, enfrentando ameaças de ser processado se procedesse com o livro, Brett desistiu e afirmou que nunca havia pensado em escrever um livro.

* * *

Uma mulher que trabalhou com Pitt enquanto ele filmava *Troia*, e que mantém contato com outros funcionários que ainda trabalham para o casal e que testemunharam algumas cenas que se passam entre eles, ofereceu me contar sobre o estado atual do relacionamento entre Pitt e Jolie. "Bem, em primeiro lugar, o relacionamento deles não é uma fachada", começa ela:

> Eles, definitivamente, estavam apaixonados, mas é aí que as coisas se complicam. Se você quer saber se eles ainda estão juntos, depende de quando você faz a pergunta. Ouvi dizer que eles se separaram tantas vezes que faria sua cabeça girar. Sério!, como Linda Blair em *O exorcista*, é com qual frequência isso aconteceu.
>
> Aparentemente, é sempre ele que acaba saindo de casa após alguma grande briga sobre quem sabe o quê. Aparentemente, há discussões e gritos, e quem grita, frequentemente, é ela. Ninguém realmente testemunha essa parte; eles apenas o veem saindo irritado. Mas depois ele acaba voltando novamente, e ninguém sabe o que aconteceu para trazê-lo de volta. Acho que em parte ele realmente a ama. Em parte os considera como uma família e ama isso. Ele é um pai maravilhoso para as crianças. E em parte tem toda essa coisa de Brangelina.

Ele é realmente comprometido com o trabalho deles; é como se eles fossem super-heróis lutando juntos contra o mal e salvando o mundo. Não tenho certeza se ele pode abrir mão disso tão facilmente. Se você conhecesse Brad, ele é bastante determinado — não tolera bobagens. Mas, novamente, não sei como ele tolera o temperamento maluco dela. Nunca a conheci e nunca os vi passando algum tempo juntos; talvez eu pudesse ter uma melhor impressão.

Uma mulher que trabalhou no set de *Sr. e Sra. Smith* durante as filmagens em Los Angeles, relatou como eles eram no set. "Eles estavam bastante interessados um no outro", disse a funcionária, embora ela diga que apenas ouviu rumores de que eles estavam tendo um caso na época. Ela mesma não presenciou nada físico entre os dois. Ela diz que conheceu uma pessoa no set que afirmava tê-los visto juntos. O que ela viu, entretanto, faz com que ela se pergunte como eles estão juntos há tanto tempo. "Ela é bastante errática", me disse numa entrevista. "Todos que a viram sabem o que estou querendo dizer. Ela não é desagradável. Apenas errática".

Um exemplo de sua volatilidade me foi relatado por um motorista de limusine. "Eu costumava dirigir para os dois o tempo inteiro", disse ele. "Já dirigi para todo mundo". Ele descreve o casal como "bons garotos", que fequentemente eram bastante amigáveis. No início de seu relacionamento, lembra, ambos eram bastante carinhosos. Ele disse tê-los visto "mandando ver no banco de trás" duas vezes. Mas, em 2007, ele viu o que descreveu como uma "reviravolta" no relacionamento dos dois quando eles começaram a discutir no banco de trás. "Eu fiquei mais preocupado pela segurança dele do que dela", disse o motorista. "Ela perdeu o controle, ameaçando ele e estapeando-o. Não tenho certeza do que motivou a briga, mas depois disso não imagino como alguém pode querer estar com ela todos os dias, independentemente do quão *sexy* ela seja. Ela tem o temperamento de uma naja".

Outros relatos de pessoas que já trabalharam próximas ao casal é de que o relacionamento era tempestuoso até janeiro de 2007, quando a mãe de Jolie, Marcheline Bertrand, sucumbiu de câncer de ovário em Los Angeles, após uma longa batalha contra a doença. "Angelina ficou completamente devastada pela morte da mãe", disse um membro da equipe que trabalhou com ela no set de *O procurado*, no verão de 2007, alguns meses após a morte de Bertrand. "Ouvi dizer que, às vezes, ela explodia em lágrimas sem nenhuma explicação enquanto estava no meio de uma cena. Então ela explicava que não conseguia parar de pensar na mãe. Brad vinha com as crianças e isso a alegrava. Ele foi bastante atencioso e acho que isso ajudou bastante o humor dela".

Nos meses que se seguiram à morte de Bertrand, subitamente apareceram ralatos regulares na mídia afirmando que seu último desejo havia sido ver sua filha casada com Pitt. Nenhuma fonte jamais foi citada. "Se você seguir o padrão comum a Jolie, significa que ela estava ansiando ser a Sra. Pitt e que, talvez, tenha convencido o próprio Brad de que isso havia sido o último desejo de sua mãe. Tenho as minhas dúvidas", diz um jornalista que cobre a indústria, baseado em L.A. "Me encontrei com Marcheline três vezes e duvido que ela se importasse se eles iriam oficializar ou não o relacionamento. Acredito que Jon Voight é mais tradicional do que ela era. Entretanto, se ele, de fato, se casar com ela, não será porque ela está interessada no dinheiro dele e eles não precisarão de um acordo pré-nupcial. Ela está conseguindo ficar tão rica quanto ele. Bom, nem tanto, já que ele começou primeiro. Mas ela não é pobre".

Publicamente, Pitt sempre foi reservado quanto a se casar ou não com Jolie. Em determinado momento, ele disse que iria "considerar" casar-se com ela quando todo mundo pudesse se casar legalmente, se referindo à legalização do casamento entre pessoas do mesmo sexo nos Estados Unidos.

* * *

É setembro de 2009 e estou tomando café no Hollywood Farmer's Market com uma experiente observadora de Jolie-Pitt, que trabalha para uma publicação da indústria e tem coberto o casal há quase três anos. Como quase todo mundo que eu encontro da mídia de entretenimento, ela me diz que nunca consegue confirmar todos os boatos sobre eles. Mas me informa que já consegue ver "os sinais". Então, ela faz uma previsão.

"Eles vão se separar daqui a uns oito meses, talvez antes disso", me assegura ela. "E eu vou te contar como vai acontecer. Eles vão se separar amigavelmente, entrar em algum acordo com relação às crianças e tudo vai ser bastante civilizado. Então você vai ver amigos não identificados vazando informações sobre como Angelina não conseguia aguentar o hábito de Pitt ir a festas, sua bebedeira e o hábito de fumar maconha. Ela teria ficado preocupada com as crianças e com medo de que ele não fosse um bom exemplo para elas. Talvez ele chegue a assumir parte da culpa e concorde com a versão dela. Já é possível vê-lo falar sobre a erva em algumas entrevistas. Por exemplo, ele recentemente afirmou que fumar maconha o estava transformando num 'bobão'. Nada que o faça parecer mais do que um idiota, apenas o suficiente para explicar como o relacionamento de ouro lentamente se deteriorou. É exatamente assim que as coisas irão acontecer. Se eles ainda estiverem juntos daqui a 18 meses, eu lhe pago um jantar no Morton's".

Ainda assim, dado o que aprendi sobre a natureza de Pitt e Jolie enquanto seguia o casal e suas atividades, não tenho certeza se me aventuraria a fazer uma previsão com a mesma confiança que a minha amiga jornalista. Nos jornais, todos os sinais apontam para o exato cenário que ela relatou para mim. Mas ambos possuem um considerável investimento mantendo viva a marca Brangelina, talvez mais do que qualquer um deles esteja disposto a arriscar. É possível que cada um deles possa até mesmo sentir que iria ferir suas causas se quebrassem a dupla dinâmica da justiça social.

E ainda assim, observando o que eles se tornaram, não posso deixar de sentir como se estivesse assistindo a um conto de fadas às avessas. Não me surpreenderia se os dois se separassem até o natal de 2010. Enquanto isso, o mundo irá continuar a segui-los com fascinação voyeurista, e o público será mantido no escuro sobre o estado real do relacionamento entre os dois através de uma combinação de mudança de foco e uma cuidadosa administração da imagem.

CONCLUSÃO

Então, quem é "Brangelina"? Responder "Brad Pitt e Angelina Jolie" não é o suficiente. Pelo menos não é mais. Embora possa ter começado como uma frase engraçadinha criada pelos tabloides para descrever o casal de ouro de Hollywood, Brangelina se tornou mais do que isso. Apesar do cuidado dos melhores profissionais para criar para o público uma imagem perfeita de conto de fadas, ainda há algo mais por trás desse engodo. Brangelina não é apenas um verniz, uma casca formada pelo supremo de Hollywood. Brangelina, na verdade, possui substância, graças aos seus dois componentes individuais.

O mundo se apaixonou por Pitt e Jolie quando o casal assumiu o relacionamento publicamente, há mais de quatro anos. Podemos perguntar a nós mesmos: Será que esses dois, realmente, são os super-heróis ultraglamurosos da justiça social que o mundo veio a admirar e invejar? Será que Jolie é mesmo uma supermãe que consegue fazer três filmes por ano, viajar ao redor do mundo salvando o planeta e, ainda assim, trocar fraldas enquanto ajuda os filhos a fazerem o dever de casa? Será que Jolie e Pitt são, realmente, almas gêmeas que deixaram seus demônios para trás e encontraram a satisfação plena através de sua filantropia e de seus filhos?

Talvez não. Mas o que tudo isso mostra é que os dois indivíduos que formam esse casal são humanos.

Brad Pitt, o rapaz do meio-oeste que encantou Hollywood — e algumas de suas mulheres — é, segundo todos os relatos, um cara muito legal. Fácil de se relacionar. Gosta dos amigos, é louco pelos filhos. Bebe cerveja e fuma um pouquinho de maconha também, como muitos dos caras comuns por aí afora. Não possui nenhum vício extremo. Deixou Jennifer Aniston por Jolie no calor da paixão, mas, quem sabe, talvez se Aniston tivesse engravidado, ele tivesse ficado e construído uma família com ela.

Angelina Jolie é, com certeza, uma pessoa mais complicada. Intensa, apaixonada e muito sexual, sua vida, às vezes, parece um experimento arriscado. Mas ela parece ter ascendido de seu passado extravagante e, frequentemente, problemático, criando uma estabilidade para si mesma.

Ambos são atores de sucesso. Pitt venceu um Globo de Ouro de Melhor Ator e foi indicado ao Oscar duas vezes. Jolie venceu um Oscar e três Globos de Ouro e foi indicada a dois Emmy, outros dois Globos de Ouro e outro Oscar.

E ambos são agentes humanitários. Desde 2001, o trabalho de Jolie com refugiados tem sido incessante e ela continua esse trabalho como Embaixadora da Boa Vontade das Nações Unidas. Ela foi oradora convidada no Fórum Econômico Mundial em Davos, Suíça, e viaja ao redor do mundo constantemente, ajudando as causas nas quais acredita. Pitt trabalhou em prol da prevenção da AIDS, atuou em benefício das vítimas do Furacão Katrina e fundou *Not On Our Watch*, uma organização que combate genocídios.

Então, Brangelina significa algo mais do que um casal de pombinhos superestrelas. Significa um casal que trabalha duro e que teve sucesso em sua profissão glamurosa, ainda que, muitas vezes, volúvel. Também significa um casal que ajuda o mundo, um casal que usa a sua riqueza e influência para fazer o bem, muito bem.

E, sim, eles usaram a fumaça e os espelhos da máquina de fazer sonhos de Holllywood em sua vantagem: para distrair a opinião pública de situações embaraçosas, para promover as causas nas quais acreditam, para transmitir a impressão de uma vida familiar estável; resumindo, para convencer o público de que tudo em suas vidas é equilibrado, de que eles tiveram sucesso em ter e fazer tudo. Mas isso é Hollywood. Uma imagem pública que é menos do que a perfeição, é uma falha na máquina de fazer mitos.

Mas poderá Brangelina durar? Talvez a melhor pergunta seja: poderá Angelina manter a máscara que construiu para si mesma? Pitt parece estar se saindo bem, mas Jolie parece movida não apenas a conseguir, mas a convencer o mundo de que ela pode ser tudo para todos: ser a companheira do seu companheiro, mãe para os seus filhos adotados e biológicos, advogada dos refugiados que encontra ao redor do mundo. Mãe, estrela, ativista... santa?

Jolie sempre gostou de viver no limite. Ela brincou com facas quando era mais jovem, e isso é quase que uma metáfora de sua vida. Facas cortam; fazem você sangrar. Isso faz com que você se sinta mais vivo, mas, conforme ela descobriu, cortar fundo demais põe a sua vida em risco. Seja facas, sexo ou drogas, cada um deles a consumiu até que ela teve que pagar um preço alto, chegando bem perto da autodestruição.

Jolie se salvou num momento crítico, mudando o foco de seus impulsos viciosos para outros impulsos que ainda a consomem. Ela agora possui três paixões: seus filmes, suas causas humanitárias e seus filhos. E, apesar de afirmar o contrário, ela não demonstra sinais de que vai abandonar qualquer uma dessas paixões em prol das demais. Ela quer tudo. Mas um vício em trabalho, em fazer o bem, ainda é um vício. No momento, ela parece ter controlado seus impulsos, mas por quanto tempo?

Suas próprias arestas estão começando a aparecer. Ela é "errática". Ela tem "episódios". Pitt está com ela, e permaneceu ele mesmo. Mas quanto mais ele poderá aguentar se ela começar a se despedaçar? Em vários aspectos, seria uma grande pena se eles se separassem, não apenas por eles pessoalmente ou pela família que construíram juntos, mas pelo próprio público que procura as suas falhas. Seria uma pena porque Brangelina serve como um ideal de conquista pessoal e comprometimento social. É um padrão glamuroso para todos nós, mesmo que grande parte dele tenha sido deliberadamente construído para o consumo do público.

Mas olhando para Brangelina agora, o relógio parece estar batendo mais alto. Quanto tempo levará para que o próximo "episódio" aconteça e Jolie não se recupere tão rapidamente, ou que não se recupere jamais? Se ela começar a se autodestruir novamente, o que e quem será afetado? Pitt irá abandoná-la? Quem vai assumir as suas causas? Quem vai cuidar das crianças?

Mas, acima de tudo, quem vai cuidar de Angelina?

Chegada para a premiere de *Salt*.

© REUTERS/Reuters/Latinstock

Jolie e Pitt deixam o palácio do festival após a exibição do filme *A árvore da vida*, com Brad Pitt, concorrente do 64º Festival de Cinema de Cannes.

© Kristina Afanasyeva | Dreamstime.com

Angelina Jolie na première do filme *Salt* no October Cinema, Moscou, Rússia.

Brad Pitt chega ao Critic's Choice Awards no Santa Monica Civic Center, em Santa Monica, Califórnia.

Angelina Jolie nas ruas de Manhattan, Nova York, durante as filmagens de *Salt*.

Cena do filme *Sr. & Sra. Smith*.

Jolie e Pitt posam nos bastidores após a noite de estreia da peça *Deus da Carnificina*, no Ahmanson Theatre, em 13 de abril de 2011 em Los Angeles, Califórnia.

Brad Pitt e Angelina Jolie na chegada ao Westwood Village Theater, Los Angeles, para a première de *A lenda de Beowulf*.

Angelina Jolie e Shiloh Nouvelle em barco no Lago Michigan, Chicago, Illinois.

Pitt com a filha Zahara chega ao Aeroporto Internacional de Narita, no Japão, para promover o filme *Sr. & Sra. Smith*.

Jolie e Pitt com a família da SOS Children's Villages, patrocinada por eles, em outubro de 2009. Jolie, vencedora do Oscar, aparece com Pitt durante visita à instituição em Amã, Jordânia.

Pitt visita uma família de refugiados iraquianos em Jaramana, na Síria, em outubro de 2009. O casal esteve em Damasco pela última vez em 2007.

Angelina Jolie caminha ao lado de oficiais na chegada ao campo para refugiados de Jalozai, em setembro de 2010.

Angelina Jolie em visita a refugiados no vilarejo de Medjedja, na Bósnia, 70 quilômetros a leste de Sarajevo, em abril de 2010.

Première do filme *Treze homens e um novo segredo*, no 60º Festival Internacional de Cinema de Cannes, França.